SHIMEN

TANSUO CHUANGXIN YU

TUOPIN GONGJIAN

探索创新与脱贫攻坚

中国人民大学中国扶贫研究院编写组 ◎ 著

中国出版集团

研究出版社

图书在版编目 (CIP) 数据

石门：探索创新与脱贫攻坚 / 国务院扶贫办组织编
写 . —— 北京 : 研究出版社 , 2021.4
ISBN 978-7-5199-0443-2

Ⅰ . ①石… Ⅱ . ①国… Ⅲ . ①扶贫 – 研究 – 石门县
Ⅳ . ① F127.644

中国版本图书馆 CIP 数据核字 (2021) 第 042929 号

石门：探索创新与脱贫攻坚

SHIMEN : TANSUO CHUANGXIN YU TUOPIN GONGJIAN

国务院扶贫办　组织编写

责任编辑：陈侠仁

研究出版社 出版发行

（100011　北京市朝阳区安华里 504 号 A 座）

河北赛文印刷有限公司　新华书店经销

2021 年 6 月第 1 版　2021 年 6 月北京第 1 次印刷

开本：710 毫米 ×1000 毫米　1/16　印张：16

字数：205 千字

ISBN 978 - 7 - 5199 - 0443 - 2　定价：38.00 元

邮购地址 100011　北京市朝阳区安华里 504 号 A 座

电话（010）64217619　64217612（发行中心）

《石门：探索创新与脱贫攻坚》编写组

主　编：汪三贵

成　员：孙俊娜　周园翔　胡　骏　宁　静　冯紫曦

　　　　黄奕杰　白增博　李　傲　马　兰　郑丽娟

目　录

概　要 / 001

第一章　石门脱贫摘帽之路 / 005

一、石门之困 / 005

二、石门脱贫攻坚的投入与成效 / 010

三、石门脱贫攻坚的主要做法与经验 / 016

第二章　抓党建引领脱贫攻坚 / 022

一、以党建促扶贫概述 / 022

二、石门以党建促扶贫的主要做法 / 026

三、石门以党建促扶贫的经验与启示 / 043

第三章　以脱贫攻坚统揽经济社会发展全局 / 046

一、"以脱贫攻坚统揽经济社会发展全局"的基本内涵 / 047

二、石门以脱贫攻坚统揽经济社会发展全局的主要做法 / 051

三、石门以脱贫攻坚统揽经济社会发展全局的经验与启示 / 061

第四章 围绕精准狠下"绣花"功夫 / 065

一、扶持谁：提升识别的精准度 / 066

二、谁来扶：驻村工作队的选派与管理 / 072

三、怎么扶：综合性的减贫治理 / 086

四、如何退：精准脱贫与成效提升 / 102

第五章 改革创新助力脱贫攻坚 / 105

一、石门改革创新的背景与思路 / 106

二、石门改革创新的主要做法 / 117

三、石门改革创新的经验与启示 / 125

第六章 探索产业精准扶贫新机制 / 132

一、石门产业扶贫的历程与现状 / 133

二、石门产业扶贫的主要做法 / 136

三、石门产业扶贫的成效分析 / 151

四、石门产业扶贫的经验与启示 / 159

第七章 筑牢健康保障线，撑起健康"保护伞" / 163

一、石门健康扶贫的主要做法 / 165

二、石门健康扶贫的效果评价 / 183

三、石门健康扶贫的经验与启示 / 185

第八章 | 探索精准扶贫新路径 / 190

一、探索扶贫扶志、扶贫扶智实践模式 / 191

二、拓展科技扶贫新渠道 / 199

三、打造电商扶贫特色品牌 / 204

四、石门拓展精准扶贫新方式的经验与启示 / 214

第九章 | 巩固拓展脱贫成果，建立稳定脱贫长效机制 / 219

一、巩固拓展脱贫成果，建立稳定脱贫长效机制的着力点 / 220

二、巩固拓展脱贫成果，建立稳定脱贫长效机制的主要探索 / 224

三、巩固拓展脱贫成果，建立稳定脱贫长效机制的经验与启示 / 235

第十章 | 总结与展望 / 238

一、石门脱贫攻坚总结 / 238

二、脱贫攻坚与乡村振兴衔接 / 241

后 记 / 247

概　要

地处湘鄂边界的湖南省石门县是湖湘大地上海拔最高、纬度最高的典型高寒山区，位于武陵山脉东北端，西南与湖南张家界市的桑植县、慈利县毗邻，西与湖北鄂西州的鹤峰县接壤，北与湖北宜昌市的五峰县交界，素有"湖南屋脊""潇湘北极"之称。作为曾经的湘鄂西、湘鄂川黔革命根据地的一部分，石门是红二方面军的核心根据地之一。长期以来，独特的区位和复杂地理环境，造就了石门县的神奇山水，同时也造成了自然环境制约下的区域贫困。由于受历史、地理、自然灾害等多重因素的影响，现代农业起步较迟，工业经济发展不充分，旅游业刚刚兴起，经济社会发展水平较低，始终无法摆脱贫穷落后的局面，是典型的"老、少、穷"山区农业县。全县面积为3970平方公里，辖27个乡镇（区）、街道、农林场，331个行政村（居），全县总人口67万，其中农业人口57万，少数民族人口占全县总人口的57.3%。1986年，石门县被湖南省人民政府确定为贫困县，2011年，石门县被纳入武陵山片区集中连片特困地区县。2014年，全县开展"精准识别"工作，共确定了贫困村122个，建档立卡贫困人口26724户82300人，贫困发生率达到14.4%，贫困面广、贫困程度深。

党的十八大以来，石门县在以习近平同志为核心的党中央领导下，深入学习和贯彻习近平总书记关于扶贫工作的重要论述，把脱贫攻坚作为最大的政治任务和最大的民生工程来推进，反复强调"悠悠万事、脱贫为大"，始终围绕"精准"二字，坚决落实精准扶贫精准脱贫基本方略，因地制宜、因户施策，67万石门儿女不畏艰难、众志成城，向贫困发起总攻，用智慧和汗水、亲情和真情，在3970平方公里的广袤土地上，谱写了一曲自强不息的奋斗凯歌。经过长期艰苦奋斗，脱贫攻坚取得了卓著成效。2018年，国务院扶贫开发领导小组统一组织贫困县退出专项评估检查，石门县评估检查结果显示，综合贫困发生率为0.9%，抽查脱贫户中未发现错退，非建档立卡户中未发现漏评，错退率、漏评率不明显，群众认可度为96.48%，更是得到了第三方评估专家的高度认可："石门脱贫攻坚，做得比说得好！这里的群众认可度真实可信，超出了我们的想象！"2018年8月6日，湖南省人民政府正式宣布石门县脱贫摘帽。但石门的脱贫攻坚之路并未就此止步，剩余贫困人口实现脱贫、脱贫人口保持稳定仍是最重要的任务。2014—2020年，全县建档立卡贫困人口共脱贫26730户82191人。其中，2014年脱贫3806户12036人；2015年脱贫5953户19282人；2016年脱贫4395户13592人，贫困村退出56个；2017年脱贫10274户32245人，贫困村退出65个；2018年脱贫1165户2773人，贫困村退出1个；2019年脱贫372户860人；2020年脱贫765户1403人。开展脱贫攻坚以来，石门县域内发展的短板迅速补齐，农村居民人均可支配收入大幅增加，地区生产总值、公共财政收入等增长明显，整体面貌发生了明显变化。贫困村水、电、路、网等基础设施加快完善，基础设施和公共服务领域主要指标达到全国平均水平。产业扶贫、就业扶贫、危房改造、教育扶贫、健康扶贫、社会保障等政策措施到户到人总体精准，贫困人口退出路径比较清晰。截至2020年底，122个贫困村全部出列，所有贫困人口全部脱贫。

在此过程中，石门县结合县域实际，积极探索出了一条行之有效的脱贫攻坚之路。一是坚持和加强党的全面领导，坚持以党建引领脱贫攻坚。全县加强组织领导，自上而下构建贫困治理体系，各级党员干部提高政治站位，全面压实责任，发挥社会主义的政治优势和制度优势，为打赢脱贫攻坚战提供了坚实的组织保障。二是坚持以脱贫攻坚统揽经济社会发展全局。将脱贫攻坚放在全面建成小康社会的大局中进行规划，通过抓脱贫攻坚，补齐发展短板，推动政治、经济、社会、文化、生态等各项事业水平不断提高。三是坚决贯彻精准扶贫精准脱贫基本方略。用"绣花"功夫在"精准"二字上动脑筋、下实功，变"大水漫灌"为"精准滴灌"，变"输血"为"造血"，全过程精准，重点解决"扶持谁""谁来扶""怎么扶""如何退"的一系列问题，扎实提高脱贫攻坚成效。四是突出产业扶贫，创新产业扶贫模式。坚持把产业发展作为群众脱贫致富的根本之策和长远之计，按照"四跟四走"的思路，加大金融扶贫力度，通过直接帮扶、委托帮扶、股份合作等方式，加快产业发展，促进县域经济发展和农民稳定增收。五是紧抓健康扶贫，筑牢健康保障线，撑起健康"保护伞"。石门县将因病致贫、因病返贫作为扶贫"硬骨头"的主攻方向，实行"靶向治疗"，推动健康扶贫落实到人、精准到病，做到应治尽治、应保尽保，不断提升贫困人口防病、治病、保障的能力。六是巩固脱贫成果，建立稳定脱贫长效机制。石门脱贫摘帽后，并没有就此止步扶贫工作，而是着力夯实贫困人口稳定脱贫基础，着力激发贫困人口内生动力，提高发展能力，确保脱贫成果得到巩固和提升。

石门县成功脱贫摘帽，源于习近平新时代中国特色社会主义思想特别是习近平总书记关于扶贫工作的重要论述对打赢脱贫攻坚战的科学指引，源于中国共产党领导下国家贫困治理体系具有的政治优势和制度优势，源于精准扶贫精准脱贫基本方略建立的脱贫攻坚政策与县域实际、贫困人口需求相适应的治理体系。石门是一个集革命老区、山区、少数民族地区、（水）库区于一体的贫困县，是山区农业贫困县的典型代表。党的十八大以来，石门县深入贯彻落实习近平总书记关于扶贫工作的重要论述，坚持以人民为中心的发展理念，结合地方实际准确把握制约贫困户脱贫增收的瓶颈因素，以脱贫攻坚统揽经济社会发展全局，不断改革和完善贫困治理的思想体系、组织体系、政策体系和治理体系，提升了县域经济发展的内生动力，实现了贫困人口的稳定脱贫。石门县脱贫摘帽的成功经验给其他山区农业贫困县打赢脱贫攻坚战提供了参考，对于其他发展中国家增强贫困治理的有效性具有重要借鉴意义。

第一章 | 石门脱贫摘帽之路

　　石门县历史悠久，是湖南省常德市唯一的省定扶贫开发工作重点县、武陵山片区集中连片特困地区县，同时也是全省6个少数民族人口过半县之一。党的十八大以来，石门县锁定2017年底脱贫摘帽的目标，认真学习贯彻习近平总书记关于扶贫工作的重要论述，按照"中央统筹、省负总责、市县落实"的要求，将打赢脱贫攻坚战作为压倒一切的大事来抓，举全县之力、聚全县之智，环环相扣、步步深入，不断加力加压推进脱贫攻坚，向盘踞多年的穷根发起冲锋。2018年8月6日，湖南省人民政府正式宣布石门县脱贫摘帽，这意味着盘踞石门多年的穷根终被拔除！

　　真实记录石门县脱贫攻坚的生动实践，全面总结石门县脱贫攻坚的经验启示，深入研究县域脱贫攻坚的多方面影响，对丰富和发展中国特色扶贫开发理论、加快其他贫困县脱贫摘帽进程、向全世界展示中国波澜壮阔的脱贫攻坚成就具有重要意义。

一、石门之困

（一）石门贫困概况

　　石门县自南北朝时期置石门郡开始，已有1400多年历史。县城古为荆楚之地，秦隶黔中郡慈姑县；汉属武陵郡零阳县；三国吴永安六年，改隶天门郡；晋属天门郡澧阳县；南北朝时天门郡治由今大庸县境下迁石门，陈武帝永安二年，梁萧詧罢天门郡，更置石门郡；隋文帝开皇九年，废石门郡，置石门县，划归澧州管辖，此后虽隶属有变，而县名未易。

作为曾经的湘鄂西、湘鄂川黔革命根据地的一部分，石门是红二方面军的核心根据地之一。红军早期杰出的几位将领为解放事业和人民军队的建立做出了不可磨灭的贡献。在大革命和土地革命时期，贺龙元帅率领红军 3 次转战石门，扩军 8000 多人，经历大小战斗 200 多次。抗日战争时期，全县人民同仇敌忾、奋起抗日。解放战争时期，境内"湘鄂边区武工队""民主联军陆军独立第一师""湖南人民解放总队第八突击大队"三军突起。新民主主义革命时期，石门县共牺牲了 2182 名革命烈士。

石门县资源禀赋不足，境内重峦叠嶂、溪河密布、沟壑纵横、流水湍急，素有"八山一水半分田，半分道路和庄园"之称，平均海拔在 500 米左右，山地、丘陵面积占总面积的 80%，耕地多在 25° 以上的坡面上，土地瘠薄零散，耕作难度很大，经济效益差，属于典型的山区县。全县有 32.07 万农村人口居住在石墨区、深山区、高寒地区、地方病高发区以及水库库区，基础设施落后，对外交通不便，不仅给群众带来了生产、生活上的种种不便，而且严重影响了投资环境和民生改善。此外，农村人口文化程度低下，缺乏致富能力。据 2010 年第六次全国人口普查统计，石门县农村人口中，小学及以下文化程度的比例达 41.3%，初中文化程度比例为 37.7%，高中及以上文化程度比例为 21%，特别是农村低收入家庭中还有 10% 左右的文盲，平均受教育的年限仅为 4.7 年，比一般农村人口的 8.3 年少了 3.6 年。长期以来，石门县受历史、地理条件、自然灾害等多重因素的影响，现代农业起步较迟，工业经济发展不充分，旅游业刚刚兴起，经济社会发展水平较低，始终无法摆脱贫穷落后的局面，是典型的"老、少、穷"山区农业县。1986 年，石门县被湖南省人民政府确定为贫困县；2011 年，石门县被纳入武陵山片区集中连片特困地区县。2014年，根据国务院扶贫办统一部署，石门县启动了对全县贫困村和贫困人口的"建档立卡"工作，找出真正的贫困人口，对症下药，靶向治疗。通过精准识别，石门全县共确定了贫困村 122 个，建档立卡贫困人口 26724 户82300 人，贫困发生率达到 14.4%，贫困面广、贫困程度深是石门的显著特点。

（二）石门扶贫开发历程

改革开放以来，按照党中央国务院的部署和湖南省委省政府的要求，石门县始终重视扶贫开发工作，经济建设迈出可喜步伐，贫困群众生产生活条件不断得到改善。

"七五"期间，按照党中央国务院提出的解决全国少数民族地区和贫困地区农民温饱的战略目标，湖南省委省政府"七五"期间解决全省贫困地区 520 万农民温饱问题的要求，石门县委县政府带着如何带领群众脱贫致富的问题，走遍全县村寨，调查研究，反复分析，决定依靠科学技术加速脱贫，在全县开展"三大讲"（大讲科技落后的后果、大讲依靠科技脱贫致富的典型、大讲外地科技扶贫的经验）活动，层层统一思想认识。1986 年，石门县被省人民政府定为重点贫困县，成为全省 32 个重点贫困县之一。

"八五"期间，石门县正式成立了石门县扶贫办公室，并把扶贫开发组织延伸到村，全县扶贫队伍扩大到 1150 人。石门县扶贫办公室提高凝聚力、狠抓集体开发，会同县农业银行、县农业局、县畜牧局、县柑橘办、县茶叶办和县烟叶办等单位，大力开展产业扶贫项目。

"九五"期间，石门县扶贫的重点是 221 个贫困村，其中 50 个特困村又是扶持的重中之重。目标是到 2000 年，这些贫困村的人均纯收入（按 1990 年不变价）要达 500 元以上，基本解决温饱。石门县扶贫的主要内容是加强贫困山区农田水利、交通、电力等基础设施建设；到 2000 年，基本解决村村通公路，村村通电和人畜饮水等问题，以及加速群众福利设施建设，消灭小学危房，建设好乡镇卫生院和村级卫生室。同时，为了认真贯彻落实《国家八七扶贫攻坚计划》和《湖南省实施〈国家八七扶贫攻坚计划〉的意见》，石门县委县政府制订了《石门县八七扶贫攻坚计划》，即从 1994 年起，全县上下集中力量打好扶贫攻坚战，用 7 年的时间稳定解决全县当时存在的 20 万贫困人口的温饱问题。

进入 21 世纪以来，石门县全面强化扶贫建设工作，县委成立了建设扶贫领导小组，每年召开 1 次建设扶贫工作总结动员大会，部署全年工作，每季度研究建设扶贫工作 1 次，协调重点难点工作。石门县加强了基础设施建设，改善群众生产生活条件；注重产业发展，基本实现了村村有主导产业，户户有致富门路的目标；强化了教育培训，逐步提高农民素质，组织农业专家讲师团下到田间地头免费讲课，手把手地教农民学习生产实用技术，编印《茶叶》《柑橘》《生猪》等实用技术手册 42000 多册并分发到村民手中；加大了卫生医疗扶持力度，改善山区群众就医条件。

党的十八大以来，石门县认真学习贯彻习近平总书记关于扶贫工作的重要论述，将打赢脱贫攻坚战作为压倒一切的大事来抓，吹响了脱贫攻坚战的总号角，向脱贫攻坚战发起了总冲锋。2014 年，全县共有贫困村 122 个，建档立卡贫困人口 26724 户 82300 人，贫困发生率 14.4%。石门县认真贯彻落实党中央国务院脱贫攻坚决策部署，始终围绕"精准"提高站位，始终围绕"精准"坚定决心，始终围绕"精准"压实责任，把科学规划、因地制宜、抓住重点贯穿于脱贫攻坚全过程，聚焦目标标准，细化实化政策措施，因地制宜深化精准扶贫精准脱贫，因村因户因人精准施策，下足"绣花"功夫，尽锐出战，不断提高扶贫开发的针对性和有效性，扎实推进精准扶贫精准脱贫。经过各级各部门的长期艰苦奋斗，石门县脱贫攻坚工作取得了决定性的重大进展。截至 2020 年底，全县所有贫困村均出列，所有贫困人口全部脱贫。

（三）石门脱贫攻坚经济社会发展基础

虽然贫困问题一直存在，但作为全国文明县城、国家卫生县城、全国文化先进县、全国科技进步县、湖南省教育强县，石门拥有着打赢脱贫攻坚战的坚实基础和有力条件，为石门带来了重大发展机遇。一是石门有优良的生态环境。石门是国家重点生态功能区、全国森林康养试点县、省级生态县，全县森林覆盖率达 71.6%，拥有壶瓶山国家级自然保护区、夹山国家森林公园、仙阳湖国家湿地公园、长梯隘国家石漠公园 4 张国家级生态名片。壶瓶山国家级自然保护区是全球 200 个重点生态区之一，有珍稀物种 94 种，是天然的氧吧。二是石门有丰富的特色资源。石门是湖南省矿产资源大县，已探明矿产资源 39 种，总储量达 130 亿吨，其中雄黄居世界之最，矽砂居亚洲之冠，磷矿居全国之首。旅游资源丰富，景点众多，是国家全域旅游示范县创建单位。壶瓶山位于神秘的北纬 30° 线上，被誉为"地球怪圈"上的"自然迷宫"和东半球上的"诺亚方舟"；夹山寺是三朝御修的楚南名刹，是世界茶禅文化的源头；仙阳湖是国家湿地公园，高峡平湖、碧波万里，是野钓者的乐园；东山峰被誉为"天上的街市"，地理条件得天独厚，是赏雪胜地和避暑天堂。三是石门有明显的区位优势。石门是湘西北重要的铁路交通枢纽，焦柳、石长、洛湛铁路在县城交会，开通了石门至长沙的动车，客运可直达北京、上海、广州等30 多个大中城市。四是石门有较好的产业基础。石门工业基础较好，形成了以能源、建材、食品加工、化工等为主导的工业产业体系，全县有规模企业 149 家，工业每年创税 5 亿元；农业特色优势明显，是湖南省的粮油大县、生猪调出大县，县内 45 万亩柑橘、16 万亩高山云雾茶，年产值 20 亿元，先后获得"中国早熟蜜橘第一县""中国柑橘之乡""中国名茶之乡"等称号。五是石门有深厚的人文底蕴。自公元 589 年建县至今已有 1400 多年，境内发现的旧石器遗址 30 多处，皂市燕尔洞发现的古人类晚期智人化石距今 2 万—3 万年，"皂市下层文化"遗址距今 7000 多年。县内少数民族聚居，是巴土文化的发源地、楚文化的传承地，孕育出了一大批英才。六是石门有强劲的发展势头。近年来，围绕"把石门建成武陵山片区经济强县"目标，大力实施"生态立县、产业强县、城镇兴县、旅游活县、交通先行"战略，县域经济发展较快。2020 年完成生产总值 313.61 亿元，增长 4.6%；完成财政总收入 18.59 亿元，同比增长 8.2%；城乡居民人均可支配收入分别达到 28316 元和 14056 元，分别增长 4.6% 和 9.7%。

二、石门脱贫攻坚的投入与成效

（一）脱贫攻坚资金投入

石门县坚持"既要带着感情责任抓脱贫，更要带着真金白银抓脱贫"的理念，强化投入保障，坚持把可用的财力都用在脱贫攻坚上，通过"财政筹措一批、整合项目一批、社会捐助一批"，举全县之力保障脱贫投入。

据统计，2014—2020 年，石门县共投入资金 54 亿多元，实施扶贫项目 8049 个（见表 1-1）。

表1-1　2014—2020年石门县扶贫项目数量

单位：个

	产业发展	基础设施建设	其他	合计
2014 年	90	208	60	358
2015 年	109	242	54	405
2016 年	235	463	20	718
2017 年	651	578	5	1234
2018 年	389	901	7	1297
2019 年	2387	784	4	3175
2020 年	166	689	7	862
合计	4027	3865	157	8049

（二）脱贫攻坚成效

经过长期不懈努力，2018 年 6 月，石门县接受了国家贫困县退出专项评估检查，根据评估组评估检查结果显示，截至 2017 年底，石门县综合贫困发生率为 0.9%，漏评率、错退率均为零，群众认可度 96.48%。抽查脱贫人口全部实现吃穿不愁，城乡居民基本医疗保险、大病医疗保险实现全覆盖，义务教育阶段因贫失学辍学问题得到有效解决，100% 实现住房安全有保障，稳定实现"两不愁三保障"。2018 年 8 月 6 日，湖南省人民政府正式宣布石门县脱贫摘帽，退出贫困序列。

脱贫摘帽后，石门县毫不放松脱贫攻坚进程，继续向全面打赢脱贫攻坚战迈进。2014—2020 年，全县建档立卡贫困人口共脱贫 26730 户 82191 人。其中，2014 年脱贫 3806 户 12036 人；2015 年脱贫 5953 户 19282 人；2016 年脱贫 4395 户 13592 人，贫困村退出 56 个；2017 年脱贫 10274 户 32245 人，贫困村退出 65 个；2018 年脱贫 1165 户 2773 人，贫困村退出 1 个；2019 年脱贫 372 户 860 人；2020 年脱贫 765 户 1403 人。通过脱贫攻坚，石门县域内发展的短板迅速补齐，农村居民人均可支配收入大幅增加，地区生产总值、公共财政收入等增长明显，整体面貌发生明显变化。贫困村水、电、路、网等突出短板加快补齐，基础设施和公共服务领域主要指标达到全国平均水平。产业扶贫、就业扶贫、危房改造、教育扶贫、健康扶贫、社会保障等政策措施到户到人总体精准，贫困人口退出路径比较清晰。截至 2020 年底，122 个贫困村已全部出列，所有建档立卡贫困人口已全部脱贫（见表 1-2）。

表 1-2　2014—2020 年石门县脱贫退出情况

	出列贫困村数（个）	脱贫户数（户）	脱贫人数（人）
2014 年	—	3806	12036
2015 年	—	5953	19282
2016 年	56	4395	13592
2017 年	65	10274	32245
2018 年	1	1165	2773
2019 年	—	372	860
2020 年	—	765	1403
合计	122	26730	82191

（三）其他脱贫攻坚成果

石门县举全县之力，尽锐出战，顺利实现了脱贫退出的目标。在此过程中，石门县坚持以脱贫攻坚统揽经济社会发展全局，紧紧抓住脱贫攻坚这一历史机遇，大力推进全县全方位发展，内生动力逐步增强，社会保障全面提升，农民素质逐步提高，农村各方面短板迅速补齐，县域治理体系基本形成，基层治理能力显著提升。具体而言，主要体现在以下七个方面。

一是通过产业扶贫增强了"造血"功能。石门县充分发挥特有的小气候条件和原生态无污染的环境优势，通过实施"一村一品，多村一品"的脱贫攻坚战略，积极培育扶持发展独具特色的高效农业。全县大力扶持发展柑橘、茶叶、高山蔬菜、烤烟等农业特色产业，柑橘产业蓬勃发展，形成了"哪里柑橘多，哪里就富裕"的独特风景。茶叶产业异军突起，石门茶叶生产通过"一企一社一基"（即一个龙头企业，带动一个专业合作社，发展一片产业基地）的方式，大力扶持龙头企业带动千家万户增收致富。旅游产业方兴未艾。石门县充分利用本地深厚的传统文化优势和生态环境优势发展旅游经济，通过开辟壶瓶山—东山峰高山生态游、维新—仙阳湖休闲养生游、夹山—蒙泉湖禅茶文化游等旅游线路，吸引了广大游客的眼球，旅游经济得到较快发展，目前石门进入了"湖南旅游强县"行列，极大地加快了石门脱贫致富奔小康的进程。此外，"授人以鱼不如授人以渔"，石门县还整合教育、农业、移民、工会等部门培训资源，统筹开展有针对性的职业技能和实用性技术培训，增强全县的可持续发展能力。

二是通过民生扶贫完善了社会保障。石门县委县政府始终把贫困地区和贫困人口的民生问题摆在突出位置，紧紧围绕"两不愁三保障"的目标开展民生扶贫，通过扶贫开发和农村低保"两项制度"的有效衔接，形成了"低保保生存，扶贫促发展"的长效工作机制，着力帮助困难群众解决住房、行路、喝水、上学、就医等难题，不断改善贫困人口的生存发展条件。具体来看，脱贫攻坚以来安全饮水方面，完成了饮水安全巩固提升建设项目850个，有效提升了全县50多万农村人口的饮水质量，实现全县农村人口饮水安全率100%。住房安全保障方面，投入5.6亿元，完成全部3125户9852人易地扶贫搬迁对象的搬迁入住，验收合格率100%，搬迁入住率100%，拆旧复垦率100%，并通过产业帮扶、技能培训、安排公益岗位等途径，确保搬得出、稳得住、能脱贫；2014—2020年，投入农村危房改造补助资金约4.62亿元，完成危房改造16692户，入住率达到100%，极大地解决了农户的住房安全保障问题。健康扶贫方面，每个贫困村都建设了标准化卫生室，构筑了城乡居民基本医保、大病保险、扶贫特惠保、民政救助、定点医院减免、健康扶贫专项救助"六道医疗保障网"。落实了"一站式"结算和"先诊疗后付费"优质服务政策。落实了"三个一批"分类救治，开展了家庭医生签约服务，使贫困群众看得了病、看得起病、看得好病。兜底保障方面，建立了"扶贫开发＋农村低保＋临时救助"的社会保障体系，对城乡低保与农村"五保"实施"阳光行动"，及时将8056名符合低保条件的建档立卡贫困人口纳入社会救助兜底保障，做到应保尽保，不仅让弱势群体解决了温饱，获得了大病医疗救助、住院救助、门诊救助等医疗救助，而且让扶贫对象感到有尊严。

三是通过教育扶贫提升了农民素质。扶贫不仅要解决吃饭穿衣问题，还要解决贫困人口的素质问题，使贫困人口具有挣钱致富的能力。石门县在推进脱贫攻坚的过程中突出教育扶贫，大力发展基础教育，全面摸清贫困学生底子，全面落实扶贫助学政策，建立了从学前教育到大学的扶贫助学体系，并加大基层学校建设改造力度，加大教育资源向贫困地区、贫困群体倾斜的力度，控辍保学率达100%，全县无一例义务教育阶段因贫辍学情况，提高了人口的整体素质。此外，通过"阳光工程"培训，狠抓农民素质和技能培训，努力提高农民能干事、会干事的本领。同时，组建实用技术讲师团走村入户进行柑橘、养猪、茶叶的技术指导。此外，每年还选派一批种养大户和技术骨干到湖南农大等高校跟班学习，通过"扶智"，使农民群众真正学到了一技之长，形成了"掌握一技，脱贫一家，影响一片"的脱贫攻坚工作新局面。2014年以来，全县共开展各类实用技术培训及专题讲座1万多期，培训农民30多万人次、技术骨干5000多人次、企业员工2000多人次，新培养核心技术骨干300多人、农民种养技术能手1500多人，为全县科技服务和乡土人才队伍的发展壮大做出了积极贡献。在基层组织建设上，每年组织贫困村干部到高校、党校进行综合培训，到发达地区富裕村参观学习、开阔眼界，培养了一支精明能干、执行力强、带动力强的村级治理班子。组织参加扶贫的干部职工带着热情、带着物资、带着问题走访农户，家家到，户户落，把新理论、新思想、新政策、新文化送到贫困群众手中，通过"扶志"，使之坚定信心、发愤图强、脱贫致富。

四是通过移民扶贫加快了脱贫速度。石门县委县政府以皂市水库移民搬迁为契机，以新农村和小城镇建设为抓手，在实现库区移民的同时对生存条件特别恶劣的扶贫对象，按照"统一规划、群众自愿、因地制宜、讲求实效"的原则，有计划、有组织地推进整村易地搬迁扶贫。通过采取生产安置、赡养安置、自谋职业安置等多种方式，大大加快了脱贫速度。

五是通过基础设施扶贫改善了人居环境。近年来，石门县按照"政府统筹、资金捆绑、综合开发、整村推进"的思路，重点解决贫困地区公路、饮水、用电、上学、就医、通信、听广播、看电视等"八难"问题，脱贫攻坚以来，新改建干线公路318.8公里，新建农村公路1364.6公里，通自然村水泥路1290.2公里，完成农村公路窄改宽677.95公里，生命防护工程821公里，农村客运候车亭488个，完成危桥及渡改桥改造75座，实现了村村通水泥路、村村通客班车；加强电网改造，122个贫困村全部完成电网改造任务；全县331个行政村（居）宽带网络全面实现村村通等。目前石门县已经初步改善了贫困地区人居环境与生产生活条件，促进了县域经济社会的健康可持续发展。

六是通过文化扶贫增强了精神力量。贫困人口满足"两不愁三保障"，收入超过农村扶贫标准，是扶贫开发工作的基本内容，而更为深层次的精神层面的脱贫才是实现贫困群体真正摆脱贫困的本质。石门县通过物质、精神两手抓，满足贫困群众的文化需求。投入 6.32 亿元推进 316 个村级公共服务平台建设，122 个贫困村的村级服务平台建设全部完成。按照每个村 600 元配套财政资金，建了 331 个农家书屋。完成了广播电视高山无线发射台站基础设施项目和中央广播电视节目无线数字化覆盖工程建设任务，满足了贫困山区群众收听收看中央广播电视节目的需求。同时，全县每年送戏下乡、文艺惠民演出 100 场以上，放映农村数字电影 8500 场次以上，观众人数近 40 万人次，构建了健康向上、幸福快乐的文化氛围。

七是通过上下联动提高了治理能力。石门县深入贯彻落实习近平总书记关于扶贫工作的重要论述和湖南省委省政府打赢脱贫攻坚战的部署要求，自上而下建立责任体系，"五级书记一起抓扶贫"，上下联动，51 名在职县处级领导，173 名乡镇党委书记、乡镇长、县直科局长，606 名村（居）党支部书记、主任，10526 名党员干部层层签订责任保证书，立下军令状，全面压紧压实县乡村三级主体责任、县级领导和科局长的联乡包村责任、驻村工作队的帮扶责任、党员干部的结对帮联责任，推动了县域治理能力的现代化进程。331 个行政村（居）全部派驻驻村工作队的制度安排，增强了基层的治理能力，避免了贫困村与非贫困村治理能力的"悬崖效应"，打通了政策执行"最后一公里"，确保中央、省市的相关政策及时落实到位，为基层治理能力的可持续发展带来重要机遇。

三、石门脱贫攻坚的主要做法与经验

党的十八大以来，以习近平同志为核心的党中央将扶贫开发工作摆到治国理政的突出位置，首次提出"精准扶贫"的概念，确保如期打赢脱贫攻坚战，带领全国人民一道进入小康社会。习近平总书记指出，"人民对美好生活的向往，就是我们的奋斗目标"[①]，"全面建成小康社会，一个也不能少；共同富裕路上，一个也不能掉队[②]"。

坚决打赢脱贫攻坚战，是习近平总书记向全国人民作出的庄严承诺，既是重大的发展问题，更是重大的政治任务。石门县集欠发达地区、武陵山片区、民族地区、革命老区于一体，深知做好脱贫攻坚工作的特殊重要意义。因此，在开展脱贫攻坚战的过程中，全县党员干部形成了一个强烈的共识：这是立了军令状的任务，是没有退路的工作，是输不起的战斗，必须始终紧紧抓在手上、扛在肩上。全县始终坚持围绕"精准"抓脱贫攻坚，坚持以脱贫攻坚统揽经济社会发展全局，积极践行精准扶贫精准脱贫基本方略，把科学规划、因地制宜、抓住重点的精准要求贯穿于脱贫攻坚全过程，不断提高扶贫开发的针对性和有效性。

（一）坚持和加强党的全面领导，坚持抓党建引领脱贫攻坚

脱贫攻坚关键在人，要靠各级党员干部去落实。石门县各级党员干部深入学习和贯彻落实习近平总书记关于扶贫工作的重要论述，加深理解打赢脱贫攻坚战对全面建成小康社会的重要意义，提高政治站位，全面落实政治责任，坚定打赢脱贫攻坚战的信心和决心。

作为贫困县，石门县提高政治站位，始终把脱贫攻坚作为最大的政治任务和最大的民生工程来推进，反复强调"悠悠万事、脱贫为大"，锁定脱贫摘帽目标，尽锐出战、全力攻坚，广大党员干部在思想上、行动上形成了"悠悠万事、脱贫为大"的高度自觉。党员干部层层签订军令状、承

---

①② 中共中央党史和文献研究院：《习近平扶贫论述摘编》，中央文献出版社 2018 年版。

诺书，不断加强村级支部建设，树立"不摘穷帽就摘官帽，不换面貌就换人"的责任导向，立下脱贫摘帽的军令状，做出承诺就要兑现，接下任务就要担当，充分发挥党员在脱贫攻坚中的先锋模范作用，切实将党的组织优势转化为助推脱贫攻坚的动力源泉和坚强保障。同时，石门县制订了完善对乡镇、扶贫单位和行业部门的考核方案，将脱贫攻坚工作作为评先评优的主要依据和考察任用干部的最大平台。

（二）坚持以脱贫攻坚统揽经济社会发展全局

坚持以脱贫攻坚统揽经济社会发展全局，就是要坚持党的全面领导，推进现代化治理进程；就是要把脱贫攻坚放在全面建成小康社会的大局中进行规划谋划，让各行各业、各地各部门向脱贫攻坚聚焦聚集聚合。牢固树立"抓脱贫就是抓发展"的理念，将各项工作都与脱贫攻坚紧密结合，使脱贫攻坚有利于发展，发展成效体现在脱贫攻坚上。

在实践中，石门县既严格落实脱贫攻坚的主体责任、主抓责任和具体责任，充分发扬石门干部特别能吃苦、特别能战斗、特别能奉献的精神抓脱贫，又动员社会力量都来干、发动广大群众一起干，多渠道筹措扶贫资金，加大资金投入，围绕人、财、物形成了强大的帮扶合力。同时，抓住脱贫攻坚的重大发展契机，统筹经济社会各项事业发展，将各项工作都与脱贫攻坚紧密结合。通过抓脱贫攻坚，推动经济、政治、社会、文化、生态等各项事业水平不断提高，把脱贫攻坚的过程变成全县经济社会跨越发展的过程，把脱贫攻坚的过程变成农业农村蜕变与发展的过程，把脱贫攻坚的过程变成农民素质大提升和内生动力大增强的过程。

（三）坚决贯彻精准扶贫精准脱贫基本方略

习近平总书记指出，"扶贫开发推进到今天这样的程度，贵在精准，重在精准,成败之举在于精准"。① 石门县始终把"精准"作为攻坚利器,把科学规划、因地制宜、抓住重点贯穿于脱贫攻坚全过程,不断提高扶贫开发的针对性和有效性。通过提出"过梳子、过篦子"精准识别贫困人口的方法,认真开展"大走访、大排查、大整改"、"三走访三签字"、拉网式普查工作、四类对象清理整顿等活动,扎实开展建档立卡"回头看""回头查",精准识别认定,有效解决了"扶持谁"的问题。比如在教育助学上,为了实现"一个不漏",石门实行县内进村入户"地毯式"核查、县外函来函往"鸡毛信"找人,把"石门户籍 + 外县学籍"及"外县户籍 + 石门学籍"的贫困学生全部找到,并按"同学段同标准"全部资助。为了增强基层治理能力,石门县向全部行政村(居)精准选派驻村工作队,充分发挥派出单位和驻村干部自身优势,打通政策执行"最后一公里",切实解决"谁来扶"的问题。在此基础上,石门县考虑到建档立卡户致贫原因的综合性和差异性,在扶贫项目设计上采取综合性和差异性、短期项目和长期扶持相结合的形式,在住房、教育、健康、产业、就业、社会保障、基础设施建设等方面面采取了一系列帮扶措施,坚持因户施策、精准发力,着力解决好"怎么扶"的问题。最后,以"实事求是"为基本原则,石门县明确了贫困退出的标准和程序,始终把脱贫质量放在首位,坚决防止弄虚作假、违规操作等行为,更好地解决了"如何退"的问题,确保脱贫成果经得起历史和实践的检验。

(四)紧紧依靠产业发展强基固本持续发力

产业是脱贫之基、致富之源,是一种内生发展机制。习近平总书记指出,"要紧紧扭住发展这个促使贫困地区脱贫致富的第一要务②"。一个地

---

① 中共中央党史和文献研究院:《习近平扶贫论述摘编》,中央文献出版社 2018 年版。
② 习近平:《做焦裕禄式的县委书记》,中央文献出版社 2015 年版。

区产业是发展的根基，也是脱贫的主要支撑，产业不能获得稳定的发展空间，就不能彻底脱贫、不能持续脱贫。

石门县充分利用山区资源优势，根据地形特点，坚持因地制宜，全方位布局产业。通过合理规划，重点发展了柑橘、茶叶、烟叶、蔬菜、香猪、土鸡、牛羊、特种养殖、林业、三产业（电商、光伏、旅游）等十大扶贫产业。在东南部平丘区重点发展柑橘、土鸡规模养殖等产业，在西北高山区重点发展茶叶、蔬菜、烟叶、牛羊、土鸡散养等产业，在中部丘陵区重点发展林下经济、香猪、岩蛙、蜜蜂等产业，形成了"东南西北中、村村有产业"的无缝覆盖式产业发展格局。并且，优先在贫困地区布局光伏发电、乡村旅游、电子商务等一批新兴产业，拓宽贫困群众的致富渠道。在此基础上，加大金融对产业扶贫的支持力度，搭建服务平台，引入企业、合作社等经营主体，创新提出直接帮扶、委托帮扶、股份合作等方式带动发展，创造内购外销的销售渠道，确保产业可持续发展，促进县域经济发展，实现农民稳定增收。

（五）增强内生动力，建立稳定脱贫长效机制

行百里者半九十。应该认识到，打赢脱贫攻坚战，只是完成全面建成小康社会的底线任务，如何实现脱贫人口的稳定脱贫，为实现农业农村现代化、乡村振兴奠定坚实的基础，对巩固脱贫成果，增强脱贫摘帽县和脱贫人口内生动力，提升发展能力，建立稳定脱贫长效机制提出了更高要求。

石门县坚持目标导向，由注重加强民生保障向更加注重持续稳定增收脱贫转变；坚持问题导向，由注重解决现实问题向更加注重解决深层问题转变；坚持长远导向，由注重阶段攻坚向更加注重建立长效机制转变。首先，巩固提升产业、就业扶贫力度，加强兜底保障，增强县域发展能力和

贫困人口稳定增收能力；其次，巩固提升精神扶贫，大力推进扶贫同扶志扶智相结合，进一步推动贫困人口参与式扶贫，加强移风易俗，改善人居环境，增强贫困人口内生动力，实现稳定脱贫；最后，巩固提升基层组织治理能力，进一步选准配强村党组织书记，建设坚强堡垒，加强村集体经济建设，带领群众脱贫致富。

第二章 | 抓党建引领脱贫攻坚

习近平总书记强调，"要把扶贫开发同基层组织建设有机结合起来，真正把基层党组织建设成带领群众脱贫致富的坚强战斗堡垒"①。基层党组织作为前沿阵地的最"基本作战单元"，把党的建设和脱贫攻坚拧成一股绳，充分发挥基层党组织的"一线指挥部"作用，是贫困地区切实打好、打赢脱贫攻坚战的重要经验。石门县始终坚持以党建为引领，坚持把党建与脱贫攻坚深度融合，不断加强村级支部建设，广泛凝聚各方力量推动脱贫攻坚，充分发挥党员在脱贫攻坚中的先锋模范作用，切实将党的组织优势转化为助推脱贫攻坚的动力源泉和坚强保障，促进了党建与脱贫攻坚的同频共振、深度融合。

一、以党建促扶贫概述

习近平总书记强调："抓好党建促脱贫攻坚，是贫困地区脱贫致富的重要经验，群众对此深有感触。"②"越是进行脱贫攻坚战，越是要加强和改善党的领导。"③脱贫进入攻坚拔寨阶段，打赢脱贫攻坚战，必须切实加强党的建设，发挥党的政治优势、组织优势和密切联系群众优势，聚焦

---

①②③ 中共中央党史和文献研究院：《习近平扶贫论述摘编》，中央文献出版社2018年版。

提升基层党组织的组织力；切实把党建优势转化为扶贫优势，把组织活力转化为攻坚动力，汇聚起万众一心抓脱贫的强大动能。

在脱贫攻坚工作中加强党建引领，扎实做好党建扶贫工作，强化农村基层党组织在推动科学发展、带领农民致富、密切联系群众、维护农村稳定方面的领导核心作用，对打好脱贫攻坚战具有极为重要的现实意义，能推动脱贫攻坚、经济社会发展和党的建设工作深度融合。按照党中央提出的打好脱贫攻坚战的"四个切实"具体做法，在领导这场战役取得胜利的同时，各级党组织要加强自身管理，以党的建设为抓手，将制度建设贯穿始终，从政治建设、思想建设、组织建设、作风建设和纪律建设等方面下功夫扎实推进，在探索以党建促扶贫的道路上迈出坚实步伐。

（一）加强党的政治建设，树立脱贫攻坚关键前提

党的政治建设在党的十九大报告中被明确提出，党的政治建设是党的根本性建设，要把党的政治建设摆在首位，以党的政治建设为统领，不断深化广大党员干部对党的政治建设的认识，增强推进党的政治建设的自觉性和坚定性，增强党员干部的"四个意识"，坚定"四个自信"，加强和规范新形势下党内政治生活，净化党内政治生态。习近平总书记强调，马克思主义政党具有崇高政治理想、高尚政治追求、纯洁政治品质、严明政治纪律。党的政治建设是一个永恒课题。要把准政治方向，坚持党的政治领导，夯实政治根基，涵养政治生态，防范政治风险，永葆政治本色，提高政治能力，为我们党不断发展壮大、为打赢脱贫攻坚战，决胜小康提供坚实保障。

要想打赢脱贫攻坚这场仗，就必须以党的建设工作为核心，提升政治引领，强化责任担当，夯实群众基础，动员一切可动员力量，厘清基层发展路子，摸清脱贫底数、细化脱贫责任、找对脱贫路子、建成脱贫机制，才能有效开展脱贫攻坚各项工作，彻底拔掉"穷根"。在决胜脱贫攻

坚、实现全面小康的工作中，广大党员干部必须牢固树立"党建助扶贫"理念，不断加强政治建设，切实增强政治担当，认真履行帮扶责任，强化"道路方向、组织基础、项目发展"，带头学习技术、带头发展产业、带头脱贫致富奔小康，成为脱贫致富的排头兵，充分发挥先锋模范引领作用和辐射效应，不断提高脱贫质量，增强群众获得感。

（二）加强党的思想建设，夯实脱贫攻坚根本基础

党的十九大报告强调："思想建设是党的基础性建设"，深刻揭示了思想建设在党的建设中的基础性地位。把思想建设作为党的基础性建设，这是我们党深入把握党的建设基本规律作出的科学论断，对党的建设和脱贫攻坚的深度融合具有根本性的推动作用。加强党的思想理论建设是加强党的执政能力建设的基础，只有统一思想认识、目标和方向一致，才能有足够的信心和动力打赢脱贫攻坚战，巩固中国共产党的执政地位。

农村基层党组织是党联系群众的重要纽带和桥梁，是党的农村工作的主要抓手和关键支撑，是脱贫攻坚战战斗力的保障和取得胜利的重要基础，是贯彻落实党的惠民政策、推进基层民主政治建设、抓好村级经济发展的战斗堡垒。因此，在脱贫攻坚中农村基层党组织的思想建设更要引起重视。思想建设是推动党建扶贫工作的首要任务，在贫困问题集中的农村地区，面对贫困人群存在的脱贫意愿不强、致富动力不足、扶贫干部党员层次及年龄不同等各种突出问题，不光要提高脱贫相关政策的贯彻落实，更要加强基层的思想认识，扶贫先扶志，帮助贫困户和贫困村干部树立起战胜贫困的信心和决心。

（三）加强党的组织建设，筑牢脱贫攻坚战斗堡垒

抓党建促脱贫攻坚是一项系统工程，支脉众多，层次复杂，工作量大，

特别是随着基层经济成分、组织形式的多样化，基层发展不均衡、群众观念多元化，抓党建促脱贫攻坚面临的考验日益纷杂，这就决定了选好班子、配强干部是打赢脱贫攻坚战的先决条件。党的基层组织是党在社会基层组织中的战斗堡垒，是党的领导延伸到基层的重要载体，是党的全部工作和战斗力的基础。党的基层组织建设是事关改革发展稳定大局的战略性、全局性问题。新时代、新征程，加强党的基层组织建设，比以往任何时候都更加重要。

基层组织是战斗在脱贫攻坚第一线的主力军，是带领群众脱贫致富的先锋队，也是打赢脱贫攻坚这场硬仗的关键。要充分发挥农村基层党组织的政治领导力、思想引领力、群众组织力和社会号召力，通过村党组织书记身先士卒"领路"，贫困群众主体参与"铺路"，在脱贫攻坚过程中教育引导贫困群众从内心深处明白"日子过得好既要靠国家政策帮，还要靠自己苦干""幸福不会从天而降，好日子是干出来"的道理，真正凝群众之心、聚众人之力、融百姓之智，使贫困群众在物质重建的过程中，实现精神重塑、思想凝聚和信仰构建。

（四）加强党的作风建设，贯彻脱贫攻坚决策部署

习近平总书记强调，脱贫攻坚任务能否高质量完成，关键在人，关键在干部队伍作风。作风建设是抓好党建扶贫工作的有力支撑。好的作风是脱贫攻坚战取得胜利的保障，不仅能凝聚强大的正能量，而且能为党建扶贫工作提供有力的支撑。脱贫攻坚，干部作风直接关乎成败，作风越硬效果越实。石门县将扶贫干部将作风建设摆到更加突出的位置，真抓实干，较真碰硬。各级党组织只有不断重视作风建设工作，在脱贫攻坚工作中把作风建设摆到突出位置，紧紧围绕脱贫攻坚工作任务，保持顽强的工作作风，坚定不移、狠抓落实扎实做好群众的脱贫工作，才能

凝聚民心，把基层脱贫攻坚工作引向深入，带领群众啃下脱贫攻坚这块"硬骨头"！

（五）加强党的制度建设，保证脱贫攻坚工作质量

"基础不牢，地动山摇"，党建扶贫工作需要完善的制度做保证。搞好党建，发挥好党的建设在脱贫攻坚中的重要作用，离不开良好的制度建设对工作质量的重要保障。制度建设是党建引领促脱贫的坚实基础，科学合理的规章制度是一项工作长久发展所必需的，要认真落实领导责任制度，完善党建扶贫考核评价制度，健全定点帮扶制度，把制度转化为党员干部脱贫工作的行为准则。在规范管理的基础上加强监督，实现党建扶贫工作规范化、公开化，保证财政专项扶贫资金在阳光下运行，让党建扶贫工作走上良性发展的快车道。

基层党组织在脱贫攻坚战中要坚持用制度管权、按制度办事、靠制度管人，把制度转化为党员干部的行为准则和自觉行动，才能避免暗箱操作，做到应扶尽扶。要强化主体责任，明确各级党组织书记抓扶贫工作制度，书记抓扶贫就能总揽全局、统筹安排、层层推进，就容易实现真扶贫、扶真贫，扶贫工作开展后劲才够足。

二、石门以党建促扶贫的主要做法

加强党建引领，扎实做好党建扶贫工作，强化农村基层党组织在推动科学发展、带领农民致富、密切联系群众、维护农村稳定方面的领导核心作用，对打好脱贫攻坚战具有非常重要的意义，对县域脱贫攻坚、经济社会以及党的建设的深度融合具有极强的推动作用。石门县在扶贫工作中不断探索，勇于实践，相继施行了"农村便民服务""能人治村""党员先锋

队""党建促脱贫攻坚八项行动""智慧党建"等政策，其中，石门县在全县开展的"农村便民服务"经验得到了中组部的推介，"抓党建促脱贫攻坚八项行动"做法得到了常德市委的转发。石门县在实践中，充分发挥了党在基层的先锋队作用，使基层党组织成为带领引导群众脱贫致富的中坚力量；另外，石门县通过脱贫攻坚工作的不断深化，提升了基层党组织建设水平，加强了基层党组织联系群众、服务群众的能力，进一步巩固了党的群众基础。

（一）抓统筹、强导向，聚焦脱贫攻坚主战场

如期全面建成小康社会，实现我们党第一个百年奋斗目标具有十分重要的意义，同时也是一项极具艰巨性的任务。在当前城乡结构剧烈变动的背景下，农村人口结构呈现出"老龄化""空心化"特征，给基层党组织工作的开展带来了许多挑战，具体表现为基层党组织在一定程度上存在理论基础薄弱、形式主义严重、制度落实不规范的问题。在脱贫攻坚工作中，党组织发挥着核心领导作用，大量的群众工作，时刻考验着基层党组织建设的水平和团结带领群众脱贫致富的能力。如何使参与脱贫攻坚的各方能清醒认识把握实践中存在的突出问题和解决这些问题的紧迫性，并做到不放松、不停顿、不懈怠地提高脱贫质量，扎扎实实地把脱贫攻坚战推向全面胜利的目标，是脱贫攻坚需要解决好、落实好的重要问题之一。为此，石门县围绕脱贫加强调度、传导责任、部署兵力，不断强化基层党组织在脱贫攻坚工作中的重要作用。

石门县牢固树立抓脱贫首先抓党建的理念，把最优质的领导力量和干部资源配置到脱贫攻坚主战场。一是围绕脱贫加强调度。认真落实常德市委推进全面从严治党向基层延伸的 18 条规定，建立了县委常委会定期研究抓党建促脱贫的工作制度，对脱贫攻坚中党的建设方面存在的突出问

题，统一调度，及时有效解决。同时，推动实现党建与脱贫攻坚同步规划、同向推进、同步考核，真正让党建工作引领脱贫攻坚、服务脱贫攻坚、推动脱贫攻坚。二是围绕脱贫传导责任。坚持把党的政治建设放在首位，明确"谁主体谁主责""谁主管谁主抓""谁联系谁包干"，全面压紧压实县乡村党政一把手的主体主抓责任、县级领导和科局长的联乡包村责任、驻村工作队的帮扶责任、党员干部的结对帮扶责任。三是围绕脱贫部署兵力。坚持把最优势的兵力部署在脱贫一线，全面下沉县乡村主体力量、县直单位帮扶力量、党员干部结对帮扶力量，实现县级领导包联、驻村工作队帮扶、党员干部结对帮联三个全覆盖。全县共派驻帮扶工作队331 支、队员 729 人，安排结对帮扶责任人 10526 名，做到不漏一村、不掉一户、不少一人。

（二）抓支部、强堡垒，打造脱贫攻坚火车头

"帮钱帮物，不如帮助建个好支部"，充分说明了基层党支部在脱贫攻坚工作中的"桥头堡"作用。夯实脱贫攻坚党建之基，是增强生机活力，充分发挥基层组织服务群众、凝聚人心、促进和谐的应有之举，是打通脱贫道路"最后一公里"的保障。针对贫困村普遍存在的队伍老化、青黄不接、教育管理难等问题，更要注重党的建设工作，进一步拓宽农村基层党员来源渠道，加强党员教育管理，真抓落实、久久为功。党建虽然不等同于扶贫，但党建却可以对扶贫起到带动引领、督促鞭策的作用。把基层党建最优资源汇聚脱贫一线，把党的力量挺立在脱贫最前沿，定能扶有所进、扶有所成。石门县坚持班子围绕脱贫建、干部围绕脱贫转，坚持把加强基层组织建设作为一项基础工程，不断强化基层党组织带领群众脱贫致富的堡垒作用。采取选优配强村级班子、完善村级管理机制、加大村级保障力度等有力举措，把村党支部建设成引领脱贫攻坚的坚强战斗堡垒。

一是选能人，配强当家人。采取在现任村干部中择优留、在致富带头人中择优选、在外出务工经商人员中择优引的措施，选好村级带头人，配强村级班子，提升整体战斗力，全县1507名村干部中，农村致富能手达403人，返乡外出务工经商人员64人，村干部队伍结构明显优化，整体素质明显提升。二是补短板，建强党支部。坚持把整顿软弱涣散村党支部作为抓党建促脱贫的有力手段，对29个软弱涣散村逐一列出"责任清单"，明确整改措施和责任分工，实行一月一调度，一月一通报，对6名抓脱贫能力不足、不能胜任现职的村党支部书记坚决调整撤换，确保软弱涣散村全部晋位升级。三是重管理，增强凝聚力。不断健全决策机制，坚持扶贫等重大事项"四议"，即村支委提议、村"两委"商议、党员大会审议、村民代表大会决议。不断健全监督机制，坚持脱贫攻坚全过程"两公开"，即决议公开、实施结果公开，设立公示栏和政策明白墙，定期接受群众监督。在脱贫攻坚项目实施和资金使用上坚持全程签字制度。此外，从加强村干部管理、规范村干部报酬入手，建立村干部专职化管理体系，将党建促脱贫工作纳入各级党组织书记抓党建工作述职必述内容。同步推进"智慧党建"工作，每村招聘一名党建联络员，确保脱贫攻坚工作管理更加规范、精力更加集中。在全县推行"3+X"农村社区治理模式，引导村（居）民广泛参与脱贫攻坚等各类村级事务，让广大村（居）民"唱主角"，有效加强了农村社会治理，激发了农村发展内生动力。

（三）抓队伍、强合力，锻造脱贫攻坚排头兵

"善治病者，必医其受病之处；善救弊者，必塞其起弊之源"，换言之，脱贫攻坚成效的大小在很大程度上取决于能否有一个好的"领头羊"，为广大贫困群众找到穷根、厘清脱贫思路、指明致富方向。在贫困地区，党员作为先进群体的代表，往往比普通群众的理论知识更扎实，带领群众

致富能力更强。基层党组织通过鼓励党员带头发家致富做示范，带头学习技术、带头发展产业、带头脱贫奔小康；鼓励党员主动与贫困群众结成对子，在信息、资金、技术等方面给予全方位的帮扶，激励贫困群众致富的心热起来、行动起来。通过基层党建培养锻造脱贫攻坚排头兵，做到脱贫攻坚战场在哪里、产业发展到哪里，党的基层组织建设在哪里、党的工作就跟进到哪里。

坚持把人作为推进脱贫攻坚的关键因素，着力打造一支扎根基层、充满活力的脱贫攻坚骨干队伍。一是突出党员带头。通过党员挂牌上岗、公开承诺和发放名片等形式，让党员身份亮出来、责任担起来，促进党员发挥作用的常态化。以村（社区）为单位组建"党员先锋队"，以扶贫帮困为主要内容，采取设岗定责、承诺践诺等方式，确保每个有劳动能力的党员都有脱贫致富项目，每个有帮带能力的党员至少结对帮扶 1 个贫困户，让每名党员在脱贫攻坚工作中有平台、有责任，当先锋、做贡献。精准扶贫以来，全县共有 7810 名有帮带能力的农村党员结对帮扶 18035 个贫困户。二是突出人才引领。通过选聘"名誉村主任"，实施"百名乡村医生培养工程""乡村教师归雁工程"等，引导各类人才向贫困村流动，积极开展产业扶贫、卫生扶贫、教育扶贫、科技扶贫。2016 年以来，从县内外吸引 58 名优秀企业家担任"名誉村主任"，利用自身优势帮助贫困村发展产业，57 家"两新"组织作为后盾单位参与脱贫攻坚，为扶贫点村捐资 3700 多万元。三是突出典型示范。每年开展"十佳领导班子、十佳优秀领导干部、十佳农村党支部书记、十佳帮扶工作队、十佳帮扶工作队员"等评选表彰活动，坚持用身边事教育身边人，积极培育和选树了王新法、黎静等一批先进典型，在全县营造学先进、促脱贫的浓厚氛围。打响脱贫攻坚战以来，石门县已经有 3 名党员干部牺牲在脱贫攻坚一线。全县广大党员干部和群众被他们的感人事迹和崇高精神深深打动和激励，纷纷学习先进模范，干部变"要我帮扶"为"我要帮扶"，群众变"要我脱贫"为"我要脱贫"，凝聚起了打赢脱贫攻坚战的强大合力。

专栏一　人生此处是青山 用生命书写扶贫大爱

"因为我们是有信仰的共产党人，我们是忠诚于自己的国家和人民的军人，我们应该在党和群众最需要的时候挺身而出。"

——石门县薛家村"名誉村主任"王新法

王新法，男，汉族，河北省石家庄市灵寿县人，1953 年 7 月出生，1969 年 12 月入伍，1973 年 12 月加入中国共产党，1981 年 6 月退伍转业到石家庄市公安局工作。2013 年 7 月退休后，王新法响应党的号召，不远千里到石门县南北镇薛家村义务扶贫，2014 年被村民推举为"名誉村主任"。几年来，他扎根薛家村，倾尽个人全部积蓄，倾尽全部心血智慧，帮助乡亲们拔穷根、谋路子，全心全意、大公无私、不畏艰辛、鞠躬尽瘁。2017 年 2 月 23 日下午 3 点左右，他因劳累过度，突发心肌梗死，不幸牺牲在脱贫攻坚第一线，享年 64 岁。他用行动、用生命在脱贫攻坚主战场忠实践行党的宗旨，践行精准扶贫精准脱贫方略，是脱贫攻坚战线广大基层工作者的杰出代表，也是脱贫攻坚决战决胜阶段不可或缺的先锋模范。生前，他先后获评"全国脱贫攻坚模范""中国助人为乐好人""湖南省百名最美扶贫人物""常德市优秀共产党员"等多项荣誉称号。他牺牲后，社会各界人士纷纷前来吊唁，2 月 26 日出殡，沿途万人自发为他送行。

铁骨忠心铸党魂

"如果入党是一种信仰的话，那么，到目前为止，我还没有找到比共产党更值得信仰的信仰。"王新法同志生前在给妻子的信中这样写道。

正因为这份信仰，王新法冲锋在前，一贯优秀。他对党的忠诚坚若磐石，始终以一名共产党员的标准严格要求自己。1969年，王新法应征入伍，从普通战士一步步成长为甘肃省军区司令部训练处参谋，一身戎装、满怀理想，在部队入团、入党，从士兵到干部，屡立战功，年年都有表彰记录。1981年，他转业到石家庄市公安局工作，尽职尽责当一名人民的守护者，同事说他是"拼命三郎"，在抓捕犯罪分子的行动中，曾被掰断8根手指也不肯放手。他懂得感恩组织，军人报国之心不改，在组织和群众最需要的时候挺身而出。2013年退休后，他响应习近平总书记脱贫攻坚号召，先后到云贵川湘等地考察贫困村，最终选择在石门县南北镇薛家村开展义务扶贫。薛家村地处湘鄂边界高山腹地，条件很苦、群众很穷、发展很落后。了解到薛家村的实际情况后，他毅然决然坚持留下来，并且连续4年驻扎在村里，帮助改变山区贫困落后的面貌。他说，"薛家村山好水好人好，就是经济条件不好，一定要改变它"。他不仅自己驻村义务扶贫，还成立"薛家村与民共富军人团队"，带动140余名志同道合的退伍军人投入义务扶贫工作中来。他一身正气，自觉爱党、护党。他在薛家村做的第一件大事，就是拿出自己64万元积蓄修建薛家村"山河圆"烈士陵园，将80多年前在薛家村六塔山集体跳崖、壮烈牺牲的68名红军战士集中安葬于此，教育后人不忘我党红色革命历史，为后人树立了一座精神丰碑。王新法牺牲后，其骨灰就安葬在他亲手修建的"山河圆"陵园，自己也成为后人景仰的一座丰碑。

不畏艰辛真扶贫

大山深处，扶贫是一场硬仗、恶仗。脱贫攻坚战场上，王新法像一名战士一样冲锋陷阵，遇到困难不退缩，不拔穷根不罢休。从一穷二白开始，他帮助薛家村开展基础设施建设，推动生产生活条件脱贫。到村后的4年时间里，他和与民共富军人团队多方筹措款物，拓宽村道10多公里，架设桥梁6座，劈山炸石修建山道5公里，把村组道路修到了30多户村民的家门口。安家片没有桥，孩子们上学要打赤脚蹚水过河，他亲自跑规划、办手续，工程开工后他就近住在农户家里，连续20多天和衣而眠，睁眼就往工地跑，村民们被他感动，纷纷义务出工出料，预算造价18万元的桥梁仅用3.3万元就建好了，孩子们再也不用打赤脚过河上学；6组安全饮水有困难，他钻进山里花半个月找水源，带领村民连续奋战25天，修建2个蓄水池，使水管通到6组20余户人家，还同步解决了上百亩茶园灌溉问题。他帮助薛家村发展产业，推动经济脱贫。他组织村民建了1500亩生态茶园，兴办茶叶产业，成立湖南薛家村（土家族）共同富裕合作社和茶叶专业合作社，与高校茶叶专家团队合作成立湖南五行缘农业科技公司，注册"名誉村长"茶叶商标，推出"素茶点系列""功能茶系列""精制茶系列"，使茶园真正成了乡亲们的"绿色银行"。他帮助薛家村改变乡风民风，推动精神脱贫。他每月组织一次新型农民培训班，自己带头讲课，常年开展"我看是非我看美"活动，纠正陈规陋习，扩建薛家村公墓，号召乡亲们将先人的坟墓移葬到六塔山，老人去世后不再葬于田间地头、路边屋后。如今的薛家村，全村人均收入突破6000元，成功摘掉了省级贫困村的帽子。村风民风清新，村支部班子凝聚力战斗力号召力增强、党员先锋模范作用充分发挥，2016年获评"全省文明村"，成为石门县首个红色旅游村。薛家村今非昔比，实现了他生前的愿望。

克己奉公献大爱

王新法脑子里想的、心里装的、付诸行动的，除了全心全意为人民服务，没有其他一丝杂念。在薛家村义务扶贫4年，他舍小家为大家，有3个春节都在薛家村度过，即便大年三十，说的做的都是扶贫，想的念的都是乡亲。2016年春节是他人生的最后一个春节，农历腊月二十九，还在走村串户为困难群众安装节能灯，大年三十，到养老院陪孤寡老人过年。亲人们理解他、支持他，逢年过节，都是爱人带着女儿一家人来看他。他舍自己为群众。虽年过花甲，但他全然不顾山高路远，来回奔波跑项目；全然不顾个人安危，翻山越岭抓建设；全然不顾自己身体，潦潦草草过生活。他的生活方式极其简朴和纯洁，他吃得简单，北方汉子吃不惯南方饭，他就一天只吃两顿，不抽烟不喝酒；住得简单，一间老百姓腾出来的木板房，既当办公室又当卧室；穿得简单，一年四季一身迷彩服、一双半筒靴，直到牺牲时仍然是这身装扮；用得简单，一条毛巾，几年也舍不得更换。工作之余基本就做两件事：一是走村串户与老百姓拉家常，共同畅想薛家村的美好未来；二是看书学习，从学习中寻找让薛家村老百姓尽快致富奔小康的好政策、好路径和好方法。他舍自己的钱办乡亲们的事。他想把每一分钱都投入村里发展上去，花在乡亲们身上，驻村义务扶贫4年，作为名誉村主任，不仅不拿一分钱报酬，还将自己积攒的100多万元的存款都用在薛家村，为低保老人拉通生活用电，为困难家庭购置节能电灯和烤火炉，为村集体添置挖掘机，出资修路架桥、修建公墓，为群众购买摄像机、音响设备，丰富村民生活。他似乎从未考虑过自己。有人问他，吃自己的饭、花自己的钱、办群众的事，好事做了一座山，图什么？他回答，因为我们是有信仰的共产党人，因为我们曾是忠诚于自己国家和人民的军人。在他心中，人民永远居于最高位置。2017年2月23日下午3时，在他生命的最后一刻，他正和与民共富军人团队商议安家片修建第二座桥梁的事情，工程原定两天后开工，不承想他却突然牺牲。他牺牲时，心中牵挂的是脱贫攻坚，牵挂的是薛家村的乡亲。他为那些素昧平生的人们发尽了光和热，我们永远怀念他。

专栏二　76个指印挽留一个扶贫队长

"感谢我们的后盾单位石门县文体广新局为我们送来了一支为老百姓办实事、谋福利的工作队。扶贫工作队队长张忠富来村里以后，不畏艰难辛苦，全心全意为老百姓服务，把我们每一位老百姓当亲人，在他的带领下，我们的生活发生了很大的变化。在我们的心中，他就是我们的贴心人，让我们看到了希望，我们需要他继续留下来，帮助我们一起脱贫致富。恳请上级领导能答应我们的请求。"这是金河村老百姓挽留扶贫工作队张忠富队长的一封信，并摁上了76个鲜红的指印。

故事还要从张队长进村的第一天说起。进村当天，有一位老人背着背篓、挂着拐杖找到张队长说："听说来了一位扶贫队长，我们扶贫什么都不要，就想修路。"交谈得知，老人叫覃事法，80岁，为了见到工作队，从白竹山出发步行了6个多小时找到张队长。很快扶贫工作队了解到，白竹山满山是宝，野茶、金钱柳、中药材、土蜂蜜都是值钱的特产，就是路不通卖不到钱，满山的白竹、撩叶、猕猴桃、核桃、银杏，只能任它长在山上、掉在地上。老百姓要出村子有三条路：一是从毛虎界走过荒无人烟的 10 多公里悬崖绝壁经碑垭到镇上，二是翻过一座大山从湖北鹤峰六峰经百果到镇上，三是过十八道水出红耀经金河到镇上。无论哪条路都要 6 个小时以上的艰辛路途，走水路更是发生过几起淹死人的事情。老百姓到镇上卖烤烟，男人挑 60 斤，女人背 40 斤，一天一回两头黑，镇上两块钱一斤的大米请人送到家里就是四块钱一斤。张队长暗下决心，困难再大，也要帮他们修路。修路过程中，因为占山占地发生了很多的矛盾纠纷，2017 年，从春夏到秋冬，张队长 21 次步行到白竹山。有一次，为了考察白竹山的公路线路和产业发展，张队长从镇上出发，冒雨步行 20 多公里山路，从碑垭经蚂蟥台人参基地、阳坡野茶园到达覃家台时已是傍晚，覃事善老两口见到张队长全身湿透、上下是泥，感动得哭了，说是第一次见到这样不怕苦不怕累的好干部，还为他找来干净衣服换上。过了一段时间，张队长收到了一件贵重的礼物——一双千层底布鞋。他常说："只要我们把老百姓当亲人，老百姓就会把我们当亲人。"他还说："老百姓讲理不讲理他都在理，老百姓所有的错都是我们的错。"通过两年的艰苦努力，终于在 2018 年春节前夕，修通了一条长 19.2 公里的简易公路，让常德市最后一个不通公路的自然村的老百姓走出了大山，看到了外面的世界。2018 年 8 月，贫困户覃事善老人在自家烤房取烤烟时，不幸摔成重伤。他说，如果没有这条路，他的这条命也就没了，是扶贫工作队救了他的命。2018 年 6 月，贫困户覃事耀在干农活时被五步蛇咬伤，也是这条路挽救了他的生命。老百姓称这条路为"天路""幸福路""致富路""生命线"。

从张忠富担任扶贫队长的第一天起，他的胸前就始终佩戴着一枚党员徽章。他说："我就是告诉村民，我是一名共产党员，是来为村民办事的。"在他看来，这是一种荣耀，更是时刻提醒自己，要以党员的身份，为民想事，为民办事，更重要的是让老百姓明白，自己所做的一切都是党的要求，党始终把群众的利益放在第一位。无论是在走访贫困户途中遇车祸当场休克，还是半夜肚子痛得满地打滚通宵到南北镇卫生院打吊针，他都从未休息，有时几个月也不回家一次，即使独生女儿生病到省城住院，他也没有陪同。

石门县南北镇金河村由三台、金河、红耀、南岔、白竹山五个自然村合并而成，面积54平方公里，平均海拔1200米，全村有农户378户962人，其中建档立卡贫困户181户572人。几年前，金河村没有固定村部，没有村卫生室，不通路、不通网、不通电视、不通广播，也是一个软弱涣散村，基础条件差，贫困程度深。张队长驻村三年来，金河村发生了翻天覆地的变化，村容村貌焕然一新，村风民风明显好转。新修道路13公里，硬化道路7公里，道路窄改宽11.345公里，道路整修30.2公里，架设了三座吊桥，完成了两处安饮工程，建起了新村部，恢复了村卫生室，重建了广播"村村响"，开通了有线电视和互联网络。全村108户贫困户易地搬迁住进了新屋，57户贫困户完成了危房改造。成立了金河村党员先锋队和党员志愿者服务队。大力发展野茶、金钱柳、中药材、土蜂蜜，建立了产业发展帮扶基金，成立了仙野茶叶专业合作社和云上南北农业开发有限公司。2014—2018年，全村181户贫困户572人，已有179户569人顺利脱贫，贫困发生率从59%下降至0.3%。

"忠心扶贫未怕千般险，富民兴业何惧万重山。"金河村老百姓给石门县文体广新局驻南北镇金河村帮扶工作队送去的锦旗如是写道。

（四）抓保障、强基础，提升脱贫攻坚战斗力

"求木之长者，必固其根本。"要发挥好基层党组织的战斗堡垒作用，实现全面小康的伟大历史任务，就要以党的政治建设为统领，把党的全面领导落实到基层，不断强化基层党组织的政治引领和服务群众功能，为基层党组织和党员干部积极投身到脱贫攻坚战中提供有力支撑和坚强保障。加强脱贫攻坚中的基层组织保障，就要创新做法、完善机制、强化抓手，牢固树立党的一切工作到支部的鲜明导向，夯实基层基础，筑牢战斗堡垒。

坚持从强化保障入手，不断夯实基层基础，切实提升全县各级党组织决战决胜脱贫攻坚的能力。一是大力推进智慧党建。把智慧党建作为基层党建一号工程来抓，投入 2.2 亿元，对 331 个行政村级综合服务平台进行新建和改扩建，搭建县乡村三级智慧党建平台，实行党务、政务、商务"三务合一"。特别是结合山区县实际，对全县 331 个行政村（居）的特色农产品种类进行全面摸底，确定建设 50 个精品型商务站点，实现工业品下乡、农产品进城，打通物流"最后一公里"，有效促进了贫困户增收。二是不断加大经费保障。积极解决村干部报酬偏低、保障不足、留不住人等问题，建立村级运转经费逐年增长机制，提高村干部的经济待遇，村党支部书记年基本报酬达到 3 万元，村干部普遍购买"三险两金"。三是严格落实激励考核。把抓党建促脱贫攻坚纳入党组织书记抓党建述职评议考核的重要内容，把后盾单位驻村帮扶工作纳入年度绩效评估考核，对驻村帮扶工作队和队员进行单列考核。同时，加大激励和追责问责力度，开展精准扶贫以来，全县有 150 多名县乡驻村干部得到提拔重用，5 名乡镇党委书记被约谈。

（五）抓纪律、强作风，营造风清气正生态圈

脱贫攻坚，贫困群众是主体，扶贫干部则是打赢脱贫攻坚战的着力点和生力军。通过基层党组织建设，不断提高基层党员干部的政治站位，使扶贫干部切实将脱贫攻坚作为一项极为严肃、极其重大的政治任务和基础性工作，始终铭记在心、紧抓在手，立足把扶贫工作帮到点上、扶到根上。在扶贫工作中树立鲜明导向，强化督导问责，对敷衍塞责、作风漂浮、担当不够、不能如期完成脱贫任务的扶贫干部实施责任追究，鞭策脱贫一线干部追赶超越、积极作为。打造出一支"召之即来、来之能战、战之能胜"，素质过硬、作风踏实的基层扶贫干部队伍，对于全面打赢脱贫攻坚战具有十分重要的现实意义。

石门县围绕巩固脱贫成果，举全县之力在抓好抓实脱贫攻坚工作的同时，深入开展了扶贫领域腐败和作风问题专项治理，在监督执纪问责上持续精准发力，严抓严管、真刀真枪。

1.压实政治责任，在推动中务求实效

一是注重顶层设计，坚持高位推进。石门县成立了以县委书记任组长，县长、县委副书记、纪委书记任副组长的专项治理工作领导小组，对专治成员单位及时进行了调整，县委常委会先后75次就脱贫攻坚工作、扶贫领域资金监管、专项治理等工作进行研究。出台了《石门县2018年至2020年开展扶贫领域腐败和作风问题专项治理工作方案》《关于开展扶贫领域作风问题专项治理工作的通知》，明确了治理内容以及相关牵头单位，负责收集问题线索、处置问题线索、开展专项巡察、通报典型案件、舆论信息宣传等工作，并第一时间牵头召开扶贫领域腐败和作风问题专项治理、扶贫领域作风问题专项治理工作部署会，对专项治理工作进行了全面发动，将压力传导至基层一线、扶贫前线。

二是健全长效机制，坚持定期调度。建立了"半月一调度、一月一通报、一季一点评、半年一小结、全年总考核"的工作机制，每半个月对问题线索排查、案件核查处置、信息宣传上报等内容进行调度；每月对成员单位以及各级纪检监察组织工作进展情况进行通报；每季度结合"四比四看"讲评会对专治工作进行点评；每半年进行小结，对准目标，找差距、补短板；年底按照考核办法对各单位工作进行考核评估，考核结果纳入年度党风廉政建设责任制和绩效考核内容。

2. 聚焦治理重点，在监督中严肃执纪

一是布设督查"监控器"。县纪委监委、县委督查室、县政府督查室、县委组织部、县扶贫办等单位组成联合督查组和巡查组，紧盯脱贫攻坚中工作不实、作风漂浮的单位和个人，以及驻村帮扶不到位、易地搬迁和危房改造工作推进不力等问题，采取"四不两直"方式深入一线开展扶贫工作专项督查巡查。仅 2018 年开展扶贫专项督查 7 轮次，走访贫困户 3298 户，发现问题 204 个，下发督查通报 6 期。针对脱贫攻坚普查督查工作中发现的扶贫资料填写有误、入户走访不及时不全面等扶贫工作不实的突出问题，下发专门交办函 32 件，立案 2 人，党纪政务处分 2 人，组织处理 38 人。

二是拧紧资金"安全阀"。为防止因责任不清、边界不明而导致扶贫项目资金出现监管盲区，制定出台了扶贫项目资金管理办法，设立脱贫攻坚财政专户，用于归集统筹整合的财政资金，凡纳入统筹整合清单及上级明确精准扶贫资金，全部纳入专户，按照财政管资金、部门管项目、行业管标准、乡镇管实施的原则，统筹安排、集中使用。部署开展了产业扶贫领域腐败和作风问题集中治理，重点围绕产业扶贫项目弄虚作假、管理不规范、工程质量低劣，虚报冒领、截留挪用产业扶贫资金以及作风不实等方面问题进行清查。

三是运用科技"智慧眼"。充分发挥"互联网＋监督"的科技监督优势，全面归集整理公示的各类涉农惠农数据信息，通过后台大数据比对分析，发现贫困户中存在有房有车的、去世人员、企业法人、有房有车者继续享受低保等问题线索 673 条，对存在精准识别不准、走访调查不深入等问题相关责任人予以追责问责，给予诫勉谈话处理 50 人、约谈提醒 7 人、立案审查 1 人，追缴资金 1.82 万元。同时，对群众在平台上举报反映的问题第一时间受理、交办、处置，严把调查回复关，对调查核实不清、处理处置不当、群众仍有疑问的问题进行"二次交办"。为拓宽群众监督渠道，向社会公众广泛宣传"三湘 e 监督"微信公众号的同时，在全县所有乡镇、街道、农林场探索建立了"清风连心桥"微信监督群，全县 331 个村（社区）和 1 个非行政村均建立起了微信监督群，入群总人数 9279 人，公示公开村级政务财务事务等信息 330 余条，收到群众反映的问题 32 个，化解矛盾纠纷 16 起。

四是开启巡察"探照灯"。作为常德市脱贫攻坚主战场，扎实开展了县本级扶贫领域巡察，在巡察对象的确定、巡察问题的查找、巡察整改的督查等方面向扶贫领域倾斜，并将巡察范围向关键股室、辖区学校、重点村（居）延伸。积极配合市委第三轮巡察和市扶贫领域专项巡察，组建工作专班，调配专门力量，协助抓好财务检查、入户走访等工作，对交办的 16 件问题线索进行了认真核查，给予 4 人党纪政务处分，组织处理 2 人。

五是严打涉黑涉恶"保护伞"。成立了扫黑除恶强化监督执纪问责工作领导小组，下发了《关于敦促党员干部及国家公职人员主动交代涉嫌涉黑涉恶问题的通知》，并在县电视台、政府网站、《石门信息报》、石门手机报等媒体平台上发布了专题通告，印发《关于敦促涉黑涉恶违法犯罪人员投案自首和发动群众举报的通知》宣传单 5000 余份。通过广泛收集、摸排线索，发现涉及监察对象涉黑涉恶问题线索 17 条，已立案审查调查 8 人，组织处理 6 人，移送司法机关 3 人。

3. 持续释放高压，在严管中体现厚爱

一是办信办访不遗余力。高度重视中央巡视组、省委巡视组交办的信访件办理工作，明确"谁主管谁负责"原则和"县级领导督办、责任单位专办、一人一策、一案一策、限时办结"要求，实行一对一调度和问题台账管理。为提升办信质量、从源头减少重信重访，对信访办理实行片区协作和"三审四不结"机制（三审：信访调查回复经信访室负责人、分管领导、副书记审批，四不结：程序不到位不了结、证据不充分不了结、材料不齐全不了结、处理处置不恰当不了结），2018 年县纪委监委共受理信访举报 579 件，其中通过片区协作办理信访 121 件次、立案审查 31 人、组织处理 24 人、退回不符合要求信访调查报告 26 件。

二是严查严惩不讲情面。坚持把纪律和规矩挺在前面，活用"四种形态"，对扶贫领域"雁过拔毛"、作风不实、监管不力等问题以零容忍的态度问责处置，把追责问责作为督促党员干部履职尽责的有效手段。2018 年，石门县各级纪检监察组织共查处扶贫领域腐败和作风问题案件 139 件，给予党纪政务处分 139 人，组织处理 322 人次，移送司法机关 4 人，追缴资金 771.061 万元，退还群众资金 101.53 万元。

三是点人点事不打折扣。注重发挥典型案件的警示教育作用，坚持每月至少下发一期扶贫领域腐败和作风问题违规违纪典型案件通报，要求各单位认真组织学习，推动纪律教育向"神经末梢"延伸。同时，在石门新闻网、《石门信息报》、石门手机报上开设了扶贫领域腐败和作风问题专项治理工作专栏，除及时宣传石门县及各单位专项治理工作动态外，对已通报曝光的典型案件进行再通报、再曝光。给敢于担当、踏实做事的党员干部撑腰鼓劲，对群众错告、诬告的，采取实名举报面对面回复反馈、匿名举报召开党员大会或信访听证会等方式及时予以澄清正名。仅 2018 年，采取党员大会、信访听证会等方式化解信访矛盾纠纷 19 件，为 108 人次

"蒙冤受屈"的基层干部澄清问题 138 个。

三、石门以党建促扶贫的经验与启示

（一）抓党建促脱贫，建强村级班子是前提

习近平总书记在谈到脱贫攻坚时多次指出，要加强基层基础工作。要加强贫困村"两委"建设，深入推进抓党建促脱贫攻坚工作，选好配强村"两委"班子，培养农村致富带头人，促进乡村本土人才回流，打造一支"不走的扶贫工作队"①。脱贫攻坚已进入关键阶段。抓好农村基层党建，夯实基层基础，促进脱贫攻坚任务的顺利完成显得尤为重要。"农村富不富，关键看支部；支部强不强，关键靠头羊。"村"两委"班子是脱贫攻坚举措的实践者，是村民自我管理、自我教育、自我服务的基层群众性自治组织，村级领导班子是农村各种组织和各项工作的领导核心，其职责就是宣传贯彻党的政策，引领村民践行党的各项重大举措，一个强有力的班子才能真正把优秀人才聚集到农村的各项事业中来，为打赢脱贫攻坚战提供坚强组织保证。要加强支部建设，探索强村带弱村、富村带穷村、联建共建党组织等办法，整顿软弱涣散村级党组织，切实发挥基层党组织的战斗堡垒作用。要抓住关键，把加强村干部队伍建设作为重中之重来抓，着力建设一支政治坚定、能力过硬、作风优良的村干部队伍。要优化结构，坚持在"能人"中选"好人"，把致富带富能力强的党员群众吸纳进村"两委"班子，注重选拔重用优秀村干部、大学生村官，推行和深化从机关选派优秀干部到贫困村任第一书记工作，保持村班子队伍"一池活水"。

---

① 中共中央党史和文献研究院：《习近平扶贫论述摘编》，中央文献出版社 2018 年版。

（二）抓党建促脱贫，党员作用发挥是重点

抓党建促脱贫攻坚应充分发挥党员先锋模范作用，广泛开展党员结对帮扶活动，通过党员结对子、党员中心户、党员志愿者等形式，组织有帮带能力的党员，结对帮扶建档立卡贫困户，鼓励引导党员引领创业致富，带领群众共同增收致富，引导党员通过设岗定责、承诺践诺等方式，在脱贫攻坚战中充分发挥先锋模范作用。脱贫攻坚中，必须充分发挥党员的先锋模范作用，要"做给群众看，带着群众干"。要针对贫困村普遍存在的队伍老化、青黄不接、教育管理难等问题，结合党性观念学习教育，进一步拓宽农村基层党员来源渠道，注重从农村致富能手、退伍军人、返乡创业就业人员中选拔培养发展党员，加大在青年农民中培养和发展党员的力度，加强党员教育管理。要鼓励党员带头发家致富做示范，带头学习技术、带头发展产业、带头脱贫奔小康；鼓励党员主动与贫困群众结成对子，在信息、资金、技术等方面给予全方位的帮扶，激励贫困群众心热起来、行动起来。

（三）抓党建促脱贫，加强组织领导是保证

要确保按期实现贫困人口全部脱贫既定目标，必须以党的建设引领脱贫攻坚，进一步加强党的领导，强化组织保障，把党的政治优势和组织优势有效发挥出来，以强有力的党建保障推动脱贫攻坚向纵深发展、向深度进军。各级党组织的组织能力强不强，抓重大任务落实是试金石，也是磨刀石。深入推进抓党建促脱贫攻坚，是对各级党组织和广大党员干部最好的政治检验、最大的能力考验。"越是进行脱贫攻坚战，越是要加强和改善党的领导。"要强化贫困地区党委抓党建的主体责任，坚持"一把手"亲自抓、一级抓一级、层层抓落实，真正发挥党建工作在脱贫攻坚中的作

用。要把脱贫攻坚实绩作为选拔任用干部的重要依据，在脱贫攻坚第一线考察识别干部，激励各级干部到脱贫攻坚战场上大显身手。要注意选树典型，加大对脱贫攻坚优秀干部的宣传力度，发挥典型示范作用，充分激发广大党员干部做好脱贫攻坚工作的热情。

（四）抓党建促脱贫，严肃执法执纪是关键

面对脱贫攻坚的历史性任务，需要扶贫干部把好心中的纪律关，杜绝脱贫攻坚路上腐败和作风问题的发生。领导干部一定要树立正确的权力观和科学的发展观，权力必须为群众谋利益，绝不能为个人或少数人谋取私利，不能在脱贫攻坚工作中出现优待亲友、以权谋私的错误。要以案例为鉴，筑牢纪律防线，勤奋做事、廉洁做人；要把心思用在工作上，放在干事业上，用在为群众谋利益上。石门县对扶贫工作的纪律要求，是严之又严、紧之又紧，先后出台了旨在强化扶贫领域干部作风建设的一系列规定和禁令，如出台了改进干部作风的"三治九禁十不准"，要求全县干部守住"四条底线"，对扶贫资金监管实行"五个一律"，印制"扶贫监督提醒卡"向全县发放，建立"三资"清理、项目排查、跟踪审计、精准解剖四道防线，对干部不断敲警钟、上紧箍咒。在转作风、严纪律的基础上，不断强化执纪问责，不断加大对扶贫领域违纪违法案件的查处力度，出现违纪案件及时查处而且是顶格查处。通过不断加大力度查处扶贫领域违纪违法案件，有效促进从严治党。

第三章 | 以脱贫攻坚统揽经济社会发展全局

消除贫困、改善民生、逐步实现共同富裕，是社会主义的本质要求，也是中国共产党的重要使命。改革开放以来，党和国家在全国范围内有计划有组织地实施了大规模扶贫开发，农村贫困人口大量减少，贫困地区面貌显著变化，但扶贫开发工作仍然面临着十分艰巨而繁重的任务。党的十八大以来，以习近平同志为核心的党中央将扶贫开发工作摆在更加突出的位置，创造性地提出了精准扶贫精准脱贫的农村扶贫开发基本方略，开创了扶贫开发事业的新局面。党的十八届五中全会从实现第一个百年奋斗目标——全面建成小康社会出发，把"扶贫攻坚"改成"脱贫攻坚"，明确到2020年确保现行标准下农村贫困人口实现脱贫，贫困县全部摘帽，解决区域性整体贫困。"十三五"是全面建成小康社会的决战决胜阶段，脱贫攻坚更是到了啃硬骨头、攻坚拔寨的冲刺阶段，各级党委和政府必须坚定信心、勇于担当，把脱贫职责扛在肩上，把脱贫任务抓在手上。各级领导干部要保持顽强的工作作风和拼劲，满腔热情做好脱贫攻坚工作。脱贫攻坚任务重的地区党委和政府要把脱贫攻坚作为"十三五"期间头等大事和第一民生工程来抓，坚持以脱贫攻坚统揽经济社会发展全局。只有充分发挥社会主义集中力量办大事的政治优势，充分发挥好各级党委和政府总揽全局、协调各方的领导核心作用，才能动员全社会的力量广泛参与扶贫事业，形成各行各业共同参与的大扶贫格局。

一、"以脱贫攻坚统揽经济社会发展全局"的基本内涵

不谋全局者，不足以谋一域。要确保到 2020 年全面建成小康社会，实现我们党的第一个百年奋斗目标，最艰巨、最繁重的任务仍然在农村，特别是在贫困地区。"十三五"是打赢脱贫攻坚战的关键时期，是全面建成小康社会的关键决胜阶段，必须牢牢抓住脱贫攻坚这个"短板"中的"短板"，加大投入力度，把贫困地区作为主战场，把尽快实现贫困人口脱贫致富作为首要任务，坚持党和政府主导，坚持统筹发展，坚持以脱贫攻坚统揽经济社会发展全局，努力推动贫困地区经济社会加快发展，同全国人民一道步入小康社会。

（一）坚持以脱贫攻坚统揽经济社会发展全局，就是要坚持党和政府领导，推进现代化治理进程

中国共产党第十九届中央委员会第四次全体会议在《中国共产党第十九届中央委员会第四次全体会议公报》中系统提出了中国特色社会主义制度和国家治理体系的显著优势之一就是坚持党的集中统一领导，坚持党的科学理论，保持政治稳定，确保国家始终沿着社会主义方向前进。换言之，党的领导是中国特色社会主义制度的最大优势，推进国家治理体系和治理能力现代化关键在于坚持党对一切工作的领导。中国共产党是中国特色社会主义事业的领导核心，不仅是执政者，更是领导者。这种领导地位和执政地位的取得是由中国共产党的性质、宗旨和奋斗目标所决定的，也是由中国共产党领导中国人民在革命、建设和改革的各个历史时期取得的伟大成就所奠定的。在打赢脱贫攻坚战，全面建成小康社会的新历史时

期，党的领导既有历史依据又有现实需求，既有组织基础又有法理基础。完善和发展中国特色社会主义制度、推进国家治理体系和治理能力现代化，是全面深化改革的总目标，也是国家现代化和社会文明进步的表现。在坚持和改善党的领导的基础上，尊重人民主体地位，推进人民当家做主，探索社会主义民主多种形式，推进依法治国，结合顶层设计和基层实践，推进国家治理的制度创新，必将形成推进国家治理体系和治理能力现代化的强大合力和有力保障。

精准扶贫是一项复杂的系统工程，要打赢脱贫攻坚战，首先需要加强党对扶贫开发工作的领导。充分发挥好中国特色社会主义集中力量办大事的制度优越性，发挥强有力的组织保障，中央到地方各级党委和政府都把工作重心放在脱贫攻坚上，实行脱贫攻坚责任制，自上而下建立"中央统筹、省（自治区、直辖市）负总责、市（地）县抓落实"的宏观责任体系以及因村派人、因村因户帮扶的微观责任体系，构建省市县乡村五级书记一起抓扶贫，层层落实责任制的治理格局，层层签订脱贫攻坚责任书、立下军令状，坚决打赢脱贫攻坚战。党中央国务院主要负责统筹制定脱贫攻坚大政方针，出台重大政策举措，完善体制机制，规划重大工程项目，协调全局性重大问题、全国性共性问题，考核省级党委和政府扶贫开发工作成效。省级党委和政府对辖区内脱贫攻坚工作负总责，抓好目标确定、项目下达、资金投放、组织动员、监督考核等工作，确保辖区内贫困人口如期全部脱贫、贫困县如期全部摘帽。市（地、州、盟）党委和政府做好上下衔接、域内协调、督促检查工作，把精力集中在贫困县如期摘帽上。县级党委和政府承担主体责任，县委书记和县长是第一责任人，做好精准识别、进度安排、项目落地、资金使用、人力调配、推进实施等工作。乡镇和村一级负责具体落实各项扶贫政策和措施，并由驻村工作队充实基层组织力量。自上而下的脱贫攻坚责任制体现了社会主义集中力量办大事的制度优势，有利于各级组织做到分工明确、责任清晰、任务到人、考核到位，既各司其职、各尽其责，又协调运转、协同发力，为打赢脱贫攻坚战、全面建成小康社会提供重要的组织保障。

（二）坚持以脱贫攻坚统揽经济社会发展全局，就是要把脱贫攻坚放在全面建成小康社会的大局中进行规划谋划

全面建成小康社会是惠及全体人民的小康，是涵盖城乡的小康，也是"五位一体"的全面小康，不仅覆盖的人口要全面，覆盖的区域要全面，覆盖的领域也要全面。要全面建成小康社会，其中的"全面"既是难点，也是短板，习近平总书记多次强调："农村贫困人口如期脱贫、贫困县全部摘帽、解决区域性整体贫困，是全面建成小康社会的底线任务，是我们做出的庄严承诺。"[1] 消除贫困是全面建成小康社会的基础，而深度贫困是当前脱贫攻坚短板中的短板。因此，要全面建成小康社会，实现我们党的第一个百年奋斗目标，就要把摆脱贫困作为全面建成小康社会的底线任务和标志性指标，就要把脱贫攻坚放在全面建成小康社会的大局中去规划谋划。

以脱贫攻坚统揽经济社会发展全局就是要把脱贫攻坚作为头等大事和第一民生工程抓在手上，牢固树立"抓脱贫就是抓发展"的理念，将各项工作都与脱贫攻坚紧密结合，使脱贫攻坚有利于发展，让发展成效体现在脱贫攻坚上。通过抓脱贫攻坚不断提高各项工作水平，以各项事业的加快发展确保脱贫攻坚任务如期完成。一是以脱贫攻坚促进经济社会发展。到2020年全面建成小康社会，脱贫攻坚既是严峻挑战，更是推动发展的重要动力。贫困地区资源类型丰富、特色产业较多，通过资源开发、实施特色产业发展项目和生态环保、公共服务、民生保障等工程，盘活全局发

---

[1]　中共中央党史和文献研究院：《习近平扶贫论述摘编》，中央文献出版社 2018 年版。

展，促进经济社会发展。二是以脱贫攻坚促进农业产业结构调整。产业是发展的根基，也是脱贫攻坚的重要举措。贫困地区农业产业发展方式比较粗放，规模小，产业链短。通过找准产业的薄弱环节重点突破，将产业扶贫与农业供给侧结构性改革紧密结合，大力调整农业种养结构，发展有市场需求、发展前景广阔的优势特色产业；吸引农业产业化龙头企业向贫困地区聚集，延长产业链，提高农产品附加值，培育新的经济增长点；推动一二三产业融合发展，大力发展休闲农业、乡村旅游和森林旅游休闲康养等项目，发展农村电子商务，推动产业提质增效、经济转型升级，加快构建现代产业体系。三是以脱贫攻坚补齐"短板"，促进区域开发。脱贫攻坚大量资金向贫困地区倾斜，是贫困地区补齐"短板"的大好机遇。通过脱贫攻坚，加大资金投入力度，尤其是基础设施、公共服务等领域的投入，促进区域开发，为乡村振兴奠定坚实基础。

（三）坚持以脱贫攻坚统揽经济社会发展全局，就是要让各行各业、各地各部门向脱贫攻坚聚焦、聚集、聚合

时不我待，唯有奋进。改革开放以来，我国实施大规模扶贫开发，取得了举世瞩目的伟大成就，当前，脱贫攻坚战进入决胜的关键阶段，剩下的则是贫中之贫、困中之困，都是难啃的"硬骨头"。如期全面打赢脱贫攻坚战，必须在把握正确方向的前提下，保证脱贫质量，必须确保目标不变、靶心不散，就要整合创新扶持政策，引导资源要素向深度贫困地区聚焦，精准施策，有效帮扶特殊贫困群体，才能取得让群众满意、经得起检验的脱贫实效。为了兑现"小康路上一个都不能掉队"的庄严承诺，只能砥砺前行，没有后退之路。必须全方位聚焦高质量脱贫的宏伟蓝图，齐心协力，以真抓促落实，以实干求实效。脱贫攻坚要旗帜鲜明讲政治，以脱贫攻坚统筹县域经济社会发展全局，围绕脱贫攻坚任务，把所有工作、各

种资源、各方力量向脱贫攻坚聚焦、聚集、聚合，对照标准，集中力量，彻底整改，高标准完成任务。

以脱贫攻坚统揽经济社会发展全局就是要强化全局观念和"一盘棋"思想，让各行各业、各地各部门向脱贫攻坚聚焦、聚集、聚合，在脱贫攻坚战中找准位置、精准发力，为脱贫攻坚冲锋陷阵。一是所有工作都要向脱贫攻坚聚焦。无论是经济建设、政治建设、文化建设、社会建设、生态文明建设，还是产业发展、基础设施建设、科技创新、对外开放等，都要向脱贫攻坚聚焦，最大限度把各部门分散的项目、资金和资源整合起来，建立完善的责任体系，发挥不同部门的优势，助力脱贫攻坚，同步建设干部队伍。二是各种资源都要向脱贫攻坚聚集。确保各部门各单位的人力、物力、财力等各种资源优先安排贫困地区，推动财政涉农资金统筹整合，实现扶贫资金、相关涉农资金和社会帮扶资金捆绑集中在贫困地区使用。三是各方力量都要向脱贫攻坚聚合。"人心齐，泰山移。"脱贫致富不仅仅是贫困地区的事，也是全社会的事。通过把政府的支持、市场的推动、社会的帮扶整合起来，广泛有效地动员和凝聚各方面力量参与扶贫事业，鼓励支持各类企业、社会组织和个人参与脱贫攻坚；引导社会扶贫中心下沉，促进帮扶资源向贫困村和贫困户流动，实现同精准扶贫有效对接；发挥东西部扶贫协作优势，推动东部地区人才、资金、技术、产业等向贫困地区流动，实现双方共赢。通过积极调动各方力量，形成脱贫攻坚的强大合力，形成全社会参与的大扶贫格局。

二、石门以脱贫攻坚统揽经济社会发展全局的主要做法

脱贫攻坚是当前最大的政治责任。近年来，石门县委县政府全面贯

彻落实习近平总书记关于扶贫工作的重要论述和湖南省委省政府打赢脱贫攻坚战的部署要求，高度重视脱贫攻坚工作，把脱贫攻坚工作作为"十三五"期间最大的政治任务、最重要的头等大事、最紧要的民生工程来抓，坚持以脱贫攻坚统揽经济社会发展全局，锁定脱贫摘帽目标，举全县之力、聚全民之智，以破釜沉舟的勇气、背水一战的决心和志在必得的信念，尽锐出战、全力攻坚，全县上下自觉做到"一切工作围绕脱贫攻坚、一切工作服从脱贫攻坚、一切工作服务脱贫攻坚"，广泛凝聚了抓脱贫的共识和力量。

（一）完善县域治理，强化组织保障

深化党和国家机构改革，是坚持和加强党的全面领导、加强党的长期执政能力建设的必然要求，是决胜全面建成小康社会、开启全面建设社会主义现代化国家新征程的必然要求，是更好适应我国发展新的历史方位、推动解决我国社会主要矛盾的必然要求，是全面深化改革、推进国家治理体系和治理能力现代化的必然要求。打赢脱贫攻坚战，决胜全面建成小康社会是一项复杂的系统工程，需要政府机构职能体系紧密结合脱贫攻坚战略要求、实践需求和人民诉求，着力推进重点领域、关键环节的机构调整和职能优化，构建职责明确、依法行政的政府治理体系，才能解决脱贫攻坚中许多长期想解决而没能解决的难题，理顺长期想理顺而没有理顺的体制机制。换言之，脱贫攻坚的全面胜利需要依靠科学、全面的政策体系，更需要完善的、运行高效的治理体系和组织保障。完善县域治理体系，增强县域治理能力，为打赢脱贫攻坚战提供强大的组织保障，是以脱贫攻坚统揽经济社会发展全局的重要体现。石门县把脱贫攻坚作为最大的政治任务和最大的民生工程来推进，不断完善县域治理体系，五级党组织书记一起抓扶贫，层层签订责任保证书，不断提升县域贫困治理能力。

1. 提高政治站位

首先，切实增强打赢打好脱贫攻坚战的思想认识。要清醒认识把握打赢脱贫攻坚战任务所面临的艰巨性，清醒认识把握实践中存在的突出问题和解决这些问题的紧迫性，不放松、不停顿、不懈怠，提高脱贫质量，聚焦深贫地区，扎扎实实把脱贫攻坚战推向前进。其次，进一步增强"四个意识"，打好精准脱贫攻坚战。增强"四个意识"，这不是抽象的，而是具体的，不能只停在口头上，必须落实到具体行动上。增强和落实"四个意识"，就是要向党中央对标看齐，以高度的责任感、使命感抓好脱贫攻坚工作，真正做到对党负责、对人民负责。最后，提高政治站位，要狠抓任务落实，确保脱贫攻坚各项工作取得实效。把脱贫攻坚的重点放在产业发展上，在产业培育上狠下功夫，把产业扶贫作为帮助贫困群众建立"造血"机能、稳定增收长效机制的关键措施，因地制宜，科学谋划，分类引导，重点扶持，推动脱贫攻坚向纵深开展。

石门县深入学习习近平新时代中国特色社会主义思想，尤其是关于精准扶贫精准脱贫的重要论述，以思想武装头脑，把打赢脱贫攻坚战、完成全面建成小康社会底线任务作为最大的政治任务，充分发挥社会主义的政治优势和制度优势，各部门之间、县乡村三级之间加强沟通协调，为打赢脱贫攻坚战提供强大的组织保障。县里成立了脱贫攻坚大会战指挥部，全体县级领导都参与到抓脱贫攻坚中来。指挥部下设产业扶贫、易地扶贫搬迁等9个分指挥部和督查巡查组，每个分指挥部都由分管的县级领导任分指挥长，各乡镇区（街道）、农林场及村（居）成立了脱贫攻坚工作站和作战室，实行统一指挥、挂图作战、整体联动、有序推进，做到了把每一项工作任务落地落细落到实处。坚持一个月召开一次脱贫攻坚推进会、一周召开一次会商调度会、不定期召开问题交办整改会，并且县指挥部和9个分指挥部分别建立微信群加强调度。通过"三会"及时收集进度、排名公示、下发通报、责令整改、约谈惩处，不断将压力转化为动力，有序推动脱贫攻坚的各项工作落实。

2. 全面压实责任

一分部署，九分落实，脱贫攻坚是硬任务，必须用硬责任、硬措施、硬作风来保障。习近平总书记强调，推进脱贫攻坚，关键是责任落实到人[1]。要抓好中央脱贫攻坚专项巡视反馈意见整改、纵深推进脱贫攻坚工作，就必须要强调针对性和有效性，在压紧压实脱贫攻坚主体责任上下功夫，通过层层传导压力，推动形成一级抓一级、层层抓落实的局面，汇聚起脱贫攻坚的强大合力。各级各部门进一步增强责任意识、危机意识和忧患意识，提高政治站位，全面自查自纠，切实抓好问题整改。牢固树立"一盘棋"思想，通力协作、密切配合、严格奖惩，务求各项工作高效落实、快速推进。脱贫攻坚越往后，遇到的越是难啃的"硬骨头"，也越需要广大党员干部以高度的政治自觉、思想自觉、行动自觉，进一步强化政治担当，切实把脱贫攻坚主体责任再压实、再严格、再强化。各级各部门坚持从本级整改抓起，以上率下、带头整改。党员干部切实承担起在脱贫攻坚工作上的应尽责任，坚持"新官管旧账"，接续做好整改工作。

3. 坚持一线帮扶

贫困问题发生在基层，解决好贫困问题，就要坚持实践历练，坚持把脱贫攻坚一线作为培养锻炼干部的主阵地，选派年轻后备干部到重点贫困村挂职锻炼，推动干部力量向基层一线聚集。扶贫干部只有深入一线，才能了解到贫困的真实面貌、把握贫困户的发展意愿、分析出导致贫困的原因，找准发展路子，拟好帮扶计划，带领群众脱贫致富。不能关起门来办公，只有通过吸收群众力量，激发群众参与，才能扣紧基层的脉搏，听到

---

[1]　中共中央党史和文献研究院：《习近平扶贫论述摘编》，中央文献出版社 2018 年版。

群众最真实的评价，分析出扶贫工作存在的问题，并有针对性地进行整改，赢得群众的信任与肯定，使脱贫攻坚工作落到实处。

石门县下沉县乡村主体力量、县直单位帮扶力量、党员干部结对帮扶力量，建立了"县级领导包联、驻村工作队帮扶、党员干部结对帮联"的"三个全覆盖"走访体系，全县 51 名县级领导、133 家单位和 53 家企业的干部职工对所有贫困户进行帮扶。全面推广"一线工作法"，组织全县各级党员干部深入脱贫一线开展"一卡两讲三会四活动四必访"活动，驻村帮扶工作队和结对帮扶干部开展"十看"，确保施策精准、帮扶精准。大力实施"空城行动"，每月集中开展一次"一对一"走访帮扶，及时排查、梳理、整改问题。

（二）统筹脱贫攻坚，规划县域发展

没有统筹就没有高效，没有规划就没有方向。只有加强统筹规划，掌握"弹钢琴"的艺术，才能持续高效推进脱贫攻坚工作。"提领而顿，百毛皆顺"，战略规划具有高度的系统性、关联性，从论证、制订、实施到检查，每一步都需要统筹协调。县域脱贫攻坚和经济发展的统筹规划，是系统设计也是整体布局，是科学方法也是管理手段，是重要抓手也是运行载体。推动规划落实，离不开集中统一、群策群力、一体推进。特别是要实现好脱贫攻坚与县域经济高质量发展、构建特色产业体、生态环保相结合，在脱贫攻坚过程中补齐地方发展短板，将脱贫攻坚与乡村振兴衔接好，既需要各级各部门合力攻坚，又需要做好顶层设计、统筹协调、联合会战。只有搞好全局统筹，统好任务计划、力量资源、管理流程，才能确保脱贫攻坚有力、有序、有效地推进。

石门县正确处理抓脱贫与抓发展的关系，把脱贫攻坚和推行石门"十件大事"有机结合起来，围绕"把石门建成武陵山片区经济强县"的目标，大力实施"生态立县、产业强县、城镇兴县、旅游活县、交通先行"战略，把脱贫攻坚放在全面建成小康社会的大局中进行思考和谋划，着力补齐经济社会发展"短板"，不断提高石门县的经济社会发展水平。

1. 把脱贫攻坚与推动县域经济高质量发展相结合

打赢脱贫攻坚战是扎实推动县域经济转型高质量发展中不可或缺的一环，要实现县域经济的高质量发展，就需要将脱贫攻坚融入县域经济发展中，就需要统筹城乡发展，坚持问题导向，开展精准脱贫"回头看"，认真抓好问题整改落实，加快补齐扶贫工作短板，以城乡融合发展助力脱贫攻坚。石门县切实履行县委县政府职责，一开始就树立抓脱贫攻坚就是抓经济工作的思想，以"开局就是决战、起步就要冲刺"的状态向贫困宣战，通过加大脱贫攻坚投入，开发县域资源禀赋，大力发展柑橘、茶叶、蔬菜、烟叶和石门土鸡、石门香猪等特色产业，大力发展乡村旅游、休闲农业以及生态环保、民生工程等项目，不断推动县域经济发展。2020年完成地区生产总值313.61亿元，增长4.6%；完成财政总收入18.59亿元，同比增长8.2%；城乡居民人均可支配收入分别达28316元和14056元，分别增长4.6%和9.7%。

2. 把脱贫攻坚与构建特色产业体系统筹推进

产业是经济发展的重要基础和有力支撑，在脱贫攻坚过程中，把发展产业作为支撑点，坚持以培育主导产业为引领，注重城乡互动、链条互补，积极构建特色产业体系，不断壮大产业规模，为脱贫攻坚质量提升和经济快速增长提供强力支撑。石门县立足本地资源实际，科学制订了《石门县精准产业扶贫规划》。一是发展支柱产业。积极谋划了一批集聚度高、带动性强、适合当地发展的特色产业项目，突出抓好柑橘、茶叶、香猪、土鸡、牛羊、林业等支柱产业，扶贫产业围绕支柱产业布局，打响"石门柑橘""石门土鸡"等公共品牌，增强"造血"功能。二是引入市场主体。坚持走现代特色山地高效农业之路，加大农业科技投入力度，积极对接农业产业化龙头企业、专业合作社、家庭农场等新型农业经营主体，实施重点扶持，延长产业链、增加产品附加值，提高优质农产品生产能力，探索"直接帮扶、委托帮扶、股份合作"等运作方式，推动农业供给侧结构性改革，促进贫困群众增收致富。三是大力发展新型产业，积极把"互联网+"新经济形态引入农村，在贫困村设立村级电子商务服务站，利用电商平台，搭建农产品"线上线下"交易平台。同时，在特色贫困村扶持发展以红色旅游、美丽乡村游和休闲农业等为主的乡村旅游业，贫困户通过在景区务工、发展农家乐等形式，获得收入。此外，石门县光伏产业也得到发展，使用财政资金建成 62 座光伏扶贫电站，全部并网发电。

3. 把脱贫攻坚作为补齐短板的重大机遇

石门县把脱贫攻坚作为抓发展、抓民生的重大机遇，坚持问题导向，积极作为，着力解决好发展过程中存在的问题，补短板，抓落实，以脱贫攻坚统领经济社会发展大局。交通、教育和医疗事业是石门县经济社会发展的"短板"。石门县抓住脱贫攻坚机遇，努力补齐"短板"。一是补齐交通"短板"。作出"交通先行"战略部署。石门县明确以建设高速路、提升干线路、打通出城路、完善农村路为中心，以迈进高铁时代、打通空中通道和实现通江达海为主线，着力加快构建"水陆空、铁公机"综合立体交通运输体系。二是补齐教育"短板"。全面建立从学前教育到高中教育资助全覆盖的学生资助体系。深入推进"雨露计划"，大力加强职业技能人才培养。加大基层学校建设改造力度，全面推进农村薄弱学校改造，积极创建合格学校与标准化学校建设，不断改善办学条件。在全省率先推出"特岗教师入职即入编""全日制普通高校师范类二本及以上应届毕业生直接签约""石门户籍外县工作教师直接调入"等举措引进人才，改善教师队伍结构，促进优质师资效益最大化。三是补齐医疗"短板"。积极改善县级医院、乡镇卫生院、村卫生室的基础设施建设，购置医疗设施设备，确保每个乡镇有一所标准化卫生院，每个村有标准化卫生室。积极引进卫生人才，与全国多家知名医院建立了远程协作关系，提升医疗水平。

4. 把脱贫攻坚和生态建设相结合

加快推进脱贫攻坚与生态建设和环境保护有机结合，助力处理好生态保护和经济发展的关系。要抓好生态项目建设服务，推动项目建设，在打赢脱贫攻坚战的同时，坚决打好打赢污染防治攻坚战，推进实施蓝天、净土、碧水等保卫战，不断满足人民群众对美好生活的需要。石门县通过创新思路方法，把建设绿水青山的过程变成脱贫致富的过程、收获金山银山的过程。一是大力发展油茶、无患子、青钱柳、中药材等林业产业，铺就兴林富民之路。充分发挥本土资源优势，利用良好的植被环境，积极引导广大林区群众发展林下种植、林下养殖，如中药材、石门土鸡、蜜蜂等。二是加大生态补偿，对生态公益林、森林资源禁伐减伐、天然商品林停伐等进行补偿。三是夯实绿色发展之路，形成了以柑橘、茶叶、板栗为主的退耕还林工程营造经济林 1.7 万亩，成为退耕群众的后续产业基地和重要收入来源。

5. 把脱贫攻坚与乡村振兴相衔接

脱贫攻坚是乡村振兴的基础，乡村振兴是脱贫攻坚的动力，二者相辅相成、互为因果、互补互助，不能各行其是、顾此失彼，要实现县域经济的高质量发展，就要做好脱贫攻坚和乡村振兴的衔接工作。石门县着力在深化农村改革、振兴村级集体经济、改善人居环境、完善公共服务、保护生态环境等方面下功夫，补齐基础设施和公共服务短板，以脱贫攻坚促进乡村振兴，以乡村振兴巩固脱贫攻坚。一是加强农村水、电、路、信息等基础设施建设，实现了 100% 的乡镇和行政村通水泥路、通客运班车，全县农村人口饮水安全率达 100%，122 个贫困村全部完成电网改造任务，

331个行政村（居）宽带网络全面实现村村通，实现农村面貌的大转变。二是扶贫同乡村治理衔接，全县331个行政村（居）全部派出驻村工作队，既锻炼了干部队伍，又提升了基层组织的战斗力。大力推进智慧党建，对331个村（居）综合服务进行新建和改扩建，实现党务、政务、商务"三务合一"。三是扶贫同扶智扶志结合起来，注重引导和支持所有有劳动能力的人，依靠自己的双手开创美好明天，激发内生动力。组织开展科技文化信息"三下乡"、产业"大竞赛"等活动，树立"脱贫光荣"的鲜明导向，充分发挥贫困群众的脱贫主体作用。坚持典型示范引领，鼓励扶持致富带头人因地制宜发展致富项目，广泛组织开展树典型、学标兵活动，积极倡导群众发扬自力更生、艰苦奋斗、勤劳致富的精神。

（三）整合项目资金，加大扶贫投入

习近平总书记强调，各级财政要加大对扶贫开发的支持力度，形成有利于贫困地区和扶贫对象加快发展的扶贫战略和政策体系。各项扶持政策要进一步向革命老区、贫困地区倾斜，国家大型项目、重点工程、新兴产业在符合条件的情况下优先向贫困地区安排，引导劳动密集型产业向贫困地区转移。发挥政府投入在扶贫开发中的主体和主导作用，积极开辟扶贫开发新的资金渠道，确保政府扶贫投入力度与脱贫攻坚任务相适应。建立健全脱贫攻坚多规划衔接、多部门协调长效机制，整合目标相近、方向类同的涉农资金。以重点扶贫项目为平台，把专项扶贫资金、相关涉农资金和社会帮扶资金捆绑集中使用，推广政府与社会资本合作、政府购买服务等模式。

石门县坚持"既要带着感情责任抓脱贫，更要带着真金白银抓脱贫"的理念，全面推进涉农资金统筹整合，放大资金使用效益，破解资金筹集难题。从2015年起，在上级部门还没有明确出台统筹整合涉农资金支持脱贫攻坚政策的情况下，石门县便在全省率先启动整合涉农资金探索，集

中财力办大事、抓脱贫。从 2016 年开始，石门县又按照上级统筹整合涉农资金用于扶贫的文件精神，把中央和省政府文件已经明确的中央级 20 项、省级 19 项专项资金，以及县本级安排的农业发展资金、地方水利建设资金、水资源费、农民专业合作社资金、少数民族发展资金、科技专项、居家养老服务示范点建设资金、农村能源建设资金、排污费、土地整理专项资金等 11 项专项资金进行清单管理，全部纳入资金整合范围，形成"多个渠道进水，一个池子蓄水，一个水龙头放水"的扶贫投入新格局。2014 年以来，石门县整合用于脱贫攻坚的财政资金达 54 亿多元，实施扶贫项目 8049 个，确保每个贫困村直接投入 1500 万元以上。

（四）凝聚社会合力，形成大扶贫格局

贫困治理是一项复杂的系统工程，需要充分发挥集中力量办大事的制度优势，需要政府、社会、市场的协同联动，满足差异化的治贫需求。在打好打赢脱贫攻坚战中，通过动员全社会参与，构建出多元社会扶贫体系，鼓励支持企业、社会组织、个人参与扶贫开发，以实现帮扶资源和精准扶贫有效对接，为脱贫攻坚提供坚强的政治保障和体系支撑，鼓励全社会为脱贫攻坚贡献力量，齐心协力推进脱贫攻坚战走向最终胜利。

石门县坚持政府引导、社会参与、市场化运作，凝聚各行各业聚力脱贫攻坚，统筹协调各方面的扶贫资源要素与贫困群众脱贫致富的需求精准对接。石门县一方面大力引导民营企业参与扶贫，鼓励引导民营企业积极承担社会责任，发挥在资金、技术、市场、管理等方面的优势，鼓励引导民营企业通过资源开发、产业培育、市场开拓等多种形式参与扶贫，发挥其辐射和带动作用。如本地企业湖南湘佳牧业股份有限公司实施"5000万羽石门土鸡精准扶贫项目"，采取"公司＋基地（合作社）＋贫困户"的模式，带动 13 个乡镇 95 个贫困村（居）4224 户贫困户参与土鸡养殖，

养殖规模达到 2400 万羽，公司每年发放红利 400 多万元，每户年均纯收入可增加近 1 万元。2014 年以来，全县共有 57 家企业作为后盾单位参与脱贫攻坚，为扶贫点村捐资 3700 多万元。另外，石门县广泛动员社会爱心人士参与扶贫，积极倡导"我为人人、人人为我"的全民公益理念，引导社会各阶层通过爱心捐赠、志愿服务、结对帮扶等多种形式参与扶贫。如河北石家庄党员王新法不远千里，到南北镇薛家村义务扶贫，倒在了脱贫一线，他的事迹在全国广为传颂，被评为第六届全国道德模范，并被追授为"全国脱贫攻坚模范""全省扶贫楷模"。香港新恒基国际（集团）有限公司董事局主席高敬德捐资 1000 万元，设立了石门扶贫基金，全县 8624 名社会爱心人士在社会扶贫网注册并开展网络捐助捐赠。此外，推行能人带动构筑"桥头堡"。结合村"两委"换届，推行"能人治村"模式，对各类能人进行摸底建库，采用直接选任为党支部书记、聘任为名誉村主任、兼任村干部等方式，选用能人管理村级事务，带领群众战斗在脱贫攻坚第一线。全县聘用了 58 名社会能人到贫困村任名誉村主任，三圣乡山羊冲村外出创业能人黎静返乡担任村主任，筹资 4000 多万元修桥修路，采用"公司 + 贫困户"模式带动周边 5 个乡镇 862 户贫困户发展香猪产业，户均增收 2000 多元。石门县通过将各方面扶贫资源要素与贫困群众脱贫致富的需求精准对接，努力解决农民群众因病致贫、因灾致贫、因学致贫、因劳动力弱致贫等问题，形成了强大的社会合力，营造出了全社会参与扶贫的大扶贫格局。

三、石门以脱贫攻坚统揽经济社会发展全局的经验与启示

石门县坚持以脱贫攻坚统揽经济社会发展全局，抓住脱贫攻坚的重大

发展契机，统筹经济社会各项事业发展，将各项工作都与脱贫攻坚紧密结合。通过抓脱贫攻坚，推动经济、政治、社会、文化、生态等各项事业水平不断提高。

（一）坚强的政治意愿是脱贫攻坚统揽经济社会发展全局的基础

中华人民共和国成立后，我党一直致力于领导全国人民摆脱贫穷落后的面貌，最终实现共同富裕。帮助贫困地区和贫困人口脱贫始终是党和各级政府的重要政治任务，也是在不断总结经验的基础上制定扶贫战略并持续进行扶贫开发的原生动力。党的宗旨决定了中国共产党必须把人民群众的利益放在首位，想人民之所想，深入调查研究并制定摆脱贫困、改善民生的政策措施。党的十八大以来，以习近平同志为核心的党中央将扶贫开发工作摆到治国理政的突出位置，提出全面建成小康社会，不能落下任何一个贫困群众。面对异常艰巨繁重的脱贫攻坚任务，各级党委和政府切实把工作重心放在脱贫攻坚上，牢固树立抓脱贫就是抓发展的理念，各项工作都与脱贫攻坚紧密结合，使脱贫攻坚有利于发展，使发展成效体现在脱贫攻坚上。石门县将脱贫攻坚作为最大的政治责任和最大的民生工程来推进，坚持"悠悠万事、脱贫为大"，坚持"不摘穷帽就摘官帽，不换面貌就换人"，确保如期打赢脱贫攻坚战，带领全县人民一道迈入小康社会。

（二）科学的扶贫规划是脱贫攻坚统揽经济社会发展全局的关键

打赢脱贫攻坚战，石门县根据中央的统一决策部署，因地制宜，结合地方实际有效贯彻，通过脱贫攻坚统揽经济社会发展全局，促进县域经济发展、农业农村蜕变、贫困群众内生动力增强。

把脱贫攻坚与推动主导产业发展、切实改善民生结合起来，以县域经济激活区域经济发展的引擎，才能为脱贫攻坚打下坚实的物质基础，确保全面脱贫见成果、县域经济上台阶。贫困地区发展要靠内生动力，如果凭空救济出一个新村，简单改变村容村貌，内在活力不行，劳动力不能回流，没有经济上的持续来源，并不能从根本上解决长期发展问题。区域的长期发展离不开产业的兴旺和对劳动力的持续吸引。石门县抓住脱贫攻坚发展的机遇，通过加大脱贫攻坚投入，利用县域资源禀赋，培养当地特色优势产业，大力发展乡村旅游、休闲农业以及生态环保、民生工程等项目，使县域经济呈现出长期稳定发展的势头。

脱贫攻坚为广大农村地区带来了空前的发展前景，是补齐持续增收短板、基础设施短板、公共服务短板、基层治理短板的重要机遇。石门县紧紧抓住这一机遇，不断补齐农村发展短板，通过发展特色产业促进农业增收，通过加强水、电、路、信息、交通、教育、医疗水平等补齐基础设施和公共服务短板，通过向全县331个行政村（居）全部派出驻村工作队，提升基层组织战斗力，补齐基层治理短板。通过脱贫攻坚，石门县推动农业农村实现了蜕变，为乡村振兴打下了坚实基础。

坚持扶贫同扶智扶志相结合，充分发挥贫困群众的脱贫主体作用，注重引导和支持所有有劳动能力的人，依靠自己的双手开创美好明天，激发内生动力。坚持典型示范引领，鼓励扶持致富带头人因地制宜发展致富项目，广泛组织开展树典型、学标兵活动，积极倡导群众发扬自力更生、艰苦奋斗、勤劳致富的精神，变"要我脱贫"为"我要脱贫"，不断提高自我发展能力，使内生动力不断增强，为乡村振兴打下人力资本基础。

（三）严格的资金管理是脱贫攻坚统揽经济社会发展全局的核心

贫困地区经济社会的发展离不开资金的支持，需要各级政府进一步加大对财政专项扶贫资金的投入力度，为打好脱贫攻坚战提供坚实的财力保障。一是要建好"蓄水池"，确保资金足额投入。足额预算财政专项扶贫资金，形成县级财政投入稳定增长机制。积极协助相关部门，加大向上争取专项资金力度，确保专项资金持续增长，为整县脱贫摘帽提供财力保障。同时，积极盘活存量资金，强化涉农资金整合，根据全年脱贫任务整合资金，对上级下达的所有整合范围涉农资金"应整尽整"，全力支持脱贫攻坚。二是需要加快扶贫资金的拨付，提高资金使用效率。石门县采取财政专项扶贫资金拨付"绿色通道"，加快资金下达与拨付，提高资金使用效率，杜绝项目"等"资金现象。三是要加强扶贫资金的监管，提高资金使用效率，确保有限的扶贫资金用到"刀刃上"，压实工作监管责任，将监督检查作为扶贫资金管理的一项常规工作来开展，对发现的问题限期整改、及时纠正。同时，严格执行财政专项扶贫资金项目公告公示制度，运用行政监督、群众监督等监督手段，实现扶贫项目资金在阳光下运行。

（四）强大的动员能力是脱贫攻坚统揽经济社会发展全局的保障

党的力量来自组织。党的全面领导、党的全部工作要靠党的坚强组织体系去实现。严密的组织体系和强大的组织力是中国共产党的显著标志，是世界上任何其他政党都不可比拟的强大优势。精准扶贫以来，从中央出台减贫政策到各部门落实减贫措施，从省市县乡村五级书记抓扶贫到层层签订责任书，从扶贫考核到乡村扶贫治理，中国政府的组织动员体系严密高效，为打赢脱贫攻坚战提供了坚实的组织保障。除了政府主导，积极动员、倡导和部署社会力量参与扶贫事业，社会各界爱心人士、企事业单位、社会团体也积极为中国扶贫开发事业贡献力量。石门县全面压紧压实县乡村三级主体责任、县级领导和科局长的联乡包村责任、驻村工作队的帮扶责任、党员干部的结对帮联责任，并坚持政府引导、社会参与、市场化运作，凝聚各行各业力量脱贫攻坚，体现了社会主义集中力量办大事的制度优势。

第四章 | 围绕精准狠下"绣花"功夫

实施精准扶贫、精准脱贫，是党的十八大以来以习近平同志为核心的党中央确立的中国农村扶贫开发的基本方略。精准扶贫、精准脱贫的精髓在于精准，新时期脱贫攻坚的精髓也在于精准。习近平总书记2015年6月在贵州考察时，提出了扶贫开发工作"六个精准"的基本要求，即扶持对象精准、项目安排精准、资金使用精准、措施到户精准、因村派人精准、脱贫成效精准，是精准扶贫精准脱贫方略的基本要求，为精准扶贫指明了努力的方向。精准扶贫精准脱贫方略改革了传统扶贫的思路和方式，变"大水漫灌"为"精准滴灌"，变"输血"为"造血"，重点解决"扶持谁""谁来扶""怎么扶""如何退"的一系列问题，扎实提高了脱贫攻坚成效。

石门县坚持精准扶贫精准脱贫方略，用"绣花"功夫在"精准"二字上动脑筋、下实功。围绕"扶持谁""谁来扶""怎么扶""如何退"的关键问题，石门县始终把"精准"作为攻坚利器，把科学规划、因地制宜、抓住重点贯穿于脱贫攻坚全过程，不断提高扶贫开发的针对性和有效性，切实以"绣花"功夫落实"六个精准"。

一、扶持谁：提升识别的精准度

精准识别是精准扶贫的第一步，只有把真正的贫困人口和致贫原因找出来，为其建档立卡，详细记录贫困户家庭人口信息、致贫原因、贫困程度等情况，才能更好地对症下药。2013 年底，中共中央办公厅、国务院办公厅印发《关于创新机制扎实推进农村扶贫开发工作的意见》，提出由国家统一制定识别办法，并按照县为单位、规模控制、分级负责、精准识别、动态管理的原则，开展贫困人口识别、建档立卡和建立全国扶贫信息网络系统等工作。2014 年 5 月，国务院扶贫办等中央部门联合印发关于建档立卡、建立精准扶贫工作机制等文件，对贫困户和贫困村建档立卡的目标、方法和步骤以及工作要求等作出部署。

为了把真正的贫困人口找出来，解决好"扶持谁"的问题，石门县出台了《关于成立县扶贫办扶贫对象建档立卡工作领导小组的通知》和《石门县农村扶贫对象建档立卡工作方案》，按照"坚持标准、实事求是、应进都进、应出都出"的原则，提出"过梳子、过篦子"精准识别贫困人口的方法，甄别"四类对象"，剔除不符合条件的对象，将真正贫困的对象纳入建档立卡系统，努力扣好精准扶贫的"第一粒扣子"，为实施精准扶贫、精准脱贫基本方略奠定坚实基础。在贫困人口精准识别上，石门县主要采取了以下措施：

一是实行"五查五核法"。石门县通过组织乡镇干部、驻村工作队干部和结对帮扶责任人进村入户，对建档立卡贫困户和非建档立卡户开展拉网式普查。由各乡镇区、街道、农林场牵头，党（工）委书记、农林场场长负总责，抽调乡村干部、驻村工作队中精干力量组成 1—2 个普查组，由主要领导带队，进村后普查组分为若干小组，逐户上门核实情况，做到"五查五核"：一查户口簿，核实人户信息是否一致；二查"两不愁三保障"情况，核实是否有错退漏评；三查农户诉求，核实政策是否落实到位；四查产业发展计划，核实是否有稳定收入保障；五查帮扶举措，核实群众是否认可满意。调查人员采用问答式记录，认真填写问卷，负责对调查内容逐一核实，内容填写必须齐全，调查人和受调查人都要签名，对于全家外出的农户，必须通过电话进行访谈，做到"不落一户"。各普查组坚持边查边改，坚持每天一碰头，及时汇总分析调查情况，完成一个村汇总分析一个村，对于普查中发现的问题各乡镇能解决的及时解决，不能解决的及时上报县脱贫攻坚大会战指挥部办公室。通过"五查五核法"，石门县对全县建档立卡贫困人口和非建档立卡贫困人口进行了摸底排查，确保真正的贫困人口"应进都进"，不符合条件的贫困人口"应出都出"。

二是推行"十看工作法"。一个村、一个户到底穷不穷，没有绝对的标准；干部如何开展帮扶，各有各的办法。石门县在实际工作中总结出了一套识贫帮困的"十看工作法"，即一看房、二看粮、三看读书郎、四看家中有没有人进病房、五看家里劳力壮不壮、六看安全饮水道路交通畅不畅、七看群众脸上是否有笑相、八看集体经济收入有没有进账、九看村容村貌靓不靓、十看支部班子强不强。"十看工作法"在精准识贫、精准施策、精准帮扶上都行之有效，为石门县落实好精准扶贫精准脱贫方略提供了重要依据。

三是反复甄别"四类对象"。石门县严格按照"坚持标准、实事求是、应进都进、应出尽出"的原则，抓好动态调整工作，严格排查，反复甄别，重点将不符合条件的"四类对象"（有财政供养的、有购买汽车的、在城镇购买商品房或在城镇自建住房的、个体工商户或有经营企业的）、基层干部优亲厚友的对象、明显高于扶贫标准群众意见大的对象清理出建档立卡系统，确保"假贫一个不留，真贫一个不漏"。

四是多次开展"回头看"。石门县对照"一超过、两不愁、三保障"的标准多次开展"回头看"工作，及时调整与更新建档立卡数据。一方面，加强对非建档立卡户的漏评排查，重点在低保户、危房户、大病慢性病户、残疾人户、重灾户、移民户、整户无劳动力的户和独居老人户中进行排查，把"两不愁三保障"没有达标的非建档立卡户及时纳入建档立卡系统，给予帮扶；另一方面，着重看脱贫户收入是否持续稳定超过脱贫标准，饮水安全、住房安全、义务教育、基本医疗是否有保障，是否有因灾、因病返贫情况。一旦发现"两不愁三保障"出现问题的农户，及时给予帮扶，确保扶贫不落一人。

2014年，根据《关于印发〈湖南省面上县农村贫困户建档立卡工作方案〉的通知》的要求，石门县共识别建档立卡贫困对象82300人，但存在着不够精准的问题，一定程度上给精准扶贫工作带来了困难。2015年以来，石门县先后开展多次精准识别，对全县的贫困人口、贫困程度、致贫原因等进行摸底排查。2015年底，根据《湖南省扶贫开发办公室〈关于进一步核实贫困户动态调整及四个一批相关数据的通知〉》精神和《湖南省扶贫开发办公室文件〈关于开展贫困户动态调整及2015年扶贫开发信息采集、更新工作的通知〉》要求，石门县对全县贫困人口进行精准再识别，共清理"四类对象"3299户9571人，新增贫困对象525户1606人。动态调整后，全县共有建档立卡贫困对象29795户80499人。2016年底，根据《湖南省扶贫开发办公室文件〈关于做好2016年度扶贫对象动态调整和建档立卡信息采集录入工作的通知〉》的要求，石门县再次进行动态调整，共清退贫困对象1645户3865人，新增贫困对象3558人。动态调整后，全县共有建档立卡贫困对象29216户79910人。2017年4月，根据《湖南省扶贫开发办公室文件〈关于开展对象识别不准和脱贫把关不严问题整改工作的通知〉》的要求，石门县经过3个月的集中整改，共清退12251人，新纳入15000人。2017年8月底，全县共有建档立卡贫困对象26903户82659人（标识为不享受政策对象3138户8519人，继续享受政策对象23765户74140人）。2017年底，根据《湖南省扶贫开发办公室文件〈关于做好2017年度扶贫对象动态管理工作的通知〉》的要求，石门县共清退2108人，新纳入1413人。2018年底，石门县共清退77人，新纳入70人，全县共有建档立卡贫困对象26667户81744人（标识为不享受政策对象3280户8949人，继续享受政策对象23387户72795人）。2019年底，石门县共清退2人，新纳入18人，全县共有建档立卡贫困对象26609户81242人（标识为不享受政策对象3280户8949人，继续享受政策对象23329户72293人）。

"进村过梳子、入户过篦子"，这是石门县为了确保精准识别贫困户、要求乡村必须完成的一项规定动作，是石门县精准识贫的"独门绝技"和"拿手好戏"。"过梳子、过篦子"就是像用梳子、篦子梳头发一样，做到村不漏组、组不漏户、户不漏人，调查核实确定每一个贫困对象的真实情况。通过实行"五查五核法"和推行"十看工作法"，石门县摸清了全县贫困人口的底数，找到了贫困人口的致贫原因，掌握了贫困人口的家庭情况和贫困程度；通过"四类对象"的反复甄别以及多次开展"回头看"工作，及时动态调整建档立卡群体，确保"应进都进、应出都出"。通过不断提高贫困人口识别的精准度，为石门县因村施策、因户施策、因人施策提供了依据，真正做到了识真贫、扶真贫、真扶贫。

专栏三　桐木山村驻村工作队的精准识别工作

桐木山村位于石门县壶瓶山镇，距离县城155公里，共有138户农户，贫困户46户，由石门县委办公室下派驻村工作队进行精准帮扶工作。由于扶贫政策的变化，石门县开展了精准扶贫"回头看"的工作，桐木山村之前上报的建档立卡贫困户信息存在一些错误，主要体现在收入核算不准、家庭人口核算不准、贫困户户情不准这几个方面。面对上级安排的艰巨任务，驻村工作队队长陈卫军迅速组织力量，制定工作方针，对精准识贫工作进行了部署，要求必须做到"家家到，户户落"，不论刮风下雨，带头入户走访。

"土地确权之后家里的耕地面积是多少亩？生态公益林有多少亩？你的林权证拿来让我看看。""家里有小汽车吗？""家里有人'吃财政饭'吗？""家里有没有人经商或者办厂的？"伴着贫困户的回答，陈卫军飞快地在携带的表格中将贫困户反馈的信息记录下来。他随身携带的两个公文包塞得鼓鼓囊囊，他脚上的一双鞋，也已经沾满泥土，早已看不出原有的颜色。在精准识贫"回头看"工作开展以后，这就是县委办驻村工作队队长陈卫军以及其他驻村干部、村干部的日常。在精准识别上，桐木山村驻村工作队主要的工作方法有如下几点：

一、注重入户时间，提高工作效率。茶叶产业为桐木山村的支柱产业。入户核查恰逢村里老百姓采茶时节，许多茶农一年的收入就靠那几天摘茶所得。为确保按照时间节点完成工作任务又不耽搁群众农忙，陈卫军带领桐木山村驻村工作队队员和村干部巧打时间差，将入户时间分为三个时段，一是早上7点至9点农户还没出门干活时，二是中午吃饭时间，三是晚上7点至10点。陈卫军带头入户走访，干部们从不言苦喊累，正是如此，及时抓住了群众在家的时间，高效推进精准识别工作。

二、注重调查方式，摸清贫困实情。时间紧、压力大，为全面了解掌握农户基本情况，陈卫军提出能收集的情况必须全部收集，力争做到一次到位，不再返工。首先，必须入户了解情况，出门在外的可以通过电话收集情况，要求随身携带记录本对贫困户反馈的信息进行记录，将贫困户每一年的收入核算清楚，并由户主本人对工作队的核查进行签字。其次，通过村内党员干部了解情况，部分贫困户年纪较大，回答问题模棱两可，有的则不如实回答，这都给调查工作带来了很大的困难。驻村工作队要通过咨询村内党员，侧面打听贫困户的收入、家庭成员读书就业、健康状况等情况。最后，必须见到相关证件逐户核对，对户口簿、林权证、残疾证、学校录取通知书、住院证明及相关票据等，让农户尽可能出示有效书面证件材料。

三、注重工作细节，确保存档完整。陈卫军在带队入户调查时，除了填写入户登记表、收入核算表外，还携带民情日记，对贫困户每一个家庭成员的相关情况、养殖的家禽数目和种类、残疾证编号和残疾等次、患病就医情况、目前存在的最大困难等信息一一进行记录，确保农户的档案资料更齐全，同时也让工作队对农户有更深的了解，以便下一步研究如何给贫困群众制订脱贫计划提供切实的依据。

四、注重资料汇总，完善农户信息。在收集完全村农户的情况后，陈卫军又主动去镇财政所打印全村农户的各类政策性补偿收入流水，去镇派出所打印全村贫困户户口簿人口变更情况，然后逐户核对，汇总情况。随后，工作队迅速组织召开全村党员群众大会，对收集的情况进行公开，并现场宣读拟清理的"四类对象"、其他识贫不精准对象、拆户拼户对象、其他条件困难拟纳入对象，参会党员群众现场进行民主评议并签字。

工作队那一个多月每天早上六七点就从村委出发了，当时正是农忙时节，有时候刚巧遇到有些农户不在家，所以常常不得不走很多次回头路，可是扶贫干部们从不言苦，风雨无阻地用脚步丈量着民情，用真心服务换取着民心。

二、谁来扶：驻村工作队的选派与管理

习近平总书记指出："打赢脱贫攻坚战，特别要建强基层党支部。村第一书记和驻村工作队，要真抓实干、坚持不懈，真正把让人民群众过上好日子作为自己的奋斗目标。"[1] 在脱贫攻坚责任体系中，乡村负责各项扶贫政策和措施的具体落实，由于贫困村经济社会发展相对滞后，村干部普遍年龄大、文化程度低、工作能力有限，很难打通脱贫攻坚"最后一公里"。为改善这一局面，顺利落实各项扶贫措施，驻村帮扶制度发挥了重大作用。

为了解决好"谁来扶"的问题，石门县坚持用扶贫干部的"脱皮"换取群众的"脱贫"，用扶贫干部的"辛苦指数"换取群众的"幸福指数"。强化组织领导，出台《关于从县直和省市驻县单位选派干部及有关企业开展驻村帮扶工作的实施方案》，精准选派驻村工作队，充分发挥派出单位和驻村干部自身优势，为脱贫攻坚全面胜利打下坚实基础。

（一）研村情、精选派，铸造帮扶"千斤顶"

石门县坚持立足"强干部才有强工作"的理念，在干部选拔上做文

---

[1]　中共中央党史和文献研究院：《习近平扶贫论述摘编》，中央文献出版社2018年版。

章，坚持把最优势的兵力部署在脱贫一线，全面下沉县乡村主体力量、县直单位帮扶力量、党员干部结对帮联力量，实现了县级领导包联、驻村工作队帮扶、党员干部结对帮联"三个全覆盖"。全县 331 个行政村（居）均派驻驻村工作队，实现全覆盖，其中 122 个贫困村根据中央要求，由省、市、县级单位选派驻村工作队。石门县加大驻村帮扶力度，58 个贫困人口在 300 人以上的非贫困村由县级单位选派驻村工作队；90 个贫困人口在 300 人以下 100 人以上的非贫困村由乡镇选派驻村工作队，县直单位进行对口帮扶；61 个贫困人口在 100 人以下的贫困村由乡镇直接选派驻村工作队，乡镇领导班子直接联系。所有驻村工作队驻村时间、工作要求均一致。全县各级领导干部全部将工作重心下移，深入基层、深入群众，52 名县级领导结对帮联 89 个贫困村，10526 名党员干部与 26724 户 82300 人结对帮扶，做到了不漏一村、不掉一户、不少一人。石门县坚持因经验配队，县级单位派出的 160 余个驻村帮扶工作队，队长由农村工作经验丰富、责任心强的副科级以上干部担任，每个工作队配齐 2 名工作认真负责的队员，配强帮扶工作队伍；坚持因村选人，将党务干部派弱村、经济干部派穷村、政法干部派乱村、科技干部派产业村，并根据乡镇党委和村"两委"的需求，促进第一书记配备更趋合理；坚持因人定村，结合第一书记的知识背景和能力特点，实行因人选村、原籍优先，"一派"两年，发挥其人熟、地熟、情况熟的优势，真正实现"专业"对口、"情感"对路；坚持择优选派，注重从政治素质高，热爱群众工作，有较强的组织协调和处理农村复杂问题能力的干部中选派第一书记。石门县要求所有扶贫干部根据自身优势，明确各自职责，驻村工作队负责跑项目、争资金、引人才，联村干部负责项目协调管理、村情民情收集研判、干部管理严格，村组干部负责收集掌握村情民意，汇总困难问题，形成了三方各负其责、合力推进脱贫攻坚的良好局面。

（二）严纪律、重激励，打造帮扶"稳定器"

石门县坚持管理和激励有机结合，促使帮扶力量规范履职、担当作为。一是以制管人。石门县把后盾帮扶单位的驻村帮扶工作纳入年度绩效评估考核，对驻村帮扶工作队和队员进行单列考核。县里成立5个常态化督查组，每月下到村组农户家中进行督查，将督导情况及时汇总通报。另外定期抽调力量进行专题督查：每天电话抽查10个贫困户、5名驻村干部，对结对帮扶工作进行调查询问；每月随机督查10个村，走访50个农户，掌握工作开展情况；每季度对督查中问题较多的村进行有针对性的回访，确保问题有效整改。此外，石门县实行驻村干部召回制，根据群众测评及抽查等形式，及时召回不能胜任工作、责任心不强或由于身体原因不能继续驻村的干部，保证最有效的驻村安排，如常德市一次督查发现，县统计局的一名驻村扶贫干部面对"村里有多少贫困户"的问题竟然回答不上来，县纪委在一个小时内赶到现场，一天时间立案处理通报，给予这名干部行政记过处分，县统计局当天召回了这名干部，重新换人。雷厉风行的处理，让这支在扶贫一线冲锋陷阵的队伍，保持了高度的警惕，也让数十亿扶贫资金的后盾"粮草"，花在了刀刃上。二是以纪束人。石门县出台《驻村帮扶工作队管理办法》，制定了日常考勤、工作例会、工作报告等管理制度，规定了驻村纪律。明确要求驻村工作队每月驻村时间不少于20天，考勤由村乡两级监督签字盖章；驻村工作队员民情日记每月不少于20篇，由督查组负责抽查；明确驻村干部不能以个别人驻村来代替整个小组驻村，不能以驻在乡镇代替驻村，不能以搞点资金、项目来代替驻村。落实驻村干部不请假私自脱岗的，通报个人；派出单位未经县委同意就把驻村干部召回单位承担责任的，通报派出单位，驻村队员因特殊情况需调整更换的，由乡镇把关、县驻村帮扶工作队管理办公室审核，做到驻村工作队服从县驻村帮扶工作队管理办公室、所在乡镇党委政府双重管理；乡镇把驻村干部留用在乡镇的，通报乡镇。三是以奖励人。石门县委派出脱贫攻坚观察员小组，在脱贫攻坚一线考察识别干部，对作风务实、实绩突出的优先提拔重用，尤其对在脱贫攻坚一线能干事、干成事的干部。石门县还给予驻村干部食宿补助，每月报销交通往返费，定期组织体检，派出单位配备驻村干部必要的办公设备，保障驻村干部安心工作。2015年以来，全县从脱贫攻坚一线提拔重用的干部就达175人，其中包括150名县乡驻村干部；1人被评为全国脱贫攻坚模范，8人被评为全省"最美扶贫人物"，25人被评为全市"最美扶贫人物"，14人被评为全市最佳帮扶干部，150个驻村工作队和300名驻村工作队干部被评为全县先进，在全县干部队伍中形成了积极向上、干事创业的良好风气。

（三）出实招、用良策，创造帮扶"新载体"

石门县立足本县实际，不断探索创新，积极搭建脱贫攻坚的活动载体，加强干部队伍作风建设，促进全县党员干部下足"绣花"功夫，用心用情用力抓帮扶，切实解决群众的实际问题和困难，提升群众认可度。

一是开展"空城行动"。2017年4月以来，石门全县所有县直单位党员干部，除有省市接待任务、会务筹备工作、便民服务窗口和日常值班人员外，按照职责分工，全都扑下身子、沉到一线，深入开展一月一集中入户走访帮扶。要求后盾单位干部职工每月入户走访一次，驻村工作队队员每月全面走访贫困户和非贫困户一次，实行"一对一"结对走访帮扶，按照"一超过、两不愁、三保障"标准，做到有扶贫政策落户（政策宣讲到位、政策落实到位），有帮扶措施到位（每户帮扶措施5条以上），有稳定收入来源（算好收入账、填好收益卡），全面排查、梳理问题，及时整改。

二是落实"一卡两讲三会四活动四必访"。"一卡"即为贫困群众填好一张受益卡。结合常德市委要求填好的《贫困户结对帮扶清单》，认真填写其中的《年度受益明细登记表》，将建档立卡贫困户已享受和正在享受的各种帮扶措施和国家惠农政策，在卡上进行梳理说明，经贫困户确认后，放入贫困户资料袋中，以便该户能随时知悉，提升贫困户的获得感。"两讲"即宣讲扶贫政策、讲好脱贫故事。采取集中宣讲和入户宣传相结合的方式，向农户面对面宣讲和解读扶贫政策，提高群众对各项惠民政策的知情权、参与权和监督权，消除农户疑虑，确保政策落到实处；组织乡村干部、驻村工作队、结对帮扶责任人、贫困户代表，围绕乡村变化、真情帮扶及贫困户自力更生、自主脱贫的先进典型，宣讲脱贫故事，展现脱贫攻坚的成效。"三会"即开好党员会、户主会、屋场会。每月召开一次党员会，通过党员会亮出党员身份，学好党的政策，强化党性观念，号召党员带头帮扶贫困群众、带头宣讲惠民政策、带头弘扬社会正能量，充分发挥农村基层党员的先锋模范作用。定期召开贫困户户主会，给群众讲法律法规、讲扶贫政策、讲伦理道德、讲传统美德。通过户主会主动了解群众所思所想、帮助群众走出认识误区，提升贫困群众对脱贫攻坚工作的认可度。以农户院子、屋场或连片农户为单位，定期组织召开好屋场会，讲政策、听意见、解疑虑。"四活动"即开展党员干部与贫困群众"交友"活动、扶贫知识"有奖竞赛"活动、点亮"微心愿"活动和"小手牵大手"活动。各帮扶责任人要经常性深入贫困户家中，与他们交心谈心、嘘寒问暖、帮贫扶困，从感情和行动上亲近、融入，真正把群众当亲人、当朋友，拉近帮扶干部与贫困户之间的距离，赢得贫困户的信任、理解与支持；以村组为单位，组织贫困户参与，并适当给予物质奖励，以此加深贫困户对扶贫政策的了解，增强对帮扶措施和结对帮扶人的熟知度，引导群众广泛支持并参与到脱贫攻坚工作中来；在征求贫困户意愿的基础上，帮扶责任人到自己的帮助对象家走亲戚、聊家常、看家境、问需求，每年从自己的工资中拿出几百元钱，满足这些贫困户的微小心愿；通过脱贫攻坚主题班会、家长会、给家长的一封信等形式，倡议学生争当脱贫攻坚的宣讲员、解说员，把老师宣讲的教育扶贫、健康扶贫等扶贫政策讲给家长听，引导家长感恩党的好政策，让家长在潜移默化中受到熏陶，坚持不等、不靠、不要，主动投身到脱贫攻坚中去，依靠自身努力，实现脱贫致富。"四必访"即做到所有的贫困户必访、贫困村的非贫困户必访、非贫困村的非贫困户中意见大的必访、被清退的贫困户和被清退的低保户必访。向群众宣讲政策，理顺情绪，得到了群众的理解认可。2017年以来，全县共召开党员会、屋场会、户主会10万多场次，举办扶贫知识有奖竞猜活动1500多次，帮助贫困户完成"微心愿"2万多个，实现了贫困户走访100%到位、扶贫宣传资料100%覆盖、群众对扶贫政策100%了解"三个百分之百"。

三是实施"三讲三帮"暖冬行动。结合入户走访，向群众宣讲乡村振兴与脱贫攻坚政策、讲乡村脱贫前后变化、讲身边的脱贫攻坚先进典型，帮助改善农户人居环境、帮助落实新年产业发展和增收计划、帮助贫困户解决一个实际困难。通过以上措施，促进了帮扶工作的落实落细，提高了群众的认可度。

四是开展"五帮促脱贫"活动。石门县要求以党支部为单位组建"党员先锋队"，统一服装、标识，在全县开展帮政策宣传、帮树立信心、帮产业发展、帮化解矛盾、帮实事兴小的"万名党员进农户、开展五帮促脱贫"活动，确保每个有帮带能力的党员至少结对帮扶1户贫困户，让每个党员都能在脱贫攻坚中有平台、有责任，当先锋、做贡献。全县共成立"党员先锋队"331支，累计开展服务5万余次，7810名党员结对帮扶贫困户18035户55483人。

专栏四 "屋场会"助推脱贫攻坚战

石门县针对部分贫困群众"等靠要"思想比较严重、有的群众对扶贫工作不理解、干群关系日益疏远等现象，根据农村实际，以自然村和院落为单位广泛召开屋场会，拉家常、讲政策、解难题，助推了脱贫攻坚各项工作顺利开展，深受群众好评。

一、突出政策宣讲，屋场会成为解疑释惑的"小广播"。"这个建档立卡户纳入的程序我知道"。"我也知道。"主持人问题一抛出，好几个参会的群众便踊跃举手。"俺今天抢答对了2个题目，还得到了1个脸盆和1袋洗衣粉。"南北镇薛家村贺大伯屋场会一散，就高兴地向大伙儿炫耀。贫困群众大多为老弱病残，文化水平也不高，单靠发放资料或召开广播会来宣传扶贫政策根本行不通。为把扶贫政策讲清讲透，石门县以屋场会为载体，每月通过集中宣讲、逐户解读、寓教于乐等方式使扶贫政策入脑入心，群众对扶贫政策的知晓率达100%。一是集中宣讲，由政策理论水平较高的驻村干部、乡镇干部或邀请相关部门专家现场宣讲，发放宣传册，现场答疑。二是逐户解读。针对参会农户每家的不同情况，逐户解释可享受哪些扶贫政策、程序和标准如何。三是寓教于乐。在屋场会上现场开展扶贫政策有奖知识抢答，以群众日常生活用品为奖品，成为屋场会的"重头戏"，极大激发了群众学政策的热情。利用农闲学习政策的多了，因扶贫到乡到县上访的少了；干群之间、群众之间交流政策的多了，道听途说、断章取义的少了；懂得扶贫工作要按规矩程序办的多了，无理取闹的少了。南北镇雅吉村原来因扶贫政策宣传不深入，造成了群众很多误解，是一个上访比较突出的村。后盾单位发现这一情况后，和乡镇联合组织得力干部逐组召开屋场会宣传政策，现在该村民心顺了，没有出现一起信访事件。

二、突出问计问需，屋场会成为干群沟通的"连心桥"。石门县是一个典型的山区县，地广人稀，加上实行合村并组后，各村的面积非常广，乡村两级在扶贫项目资金方面的公示公告很多群众没有看到，群众意见建议收不上去，村里作出的决定传达不及时，误认为是村干部故意欺瞒，造成群众意见大。因此，听取群众的意见建议就成了各村屋场会的必备环节，并达到了"三个转变"，得到了群众的广泛好评。一是由听报告变为听汇报。以前有什么事都是由群众到乡里或村里听领导做报告。现在不同了，村里的大事小事都是通过屋场会，由干部来汇报所做的工作，保障了群众的知情权。二是由干部讲变为群众讲。以前开会基本上就是干部讲、群众听，现在屋场会不仅由干部讲，重要的是听取群众的意见建议，人人都可以说，形成一致意见的，就由群众说了算，增加了群众的话语权。三是由群众上访变为干部下访。以前群众有诉求都要跑乡里、跑村里找干部，有时还不能及时得到答复；现在通过屋场会，现场受理群众的合理诉求，由干部当场予以解释答复，不能现场答复的，交乡村集中研究讨论后一个星期内上门答复，提升了群众的满意度。"我们北峪湾村家家户户都种柑橘，但是橘山大部分都没得路，我们老人家在屋里根本就没得法，而今橘子都卖不出去了，建议镇里通过扶贫资金为我们这里修一条机耕道。"白云镇北峪湾村的屋场会上，贫困户何继欣和部分群众共同反映。"您讲的我都记住了，现在有产业帮扶政策，就是要解决群众通过产业发展增收问题，我回去后马上和村'两委'商量，拿出项目建设方案，在柑橘采摘前将问题解决好。"白云镇吴镇长听后现场表态，得到了现场群众的一阵欢呼。自2016年以来，各村屋场会收到的群众合理意见建议近2万条，全县下达的1000多个项目，都是在充分征求群众意见的基础上筛选出来的，解决了群众急需解决的问题。通过屋场会，干群关系不断融洽，干部和群众能想到一起、干到一块，携手脱贫、共谋致富。"我们说的话，他们听得进去；我们反映的事情，他们都当成自家的事！"罗坪乡芭栋村村民一个劲为屋场会"点赞"。

　　三、突出思想教育，屋场会成为激发动力的"课堂"。自扶贫工作开展以来，部分思想觉悟低的群众不思进取，好吃懒做，游手好闲，一味地"等靠要"，不满足条件就往上闹，还有些群众把老人放在一边，自己住在宽敞明亮的楼房里，让老人住危房，有的还鼓动到镇上、村上去要扶贫，造成了不好的村风民风，这些人不仅让干部头疼，当地群众也不喜欢。为了改变这部分懒汉贫困户，形成"自己动手，丰衣足食"的良好村风民风，石门县在屋场会开展"两讲"，一是讲脱贫故事，由自力更生、自主脱贫的群众通过真人真事，现身说法讲自己脱贫故事，同时，对这些对象在屋场会上进行现场表彰；二是讲乡风家风，每期屋场会都要大家推选1—2名德高望重、家风良好的群众讲本村的传统好民风和敬老孝老的感人事迹，并开展"好公婆""好媳妇"评选活动，对一些好吃懒做、不善待老人的群众通过本屋场的乡亲进行批评教育。"以前我一个人住得又偏，又没得手艺文化，家底差，我也习惯了，没事就往镇里跑找救济，认为政府怎么也不会把我饿死，大家都瞧不起我。后来，镇政府的华书记找到我，经常给我做工作，村里还跟我提供务工机会，增加了收入，家里的房子纳入了易地搬迁范围，新房已经建成。村里的路修通了，我山上种的桃子、枇杷，去年他们也找人帮我在网上销售。现在村里路也修通了，我种点什么东西也能拉出去卖了。非常感谢党、感谢政府，我现在讲话都有底气些了。"皂市镇十坪村丫角山片的屋场会上，曾经游手好闲的"懒汉"梁建平说出这番话后，现场顿时爆发了热烈的掌声。另外，石门县易家渡镇盘山庙村的屋场会上，村民对朱圣兰两口子自己住新房、老人住危房进行现场批评，会后干部趁热打铁入户讲政策话情感，使得问题得以妥善解决。很多在外务工群众返乡后感慨：懒汉变能人，养老有后人，屋场会让石门的村风民风变好了。

四、突出实践锻炼，屋场会成为干部培养的"大舞台"。为了培养锻炼干部，石门县倡导屋场会上"三个必讲"，一是驻村干部必讲，二是乡镇联村干部必讲，三是结对帮扶干部必讲。为了讲好屋场会，干部都做足了功课，学习上级文件、学习扶贫政策蔚然成风，有的还事先在家里试讲，由家庭成员当评委。通过"一线工作法"和"空城行动"，全县10000多名县乡干部坚持每月深入村组农户召开屋场会，与群众同吃同住同劳动，帮助群众落实扶贫政策，解决突出问题，锻炼了一大批干部。干部做群众工作的能力更强了，工作作风更实了，群众得到的实惠更多了，屋场会成了干部能力素质的"试金石"和"加油站"。县政府办驻雁池乡重复桥村年轻干部刘洋深有感触，"去联系的村开屋场会是我们的必备课程，逼着自己学政策，逼着自己去跟群众交流。开展农村工作我现在也是一把好手了"。

"星星之火，可以燎原"，屋场会虽小，但作用是巨大的，通过一场一场的屋场会，群众的觉悟更高了，心气更顺了，民风更纯了，干部的素质更高了，作风更实了，能力更强了。石门县通过屋场会，拉近了干群距离，改善了干群关系，为打赢脱贫攻坚战奠定了坚实的群众基础，2016—2020年连续五年被评为全省脱贫攻坚工作先进县。

（四）注活力、重协作，提高基层"战斗力"

驻村工作队既要为所驻村（居）注入新的活力，发挥首创精神，又要重视与村庄党支部、村民自治组织的分工协作，共同提高基层的"战斗力"。一是主抓驻村帮扶工作。驻村工作队服从当地党委政府、村（居）统一管理，每日实行签到考核制度，每月经主要负责人签字盖章。驻村工作队主要帮助村"两委"改进贫困户的识别方法，协助解决和协调识别过程中容易出现的矛盾；协助村"两委"建立有效的扶贫到户机制，让贫困户真正受益；开展帮扶结对工作，全面开展大走访、负责后盾干部入户走访，开展真帮真联；利用帮扶单位和个人的力量，积极向后盾单位、上级部门及外部组织争取资金、政策等更多的资源开展基层设施建设、产业发展等方面的工作；对村级的精准扶贫工作进行有效的监督，防止人情关系、弄虚作假和腐败行为的发生。二是协助村（居）日常工作。驻村工作队通过"一卡两讲三会四活动四必访""三讲三帮"等全面开展走访农户，宣传医疗、教育、住房、卫生等方面的政策，协助村（居）开展卫生创建、合作医疗收缴政策宣传、危房改造等村（居）日常工作。三是共同抓好党建工作。驻村工作队队长兼任支部第一书记，履行村（居）抓党建工作，按时参加支委会议、党员大会、履行第一书记上党课职责，共同负责党员队伍管理及建设，共同把抓党建促脱贫落到实处。四是提升基层干部工作能力。驻村工作队在精准扶贫过程中要注重培育所驻村（居）村干部的责任心和能力，帮助提高村级治理水平，增强村（居）的内生发展动力，助其走上可持续发展道路。

专栏五 石门县民政局驻村工作队——真情解民忧 温情暖民心

雁池乡五通庙村位于石门县湘西北山区，2007 年 5 月由原五通庙、走马坪、潭石峪、胡家坡四个自然村合并组建而成，全村总面积为 19.9 平方公里，99% 的村民为土家族。五通庙村建档立卡的贫困户为 248 户 694 人，95% 都分布在"四山两界"的大山深处，村民出行难、住房差，村内自然条件恶劣、产业基础薄弱，绝大多数的年轻人选择了外出务工，留守老人、留守儿童比比皆是。从 2016 年开始，石门县民政局按照县委县政府的要求，踏上了这块贫瘠的土地，以"精准"二字为依托，开展驻村扶贫工作，为了村民的福祉，为了脱贫致富这一目标，深入大山深处，助力脱贫攻坚。

一、以脱贫规划谋求发展之路。自开展驻村帮扶以来，在县级牵头领导万义元同志的关心和支持下，县民政局驻村工作队聚焦精准扶贫"六大任务"，深入村组、走访调查、绘制图表、倒排时间、压茬推进，力争让各项任务落实到具体项目、具体农家和具体时间节点上，实现精细化管理，精心绘制帮扶"战略图"。针对五通庙村自然条件差、基础设施滞后、产业基础薄弱、群众文化程度不高等实际情况，驻村工作队与村"两委"班子通过座谈、走访、调研等方式，召开村"两委"班子会和村民大会，分析制约因素和扶贫发力方向，研究制订了帮扶总体规划和阶段性计划。通过几年的奋斗，解决了部分道路硬化问题，并围绕养猪、养羊等养殖产业，重点培育了发展茶叶产业，建立了村级活动中心等一系列公共设施。在帮扶过程中以村"两委"换届为契机，选优配强村级干部，打造了一支坚强有力的村"两委"班子，创新落实精准扶贫机制，促进扶贫与扶智、"输血"与"造血"相结合，有效加快了精准扶贫精准脱贫步伐。

二、以结对帮扶践行群众路线。扶贫工作贵在"精准"，为了落实帮扶责任，县民政局驻村工作队在深入调查摸底后，安排局内全体干部职工和村内的党员干部一道与村内尚未脱贫的建档立卡户102户268人逐一结对。在帮扶过程中，县民政局先后七次组织全体干部职工到结对帮扶的建档立卡户家中，实地调查走访并进行慰问，着重解决贫困户产业发展问题，并对特殊困难户进行临时救助，做到了扶真贫、真扶贫。在房前屋后，在田间地头，在大山深处，都留下了民政人的身影，让贫困户暖心，让贫困村群众放心是他们的信念。一年多的结对帮扶过程中，有的干部职工积极为贫困户销售茶叶、土猪、土鸡，有的为贫困户争取各类资金支持，有的协助其办理残疾证，等等，一件件小事，一点点关爱，使定点帮扶村的贫困户与民政干部职工建立了深厚的感情，也树立了良好的民政形象。县民政局驻村工作队还以精准扶贫为总要求，对定点帮扶村建档立卡户开展各类帮扶，临时救助因灾、因学、因病致贫的重点特困户50多个，通过临时救助带动贫困户养猪、养羊、养蜂发展生产，通过慈善助学缓解贫困户就学压力，通过灾后恢复重建解决建房难题，通过医疗救助解决因病带来的生活困境。自开展帮扶以来，县民政局驻村工作队累计为244户建档立卡户解决了金融贷款72万元，通过"雨露计划"解决了30户贫困户孩子读书难的问题，2016年通过危房改造和易地扶贫搬迁解决了14户困难家庭的住房问题，其中危房改造11户，易地扶贫搬迁3户；2017年危房改造34户，易地扶贫搬迁18户。2018年危房改造2户，易地扶贫搬迁0户。2019年危房改造3户，易地扶贫搬迁0户。2020年危房改造21户，易地扶贫搬迁0户。

三、以实际举措助力脱贫攻坚。为了打好脱贫攻坚战，实现全面小康目标，县民政局驻村工作队坚持夯实基础条件抓扶贫，以真抓实干的精神投入扶贫工作。扶贫先扶智。2016年3月，县民政局联合常德市电力检修公司前往定点帮扶村开展爱心助学活动，由此拉开了精准扶贫的序幕。县民政局驻村工作队结合社会救助"阳光行动"和入户走访活动，深入全村的五保户、低保户家中宣传扶贫及民政政策，了解他们的所思所想，探寻其脱贫致富之路，对经过民主评议的13户27人进行兜底扶贫。以道路硬化为重点推进基础设施建设，县民政局积极寻求各方支持，解决了道路硬化及村级活动中心建设的部分资金问题，走马坪片2.2公里、潭石峪片1.5公里、胡家坡片3.6公里道路硬化已经施工完毕，有效地解决了部分村民出行难的问题，建设了新的村级活动中心。

为了解决五通庙村集体经济问题，县民政局驻村工作队积极向上级争取资金40万元，并积极吸纳社会力量参与到五通庙村的脱贫攻坚工作中来，促成了五通庙村与寨垭茶叶合作社签订了产业发展协议，双方按"基地＋农户"的模式发展茶叶产业。寨垭茶叶合作社负责对五通庙村茶叶生产进行技术指导，以不低于市场价的价格收购茶农鲜叶；五通庙村服从合作社统一管理，按禁止打农药、禁止打除草剂、禁止使用人工合成的肥料、禁止使用激素药物，分区域种植、分种类栽培、分季分级分批分种类进行采摘、分级收购的"四禁、四分"原则进行茶叶栽培、施肥、采摘。协议签订后，不仅每年可为村里带来不低于4万元的集体经济收入，还能带动村内贫困户发展茶叶生产，激发其内生动力脱贫致富。为了大力培育发展村内的茶叶产业，全村在原有2100多亩茶园的基础上又新增茶叶种植面积200亩，还为村内茶农免费赠送了茶叶肥料。"扶贫不为难，一步一脚印"，扶贫路上县民政局驻村工作队始终不忘初心。

四、以村为家搭建友谊桥梁。为使精准扶贫工作见实效，县民政局驻村帮扶工作队由党组成员、副局长杨瑞良同志担任队长并兼任支部第一书记，选派了一名年轻的骨干为队员入驻点村开展工作。"用真情，常沟通"，使扶贫工作成为友谊桥梁，这是县民政局驻村工作队的座右铭，为加强与帮扶对象的联络和交流，工作队通过打电话、走村入户、代表座谈等形式，与结对的建档立卡贫困户进行联络和互访交流。在扶贫工作中，局长林华同志每个月都会下到定点帮扶村实地调研，现场调度工作，探讨发展对策。驻村工作队队长和扶贫队员均以村为家，始终驻扎在点村，与村民同吃同住，与村干部共商共事，在入户过程中，积极调解矛盾纠纷和解决突发事件。自驻村以来，民政局工作队员累计接受群众政策咨询600余次，实地解决各类问题1000余件，将很多矛盾消除在萌芽状态，成效明显。

三、怎么扶：综合性的减贫治理

习近平总书记多次强调，"开对了'药方子'，才能拔掉'穷根子'"①。在脱贫攻坚战中，各地情况千差万别，各户致贫原因千差万别，扶贫不能都照一个模式去做，要因地制宜，探索多渠道、多元化的精准扶贫路径。精准帮扶，要因人因地施策、因贫困原因施策、因贫困类型施策，区别不同情况，做到对症下药、精准滴灌、靶向治疗，消除致贫的关键因素和脱贫的关键障碍。2015年，习近平总书记在减贫与发展高层论坛上首次提出

---

① 中共中央党史和文献研究院：《习近平扶贫论述摘编》，中央文献出版社2018年版。

"五个一批"的脱贫措施,为解决精准扶贫"怎么扶"的问题,开出破题良方。习近平总书记强调,"解决好'怎么扶'的问题,要按照贫困地区和贫困人口的具体情况,实施'五个一批'工程,即发展生产脱贫一批,易地搬迁脱贫一批,生态补偿脱贫一批,发展教育脱贫一批,社会保障兜底一批"。2016年,《"十三五"脱贫攻坚规划》对精准脱贫路径做了明确部署,形成了以"志智双扶"、"五个一批"、转移就业、健康扶贫、社会扶贫为主的精准扶贫精准脱贫方略。"要把帮扶资金和项目重点向贫困村、贫困群众倾斜,扶到点上、扶到根上",习近平总书记多次强调。扶贫只有扶到点、扶到根上,才能够让贫困地区、贫困农户真正脱贫、真正富裕。[①]

为了解决好"怎么扶"的问题,石门县坚持因人因户施策,在精准施策上出实招、在精准推进上下实功、在精准落地上见实效。考虑到建档立卡户致贫原因的综合性和差异性,石门县在扶贫项目设计上采取综合性和差异性、短期项目和长期扶持相结合的形式,在住房、教育、健康、产业、就业、社会保障、基础设施建设等方方面面采取了一系列帮扶措施,确保不同致贫原因的建档立卡户都能享受到有针对性的扶贫政策。

(一)旧貌换新颜,安居又乐业——实施住房保障工程

石门县因自然条件恶劣,经济、交通发展相对滞后,大部分贫困群众都零星居住在大山深处,交通不便,还有一部分住的是土坯房、木板房、乱石房等危旧房,农村住房条件普遍较差。为使贫困群众安居乐业"挪穷窝",随着2014年脱贫攻坚战的全面打响,一场规模空前、力度空前、投入空前的农村住房安全保障决战在石门大地全面铺开,为石门县打赢打好

---

① 中共中央党史和文献研究院:《习近平扶贫论述摘编》,中央文献出版社2018年版。

脱贫攻坚战打下了坚实基础。

1. 推进易地扶贫搬迁工程

易地扶贫搬迁工作是一项重要的政治任务，责任重大，任务艰巨。对此，石门县委县政府高度重视，将其列为"一号工程"。根据国家发改委《关于做好新时期易地扶贫搬迁工作的指导意见》《关于印发"十三五"时期易地扶贫搬迁工作方案的通知》和《湖南省"十三五"时期易地扶贫搬迁实施意见》等文件精神，石门县先后出台了《石门县易地扶贫搬迁工作实施方案》《石门县易地扶贫搬迁资金使用管理暂行办法》《石门县易地扶贫搬迁政策解读》《石门县易地扶贫搬迁"十个一律"》《关于进一步明确和调整〈石门县易地扶贫搬迁工作实施方案〉有关条款的通知》等文件，按照"搬得出、稳得住、能致富"的总体要求，精心部署、科学组织，采取了一系列超常规的措施，确保了易地扶贫搬迁的时序进度。对易地扶贫搬迁对象进行逐一核查，由各村组织进行评议、公示，乡镇审核、公示，县复审、公示，层层筛选把关，做到了所有搬迁对象家庭人口、户口簿人口、建档立卡人口、扶贫开发系统人口"四统一"，确保识别精准。严守人均建房面积不突破25平方米，严把搬迁建房不举债等政策底线。

为确保搬迁群众稳得住、能致富，石门县结合实际，创新方法，在易地搬迁户的后续发展帮扶上，有针对性地采取了一系列务实举措。一是立足产业发展，强化基础配套。石门县在抓好搬迁建房的同时，因户施策抓好搬迁户就业及产业发展，每户落实5条以上的帮扶措施，确保户户有增收门路。同时，进一步强化基础设施配套，统筹推进农村道路硬化、安全饮水、电网改造、广播、通信等基础设施到户，切实改善搬迁户的生产生活条件，提升农业生产效率。二是结合城镇开发，盘活资源资产。石门县通过推进分散安置小集镇、集中安置点城镇化等措施，努力盘活了土地、门面等资源资产。特别是在各集中安置点建设上，在规划中预留足够的空间,作为小集镇市场建设,通过门面出租、市场经营等方式拓展了贫困户的收入来源。三是主打乡村旅游,特色产业助力。石门县结合全域旅游示范县建设,立足现有旅游资源,通过精心规划、精心设计,将部分集中安置点规划打造成乡村旅游景点。比如,三圣乡山羊冲村围绕土家族民俗风情园、南北镇薛家村融入土家族特色旅游、雅吉村融入"四合院"人文理念等形成了一批乡村旅游亮点。

2. 推进危房改造工程

石门县委县政府既把农村危房改造作为重大的民生工程来强力推进,同时也把它作为一项重大的政治责任履职尽责,实行县委县政府党政一把手总揽,成立危房改造分指挥部来具体实施,层层压实责任、传递压力、落实任务。农村危房改造分指挥部对农村危房改造实行一周一调度,一月一督查,为农村危房改造这一艰巨工程的顺利推进提供了坚强的组织保证。

为确保国家住房安全保障政策真正落到实处,实现危房改造对象的精准与全覆盖,石门县采取多项措施。一是坚持应改尽改,确保不落一户。石门县对四类重点对象(建档立卡、低保户、五保户、贫困残疾人)的农村危改始终坚持"应改尽改、应保尽保"的底线原则,计划分配上不设上限、不卡指标,做到对四类重点对象在住房安全保障上"不落一户、不漏一人"。二是坚持民生为大,加大资金投入。石门县委县政府切实加大财政保障力度,不断提高农村危房改造补助标准,确保实现贫困农户的"安居梦"。三是坚持全程监管,确保工程质量。石门县在实施农村危房改造方面严格质量监管,对四类重点对象中的自建农户,要求必须有建筑经验的建筑工匠进行建设,村干部实施监督;对确无行动能力的贫困户,大力推行乡村委托代建的办法,由乡镇政府与农户签订委托代建协议,施工方同时与乡镇政府、村(居)和农户签订四方施工协议,约定工程量、建房标准与建筑面积等主要事项，防止偷工减料，乡镇政府委派一名干部与村干部实施监督，确保质量安全。

（二）村村有产业，户户可增收——实施产业扶贫工程

石门县坚持把产业发展作为贫困群众稳定增收、实现脱贫致富的根本之策和长远之计，按照"四跟四走"即"资金跟着贫困户走、贫困户跟着能人走、能人跟着产业项目走、产业项目跟着市场走"的思路，结合本地实际，发挥本地优势，加快产业发展，多措并举促进产业扶贫，大力培育贫困群众自我"造血"能力与内生发展动力，实现了"村有主导产业、户有增收门路"。

石门县立足本地资源实际，因地制宜谋划产业，科学制订了《石门县精准产业扶贫规划》，积极谋划一批聚集度高、带动性强、适合当地发展的特色产业项目，增强"造血"功能。一是大力发展柑橘、茶叶、蔬菜、烟叶等特色种植业，二是大力发展石门土鸡、石门香猪、石门岩蛙等特色养殖产业，三是大力发展电子商务、乡村旅游、光伏发电等新型产业。在充分发挥资源优势的基础上，石门县创新产业扶贫模式，通过直接帮扶、委托帮扶、股份合作等方式，大力实施产业扶贫工程，实现贫困户稳定脱贫、农村经济可持续发展。一是"大马拉小车"——直接帮扶式。对有劳动能力且具备一定产业基础的贫困群众，由农业龙头企业、农民专业合作社（家庭农场）与贫困对象签订帮扶协议，根据贫困农户家庭情况及发展条件，结合生产经营实际和需要，采取农资帮扶、土地流转、资金扶持、订单生产、技能培训、劳务就业等多种方式带动贫困户发展，贫困户只管简单地种植或养殖，收购、加工、销售环节全部由企业负责，实现企业和贫困户共赢，确保贫困户稳步增收。此外，石门县每年在全县 331 个行政村（居）都建立了不少于 20 万元产业发展扶持奖励基金，对群众发展传

统种养业进行奖励，鼓励群众家家发展生产，来引导村（居）发展特色产业。多种养者多奖励，少种养者少奖励，不种养者不奖励，激活广大贫困户勤劳脱贫的内生动力。"扶贫不扶懒，帮穷更帮勤"，石门县为了让非贫困户们也享受到产业发展的红利，只要非贫困户自力更生发展产业、实现增收，同样有奖励。石门县采取的"以奖代投"的方式，提高了贫困户发展产业的积极性，就像"核裂变"中的中子，点燃了全县贫困户的热情种养之火，形成了"你追我赶"的良好氛围，激发了老百姓脱贫致富的内生动力。另外，针对贫困对象发展生产资金不足问题，石门县用足金融政策来支持生产，通过发放扶贫小额信贷形式，解决贫困户缺乏发展资金的难题。二是"政府架桥梁"——委托帮扶式。针对劳动力少、发展基础差的农户，石门县通过对农民专业合作社、家庭农场、市级以上农业龙头企业等进行扶持，再委托其对劳动力少、发展基础差的农户进行帮扶。三是"群众当股东"——股份合作式。股份合作模式主要由新型农业经营主体规模经营，村集体以资金资产、农民以政策性扶持资金、土地等入股新型农业经营主体，实现利益联结，获取分红收益。

（三）不让一个孩子"因贫失学"——实施教育扶贫工程

习近平总书记指出，"治贫先治愚，扶贫先扶智，教育是阻断贫困代际传递的治本之策"[1]。教育扶贫，关键在于锁定、帮扶好每一个贫困生，建设、管理好每一所贫困山区学校。石门县采取多项教育扶贫措施，不断加大扶贫助学力度，健全资助体系，完善资助方式，实现了贫困学生资助全覆盖。

---

[1] 中共中央党史和文献研究院：《习近平扶贫论述摘编》，中央文献出版社 2018 年版。

1. 全面摸清贫困学生底子

资助对象的识别和确定是做好精准资助的基础。对此，石门县以乡镇区、街道、农林场为责任主体，乡镇（街道）中心学校配合，组成 21 个工作小组，每学期对贫困学生进行一次摸底，对每一名贫困学生，实行县级领导、副科级以上单位"一把手"、干部职工"一对一"结对帮扶，全县所有贫困学生都有了自己的"城里亲戚"。

专栏六　贫困学子精准识别

石门县通过成立工作小组，深入全县 122 个贫困村和 209 个非贫困村，家家到、户户落，严格按照"三签字两盖章"[乡镇党委书记或乡镇长、驻村工作队队长、村主任签字，乡镇政府和村（居）盖章]的要求，摸清贫困学生基本情况，精准锁定贫困对象。识别过程主要采取以下方法。

一是获取基本信息。工作小组分别从县公安局、县扶贫办、县民政局、县残联等部门获得 2—30 周岁人口信息、建档立卡人口信息、低保人口及农村特困救助供养信息、残疾人口信息。

二是开发比对软件。由于公安、民政、教育、扶贫、残联等部门的信息系统数据庞大，加之系统信息错误较多，乡镇比对几乎无法完成，因此，石门县开发了一款"贫困学生核查工具"软件，以便快速、准确识别"四类"贫困学生。

三是精准比对核查。石门县把从有关部门获得的信息和学籍信息内置于"贫困学生核查工具"进行比对。信息比对精准后，建立了全县学生（幼儿）信息库、建档立卡贫困学生（幼儿）信息库、建档立卡贫困学生（幼儿）资助工作台账和疑似辍学学生台账。实行"四包一"机制，即一位乡镇（街道）负责人、一位村居（社区)负责人、一位学校领导、一位班主任或教师包保一名疑似辍学学生,包保人员进村居、访家庭、赴外地,将20多名疑似辍学学生全部劝回,全县没有一名义务教育学生辍学。对因病、因残而无法随班就读的适龄儿童,开展"送教上门"活动。其中,皂市镇中心学校"义务送教小分队"送教上门的感人事迹,受到教育部长陈宝生的亲笔批示。石门县除了核查本县采集的学生信息外,还核查了户籍在本县但不在本县居住的学生信息,确保了石门县全县适龄儿童入学率100%,小学、初中毕业生升学率100%,巩固率均达100%,三类残疾儿童少年入学率98.01%。

2. 全面落实扶贫助学政策

石门县全面落实"两免一补"等国家资助政策,增设免教辅资料费、补交通费、幼儿园入园补助和高中助学金资助面提高5%、兜底补助生活费等"地方粮票"。通过打好"奖、贷、助、免、补"组合拳(奖:奖励优秀教师、优秀学生;贷:大学生生源地信用助学贷款;助:幼儿园入园补助、高中及中职学生助学金;免:义务教育和普高免学杂费、教科书费和免教辅材料费;补:学前教育贫困幼儿入园补助,义务教育寄宿生补助交通费、补助生活费),做到了应助尽助,实现了从学前到高中阶段教育资助全覆盖。针对石门户籍在县外就读的贫困学生,由学生户籍所在乡镇给学生就读学校(或教育局)寄送公函争取资助,对明确表示不资助或不回函的学前和义务教育学生按标准给予资助,确保"精准资助、一个不落"。

3. 不断改善办学条件

加大基层学校建设改造力度,加大教育资源向贫困地区、贫困群体倾斜力度,全面推进农村薄弱学校改造,积极创建合格学校与标准化学校建设，圆满完成了教育三年攻坚任务。2014 年以来，累计投入资金 12.9 亿元，建设义务教育薄弱学校 102 所、创建合格学校 85 所、标准化学校 40 所。同时，稳步推进教育信息化工程。投入资金 349.01 万元，购置教学仪器，新建实验室 41 间。投入信息化建设资金近 1 亿元，建成多媒体（班班通）教室 1556 间，配备电脑 9145 台，录播教室 84 间，添置图书 25 万册，配齐了音体美器材，让山区孩子同样享受到了优质的教育资源。全县所有学校通过教育城域网接入互联网，全县完小以上学校全部配备了标准电脑教室。建成了 14 个教育微应用为一体的教育公共服务平台——石门县教育云。基本建成了满足全县教师、学生、家长需求的"石门县教育云"综合平台，实现了"宽带网络校校通""多媒体教学资源班班通""网络学习空间人人通"，全县教育信息化水平跃居全省领先水平。

4. 着力改善教师队伍结构

石门县按照县委确定的"退一补一"原则，在全省率先推出"特岗教师入职即入编""全日制普通高校师范类二本及以上应届毕业生直接签约""石门户籍外县工作教师直接调入"等举措引进人才，2014—2020 年共补充教师 1809 人，除完中阶段学校 182 人外，其他所有补充教师均安排在农村学校任教。根据工作需要，交流校长教师 1389 人次，书写了城区教师交流的"开山之作"。以上措施有效解决了农村薄弱地区师资水平问题，改善了教师队伍结构，促进了优质师资效益的最大化，确保贫困地区学生"上得好学"。

（四）着力解决"看病难"，撑起健康"保护伞"——实施健康扶贫工程

没有全民健康，就没有全面小康。石门县山区以前由于乡村卫生设施少、看病费用高，群众看不好病，也看不起病，小病拖成大病。因病致贫

返贫成为脱贫路上最大的"拦路虎"。为了斩断病魔、阻断贫困源头，石门县大力实施健康扶贫工程，主要围绕"看得了病""看得好病""看得起病"精准施策，为贫困群众撑起了健康"保护伞"。

1. 解决"看得了病"问题

2014 年以来累计投入 8.13 亿元用于县级医院、乡镇卫生院、村卫生室的基础设施建设和医疗设施设备购置，新改扩建业务用房 5 万多平方米。每个乡镇创建了一所标准化的乡镇卫生院，每个村都建立了标准化卫生室，采取调剂、返聘、选派、招聘等方式，解决了 331 个村无村医的问题，为所有建档立卡贫困户建立了健康档案，做到了群众小病不出村。积极引进卫生人才，与全国多家知名医院建立了远程协作关系，提升了医疗水平，做到了群众大病不出县。

2. 解决"看得好病"问题

一是实施"三个一批"行动计划。对贫困人员患病情况反复摸底排查，全部纳入湖南省健康扶贫信息系统管理，建立分类及动态管理台账，实行大病集中救治一批、重病兜底保障一批、慢性病签约服务一批。二是实施"先诊疗后付费""一站式"结算服务。建档立卡贫困人口入院时凭身份证和医疗证办理入院手续，不交押金，出院时只需结清自付部分费用，减轻了住院负担。"一站式"结算工资实现了建档立卡贫困人口在县域内住院在就医医院"一站式"即时结算、县域外就医到县医保中心"一站式"受理结算，避免多头跑路。三是实施家庭签约医生服务。石门县组建了 4 个县级家庭医生签约服务医师团队、21 个乡镇级家庭医生签约服务医师团队，为所有慢性病贫困家庭实行签约服务，每年为贫困人口实施一次免费健康检查、建立电子健康档案，开展慢病随访服务，做到体检率、建档率、签约率均达 100%。

3. 解决"看得起病"问题

一是落实系列优惠政策，实现农村贫困人口"应保尽保"。县财政筹资 2500 万元建立健康扶贫专项救助基金；筹资落实了建档立卡贫困人口城乡居民基本医疗保险个人缴费部分的 50% 补贴；筹资为所有建档立卡贫困户购买"扶贫特惠保"家庭综合保障保险。二是构建"六道医疗保障线"，减轻就医负担。通过落实城乡居民基本医疗保险、大病医疗保险、民政医疗救助、"扶贫特惠保"家庭综合保险、定点医院减免、健康扶贫专项救助措施，构建"六道医疗保障线"，实现建档立卡贫困人口在县域内住院实际报销比例达到 90% 以上，解决了贫困群众得病不敢看、小病变大病、大病致贫困恶性循环的问题。

（五）着力激发内生动力，稳步促进增收——实施就业保障工程

习近平总书记指出，"一人就业，全家脱贫，增加就业是最有效最直接的脱贫方式"[1]。石门县坚持把就业扶贫作为长效脱贫的有力抓手，以提升贫困群众就业创业能力、帮扶贫困群众实现稳定就业为首要任务和最终目标，以就业安置、技能培训、职业介绍、劳动协作作为主要措施，力求达到"培训一人、就业一人、脱贫一户"的效果。

1. 技能培训保障就业

石门县通过精准、精品、精英培训课堂，针对不同群体、结合就业意向和市场需求，分门别类因需施教，对贫困劳动力实施培训，为他们创业就业蓄足"底气"。

---

[1] 中共中央党史和文献研究院：《习近平扶贫论述摘编》，中央文献出版社 2018 年版。

专栏七　石门县技能培训课堂

石门县大力加强职业技能人才培养，提升农村劳动力就业转移水平。

一是打造精准培训课堂。为促进贫困劳动力就业，石门县启动了以"一村一项主导职业技能"为主题的就业脱贫工程，不断壮大"一体化产业技能村"和"专业化劳务技能村"两个群体，促进劳动力就地就业和抱团转移就业。整合培训资源，联合农业、畜牧等7部门及农业龙头企业，"因村制宜"围绕茶叶种植加工、柑橘栽培、家禽养殖、养蜂技术等技能，举办现场培训班。

二是打造精品培训课堂。根据市场需求，石门县在原有电工、焊工培训品牌的基础上，确立了月嫂、厨师、B2驾照等项目为精品培训项目，实行订单式培训，做到培训与就业的无缝对接。通过与常德市康月家政公司、上海雅馨月嫂中心、政德运输公司等企业开展订单式培训，学员结业考核合格即到协议企业就业。学员上岗后月工资均在3000—6000元，达到了"就业一人、脱贫一户"的就业扶贫效果。

三是打造精英培训课堂。石门县把大中专毕业生、返乡农民工、初期创业者作为重点对象进行培训，邀请创业成功人士、创新创业专家进行面授，提高了创业成功率，促进创业就业。共举办电商等创业培训64期，培训创业人员1481人，其中返乡农民工453人，创业成功率达89%，共带动了4000多人就业。

2.开展招聘转移就业

转移就业是贫困劳动力脱贫最直接、最有效、最现实的途径。一是广泛发布企业用工消息。充分利用报纸、广播、电视、微信、屋场会、户主会等途径，采取全方位多渠道、发布企业用工消息，为全县贫困劳动力转移就业搭建平台。二是开展企业用工招聘活动。截至2020年底，共开展人力资源招聘活动50多场次，先后有县内外2178家企业，提供了多达5.97万多个就业岗位，11400多人次达成就业意向，其中建档立卡贫困户劳动力1957人。三是开展送岗位下乡活动。利用乡镇赶场日，组织重点企业下乡镇开展贫困劳动力招聘活动。积极开展劳务协作对接、定向输送活动，县人社局每年初都集中安排车辆、人员，向粤、苏、皖等地的企业输送贫困劳动力。对于其他非定向外出务工贫困劳动力，发放交通补贴，省外每人400元、省内市外每人200元、市内县外每人100元，降低务工成本。

3. 扶持创业带动就业

创业是转移就业之本。结合创业者的特点，石门县加大了政策咨询、创业培训、就业服务力度，积极培育创业致富带头人，每年统一组织创业致富带头人赴外地参加培训，使他们增强创业本领，充分利用石门县茶叶、柑橘及养殖等方面的优势产业，创办实体逐步发展壮大，充分发挥"培育一个、带动一片"的辐射带动作用。

4. 公益岗位安置就业

家有老、弱、病、残，或因需要兼顾务农，或者自身就业能力弱等原因而无法离乡、无业可扶、无力脱贫而又有劳动能力且有就业意愿的"三无两有"贫困劳动力是就业最难的贫困群体。为充分发挥就业扶贫的作用，全县统一安排，将各机关事业单位和财政拨款的社会组织编制外新增或退出的服务性、辅助性就业岗位全部纳入公益专岗，专项用于安排符合条件的建档立卡贫困劳动力就业，其工资由用人单位负担；全县挖掘出保洁、保安、绿化、护林、护路等工作时间不长、任务相对较轻的公益性岗位，按照"因岗用人、因人置岗"的原则，全部安排给那些年龄偏大、技能偏低、身体偏弱的建档立卡贫困家庭劳动者，帮助其获得增收。结合贫困劳动力个人意向、身体状况、技能条件及就近就地安置的原则，实施见缝插针式的安置，实现了"三无"贫困劳动力的就业全覆盖，收入全保障，扶贫全到位。

（六）要让"绿水青山"变成"金山银山"——实施生态补偿工程

石门县是湖南省重点林区县，林地面积为 432 万亩，占全县总面积的 72.4%，森林覆盖率达 71.59%，活立木蓄积量 1243.7 万立方米。近几年来，石门县林业部门充分发挥林业在山区脱贫攻坚中的特有优势，精准施策，精准发力，大力做好山水文章，真正让"绿水青山"变成山区群众脱贫致富的"金山银山"。

1. 大力实施林业产业扶贫，铺就兴林富民之路

石门县共发展油茶、无患子、青钱柳、中药材等林业产业达 142979 亩，坚持以"不砍树能脱贫，不毁林能致富"为目标，充分发挥本土资源优势，利用良好的植被环境，积极引导广大林区群众发展林下种植、林下养殖等，支持贫困山区发展林业产业，实现产业兴林、产业富民。

2. 积极落实林业生态补偿政策，开启生态脱贫通道

全县共选聘生态护林员 494 名，每年落实护林工资 494 万元，带动 494 户 1235 名贫困人口脱贫。一是生态公益林补偿。石门县共界定国有、集体及个人生态公益林补偿总面积为 232.49 万亩，其中，国家级生态公益林 2086470 亩，省级生态公益林 238432 亩，每年补偿总金额约为 3878.9 万元。2014—2020 年，全县共实施退耕还林面积 9000 亩，发放补助资金 1080 万元，其中贫困户实施退耕还林面积 2528.55 亩，涉及 800 户 3080 名贫困人口，发放补助资金 303.426 万元。二是森林资源禁伐减

伐补偿。2016年，石门县开始实施商品林三年禁伐减伐行动。禁伐总面积207093亩，补助资金总额为162万元，其中管护费用6.69万元，补助资金155.31万元，直接发放到农户的补助金额为104.56万元，补贴到乡镇50.75万元。三是天然商品林停伐补偿。石门县被纳入商业性停伐补助范畴的天然商品林477379亩，其中国有部分59278亩，个人试点部分418100亩。国有部分补助资金为45.94万元，个人部分补助资金为616.7万元，其中到农户个人部分459.9万元。

3. 大力实施林业项目扶贫，夯实绿色发展之路

石门县形成了以柑橘、茶叶、板栗为主的退耕还林工程营造经济林1.7万亩，年收入达3100多万元，成为退耕群众的后续产业基地和重要收入来源。

（七）实现"两线衔接"，做到"应保尽保"——实施社会保障工程

石门县地处湘西北边陲武陵山片区，经济基础差，贫困人口基数大。在县委县政府的正确领导下，在县脱贫攻坚指挥部的精心指导下，县民政局将"五个一批"中的"兜底保障脱贫一批"作为全县脱贫攻坚的一项重要工作来抓，紧紧抓住工作重点，突出解决工作难点，保障了广大社会弱势群体的基本生活和权益，使他们生产、生活、就医等条件进一步改善。为了切实搞好对社会保障兜底对象的精确认定，全县社会保障兜底工作一把尺子，为扶贫工作的全面有效开展打下了良好基础。

1. 实行"两线融合"

一是实现标准衔接。石门县全面兑现兜底保障政策，将兜底保障标准提高到远高于省级贫困线，确保农村低保兜底保障政策落实到位。二是实现对象衔接。石门县严格按照贫困户的识别条件，针对因病因残致贫、返

贫的对象出台了专项救助工作方案，实现重病重残贫困家庭全覆盖。三是实现政策衔接。石门县民政局与扶贫办做好政策对接和相互纳入工作，通过清理整顿，将符合农村低保条件的建档立卡贫困户全部纳入农村低保，农村低保对象按要求纳入建档立卡贫困户信息系统。

2. 强化阳光操作

石门县通过推行社会救助"阳光行动"，确保扶持对象精准、资金发放透明，有效解决社会救助不力、不公、不足等问题。主要通过"4必""3+"举措，确保公平公正。"4必"即"凡进必访""凡进必核""凡进必评""凡进必示"，对城乡低保和特困人员进行清理排查，每年都对一部分不再符合保障条件的对象进行清退，切实做到"应保尽保、应退尽退"。"3+"即"互联网＋监督""智慧党建＋政务服务""窗＋栏"。石门县所有救助对象资金清单都上到了"互联网＋监督"平台，全县第一批12项民政服务下沉项目（其中社会救助5项）都通过"智慧党建＋政务服务"兑现，所有救助政策、救助程序、救助资金都在各村（居）村务公开栏和乡镇、街道社会救助之窗中"亮相"。

（八）既要摘"穷帽"，也要改"面貌"——实施基础设施工程

为破除贫困地区发展瓶颈，改善贫困群众生产生活条件，石门县围绕基础设施和公共服务两个基本完善的要求，不断加大投入力度，大力加强贫困村水、电、路、信息网络、"一部两中心三室一场"（一部：村部；两中心：村民活动中心、便民服务中心；三室：村民议事室、卫生室、图书阅览室；一场：村民休闲广场）公共服务平台建设，积极支持贫困地区基础设施建设。

1. 狠抓安全饮水提标提质

石门县坚持超前谋划部署，多方筹措资金，全面推进农村饮水安全工

程建设，并持续巩固提升，下大力解决死角死面问题，确保让农村群众喝上安全水、放心水和健康水。

2. 狠抓农村电网升级改造

石门县把农村电网改造升级工程作为加快脱贫攻坚的一项重要举措来抓，紧紧围绕电力扶贫中心任务，优先突出贫困村电网改造，切实"点亮"山区脱贫路，确保贫困地区不因缺电阻碍发展。

3. 狠抓农村道路提质改造

石门县坚持因地制宜，科学规划，着力加强农村道路建设，推动拓宽提质，打通断头路、边界路，不断改善乡村道路通行条件。

4. 狠抓农村互联网终端普及

石门县大力实施宽带乡村、覆盖优化、拉远建设等工程，切实提高贫困乡村信息化水平，助力脱贫攻坚。

5. 狠抓文化惠民

石门县按照"七个一"的标准，稳步推进村级综合文化服务中心建设。同时，将文化惠民项目与群众文化需求有机结合，鼓励群众挖掘乡村旅游文化、乡村特色文化产品，开展丰富多彩的文艺活动，构建健康向上、幸福快乐的文化氛围。

四、如何退：精准脱贫与成效提升

精准扶贫的最终目的是精准脱贫。习近平总书记多次强调，"精准扶贫是为了精准脱贫，目的和手段的关系要弄清楚"[①]。扶贫是手段，脱贫才是目的，扶贫要精准，脱贫更要精准，精准扶贫各项工作的开展都是为了实现

---

① 中共中央党史和文献研究院：《习近平扶贫论述摘编》，中央文献出版社 2018 年版。

精准退出。2016 年 4 月，中共中央办公厅、国务院办公厅印发了《关于建立贫困退出机制的意见》，明确了贫困退出的标准与程序，要求各地区各部门建立严格、规范、透明的贫困退出机制，确保如期实现脱贫攻坚目标。

为了更好地解决"如何退"的问题，石门县坚持实事求是的基本原则，始终把脱贫质量放在首位，下发了《石门县 2017 年贫困退出验收工作方案》，明确了贫困户脱贫、贫困村退出、贫困县摘帽的标准和程序，坚决防止弄虚作假、违规操作等行为，坚决杜绝虚假脱贫、"数字"脱贫，确保脱贫退出反映客观实际、体现脱贫对象真实意愿、经得起历史和实践的检验。

（一）贫困退出标准与程序

《石门县 2017 年贫困退出验收工作方案》中，明确了贫困户脱贫验收以户为单位，必须按照"一超过、两不愁、三保障"即该户年人均纯收入稳定超过国家扶贫标准且吃穿不愁，饮水安全达标，义务教育、基本医疗、住房安全有保障的标准执行，并严格按照村民主评议、贫困户确认、村级公示、村支部书记和村委会主任签字、乡镇入户核实、乡镇公示上报、县抽查复核、市评估核查、县批准公告的流程进行。

在贫困村退出上，石门县严格按照"一个确保、两个完善"的标准执行。"一个确保"即确保贫困村综合贫困发生率降至 2% 以下，且为"否决指标"，"两个完善"为基础设施和公共服务基本完善，具体分为村组道路、安全饮水、电力保障、教育入学、城乡居民基本医疗保险、低保和城乡特困人员供养政策、村"两委"班子及党员队伍建设、村级公共服务 8 个评分指标，总分 100 分，得分大于等于 80 分为达标。贫困村退出验收严格按照村自主申请、乡镇监测上报、县审核审批、县委书记和县长签字、市核查、县退出销号的流程进行。

在贫困县摘帽上，石门县严格按照"三率一度"的标准，既不拔高标准，也不降低标准，确保综合贫困发生率低于2%、脱贫人口错退率低于2%、非贫困人口漏评率低于2%、群众认可度高于90%，认真对待脱贫攻坚部署、重大政策措施落实、后续帮扶计划及巩固提升工作安排等情况。

（二）精准脱贫成效

截至2020年底，石门县全县122个贫困村实现全部达标出列，全部贫困人口实现脱贫。贫困发生率由14.4%降至0，石门县脱贫攻坚取得全面胜利。其中，2014年脱贫3806户12036人，贫困发生率降至12.3%；2015年脱贫5952户19281人，贫困发生率降至9.7%；2016年脱贫4396户13593人，贫困村退出56个，贫困发生率降至7.24%；2017年脱贫10274户32245人，贫困村退出65个，贫困发生率降至0.9%，漏评率、错退率和群众认可度均达到贫困县退出标准。2018年6月下旬，石门县接受了国家贫困县退出专项评估检查和国务院六部委组成的工作组的观摩指导，共抽查了26个村1410户，没有发现一例错退和漏评，得到了评估检查组和工作组的充分肯定和高度评价。7月26日，国务院扶贫办反馈了贫困县退出专项评估检查结果，石门县综合贫困发生率为0.9%，群众认可度为96.48%，错退率、漏评率为零。8月3日，湖南省人民政府正式公布石门县脱贫"摘帽"。2018年脱贫1165户2793人，贫困村退出1个，贫困发生率降至0.42%，实现全部贫困村达标出列；2019年脱贫372户860人，贫困发生率降至0.25%；2020年，脱贫765户1403人，贫困发生率降至0；经过五年多的脱贫攻坚，石门县明显加快了县域经济社会发展质量，大幅度提高了贫困群众收入水平，"两不愁三保障"突出问题总体得到解决，有力促进了共同富裕。各级扶贫干部以扎实的作风和骄人的成绩，夺取了脱贫攻坚全面胜利，向党和人民交出一份满意的答卷。

第五章 | 改革创新助力脱贫攻坚

习近平总书记关于扶贫工作的重要论述，贯穿了创新、协调、绿色、开放、共享的新发展理念。在深入贯彻习近平总书记关于扶贫工作的重要论述的基础上，各地各部门不断深入推进脱贫攻坚的创新，坚决打好打赢脱贫攻坚战。

改革创新对于打赢脱贫攻坚战具有重要意义：一是改革创新为脱贫攻坚提供了根本动力。习近平总书记指出要采取超常举措，拿出过硬办法，按照精准扶贫、精准脱贫要求，用一套政策组合拳，确保在既定时间节点打赢扶贫开发攻坚战。脱贫攻坚是一项复杂的系统工程，要打赢脱贫攻坚战，必须以创新发展理念推动扶贫工作的开展，进一步解放思想，深化改革，创新扶贫工作机制，不断探索扶贫开发新路径，确保扶贫工作的科学化、可持续性。切实从实际出发，不断创新扶贫工作新模式，从根本上消除体制机制的障碍，增强精准扶贫的内生动力和发展活力。以创新精神探索扶贫模式、完善体制机制，采取力度更大、针对性更强、作用更直接、效果更可持续的措施，加快贫困群众的脱贫步伐。二是改革创新为脱贫攻坚提供了重要保障。我国在长期的扶贫开发实践中，在不同的经济社会发展阶段，不同的贫困标准下，之所以都能有效地实现既定扶贫开发目标，主要得益于我们党和政府不断推进扶贫开发体制机制改革创新，不断调整扶贫政策，改进工作模式。从改革开放之初以制度改革推动减贫，到1986年实施有组织的大规模扶贫开发战略，再到党的十八大以来实施精准扶贫精准脱贫，中国特色扶贫开发道路一直在改革创新中拓展。扶贫开发的阶段性成就主要得益于扶贫方式的改革，打赢脱贫攻坚战同样有赖于扶贫工作体制机制的改革。三是改革创新是脱贫攻坚的重要手段。脱贫攻坚必须坚持问题导向，以改革为动力，充分调动各方面积极因素，开展扶贫开发工作。脱贫攻坚工作能够真正走得稳、走得远，需要运用创新的思维和方式，摒弃过去不合理的方式，坚持在脱贫攻坚工作中应用创新的方式，给人民群众带来更多民生福祉。

一、石门改革创新的背景与思路

（一）石门改革创新的背景

党的十八大以来，石门县的扶贫攻坚工作成效卓著，但由于历史的原因和自然条件的制约，脱贫攻坚还存在诸多难题。

1. 资源禀赋先天不足

资源禀赋先天不足是贫困的根源，也是地区贫困的客观通病。贫困地区之所以发展缓慢，经济落后，根本原因就在于当地可开发利用的资源存量不足，人居环境恶劣，土地贫瘠，生态环境脆弱，灾害频发。石门县是一个集老区、山区、少数民族地区、库区于一体的贫困县。山地、丘陵面积占到了总面积的80%，耕地多在25°以上的坡面上，土地瘠薄零散，耕作难度很大，农作物产量低且不稳定，经济效益差。自然生态非常脆弱，石灰岩分布广泛，水土流失面积和石漠化面积分别占到了40%和18.8%，旱、洪、风、冰等自然灾害频繁发生，因灾、因病、因残、因智等原因造成的贫困对象较多，返贫现象突出，"脱贫三五年，一灾回从前""救护车一响，一头猪白养"的状况一时还难以改变。

2. 基础设施严重滞后

基础设施建设是决定贫困地区和人口能否实现脱贫致富的关键因素。一方面，基础设施建设很大程度决定了地区的经济发展。贫困地区如果没有完备的交通运输系统、能源供应系统、邮电通信系统等基础设施建设，就很难实现经济发展和地区创收；另一方面，基础设施建设决定了人居环境质量的高低。滞后的基础设施会给人们的生产、生活带来困扰，导致居民尤其是农村居民生活闭塞、生产创收能力低，抵御灾害能力低，进而致使其困于贫困陷阱而无法脱离。石门脱贫攻坚最大的瓶颈还是基础设施建设滞后。基础设施建设滞后不仅给群众带来了生产、生活上的种种不便，而且严重影响了投资环境和民生改善。农村许多道路路面结构仍以沙砾路、泥土路面为主，抵御自然灾害的能力弱，晴通雨阻和商品卖难的现象十分普遍。学校、卫生院（室）、灌溉渠道等普遍年久失修，导致信息闭塞，技术落后，严重制约着经济社会发展。皂市水库建设使库区基础设施损坏不少，恢复重建任务相当繁重。

3. 人力资本积累不足，农民素质亟待提高

人力资本积累是打破贫困陷阱的重要路径。人力资本积累不足会致使人口素质低下、劳动就业技能匮乏、创收能力不强，无法从事技术要求较高、工资待遇较好的相关工作，进而无法打破贫困陷阱。同时，人口素质不高还表现在不少人观念落后、思想保守、目光短浅、依赖心理严重、主观能动性不强、不求上进、不求突破，这给实现脱贫致富目标带来了难度。此外，人口素质不高同样体现在对教育不重视，进而对人力资本的积累造成了阻碍，使得贫困通过代际传递下去，难以突破生活困境。石门县的大多数农民的素质不高、观念较为落后、劳动技能匮乏，都只掌握一些比较原始的、简单的农业和畜牧业生产技能，劳动生产率低，挣的只是极

其辛苦的"体力钱"。同时农村的基础教育开展情况较差，使得贫困一代又一代地传递下去，难以跳出贫困陷阱。此外，由于当地生产生活条件差，农村青壮年大都外出务工，妇女、儿童、老人在家留守的现状，也使得一些扶贫项目如道路、水利设施建设和产业建设缺乏劳力资源。

（二）石门改革创新的思路

在新常态发展背景下，国家实行多轮驱动、注重内生增长，加快推进新型城镇化和"一带一路"建设，强化简政放权，大力转变政府职能，推广政府和社会资本合作模式等系列改革举措，以及《武陵山片区区域协作与扶贫攻坚规划》实施成效的逐步显现，均将极大地推动石门加快转型升级步伐，全面释放资源潜能与改革红利，为实现科学跨越发展提供充沛的内生动力和更大成长空间。石门县委县政府在扶贫开发问题上坚持"一任接着一任干、不甩帽子不罢休"的精神，不断探索新思路，大胆尝试新举措，提出了"把扶贫作为民生攻坚一号工程"的战略要求，坚持以"精准扶贫"为基调，以"高效脱贫"为目标，在"输血"的同时进行"造血"，走出了一条适合石门特点的扶贫攻坚的好路子。

1. 精准扶贫是关键

党的十八大以来，以习近平同志为核心的党中央将脱贫攻坚上升到治国理政的战略高度，新时代的扶贫开发重在"精准"。精准扶贫是针对不同贫困区域环境、不同贫困农户状况，运用科学有效程序对扶贫对象实施精确识别、精确帮扶、精确管理的治贫方式。精准扶贫要求对扶贫对象要精准识别，对扶贫手段要积极创新，对扶贫资金、项目、信息等要加强管理。石门县作为山区县，各方面基础都比较薄弱，在开展脱贫攻坚工作的过程中，坚决贯彻落实习近平总书记关于扶贫工作的重要论述，创新扶贫手段，精准施策，落实精准扶贫措施。重点做到了以下五个方面。

一要坚持严格执行现行扶贫标准。2017 年中央经济工作会议指出，"打好精准脱贫攻坚战，要保证现行标准下的脱贫质量，既不降低标准，也不吊高胃口。"[1] 从贫困人口的脱贫来讲，主要标准就是"一超过、两不愁、三保障"；从贫困县的退出来讲，主要标准就是"三率一度"。在实践中，石门县紧紧围绕这些标准推进工作，在政策落实上不加码、在责任落实上不浮躁、在工作落实上不冒进，坚持进度服从质量，力争把工作做得实而又实。要承认贫困县实力不足必须量力而行的实际，用实事求是的工作来保证真实、保证质量。贫困并不可怕，底子弱也不可怕，可怕的是对贫困的等待与观望，甚至不作为乱作为，要按照相关要求，扎实推进脱贫攻坚工作。

二要做到精准识别，解决"扶持谁"的问题。精准识别，是实施精准扶贫精准脱贫方略的前提和基础。习近平总书记强调，"精准扶贫是要'扶真贫，真扶贫'"[2]。而"扶真贫，真扶贫"的基本前提就是要"识真贫"。精准识别就是通过一定方式把真正的贫困人口和致贫原因找出来，为其建档立卡，详细记录贫困户家庭人口信息、致贫原因、贫困程度等情况，以便对症下药。精准识别在一定程度上摸清了贫困人口底数，找到了贫困人口致贫原因，解决了"扶持谁"的问题。石门县作为贫困山区县，贫困人口潜在底数大，致贫原因复杂，做好精准识别工作有利于扶贫工作的有序进行。同时也要意识到，贫困现象是个动态变化的过程，精准识别不仅要进一步做实做细，确保把真正的贫困人口纳入建档立卡系统之中，还需要及时进行贫困人口的动态识别调整工作，不断提高识别质量，真正做到扶真贫、真扶贫。

---

[1] 《中央经济工作会议：打好精准脱贫攻坚战，既不降低标准，也不吊高胃口》，http://www.xinhuanet.com/2017-12/20/c_1122142090.htm，2017 年 12 月 20 日。

[2] 人民网：《习近平：要真扶贫少搞一些盆景》，http://politics.people.com.cn/n/2015/0309/c1024-26658870.html，2015 年 3 月 9 日。

三要做到精准管理，解决"谁来扶"的问题。精准管理，为实施精准扶贫、精准脱贫基本方略提供制度保障。脱贫攻坚的时间紧、任务重，扶贫的对象、参与扶贫的主体、用于扶贫的项目、资金等规模庞大、分散，必须建立配套的扶贫管理制度，实行精准化的管理。只有通过对扶贫对象、参与扶贫的主体、扶贫资金、扶贫项目等进行系统、科学、精准的管理，才能使精准识别、精准帮扶、精准退出等环节的工作成为可能，为精准扶贫提供有力的制度保障。石门县一方面加强各级组织管理，落实脱贫攻坚责任制，建立自上而下帮扶责任体系，加强组织联动；另一方面协调管理企业、社会组织、个人等多重扶贫主体，构建"专项扶贫、行业扶贫和社会扶贫"三位一体的扶贫开发工作格局。此外，还严格扶贫资金管理、规范扶贫项目管理以及完善扶贫信息管理，为精准施策和精准帮扶提供有力保障。

四要做好精准帮扶，解决"怎么扶"的问题。精准帮扶，是落实精准扶贫、精准脱贫基本方略的关键环节。精准帮扶，就是在精准识别的基础上，因人因地施策，因贫困原因施策，因贫困类型施策，区别不同情况，做到对症下药、精准滴灌、靶向治疗，消除致贫的关键因素和脱贫的关键障碍。石门县在充分考虑贫困人口致贫原因的综合性和差异性基础上开展精准帮扶工作，建立综合性和差异性、短期项目和长期项目相结合的扶贫项目体系。同时，重点探索创新利益联结机制，提高扶贫到户的效率，帮助贫困户实现可持续稳定脱贫。

五要做好精准脱贫，解决"如何退"的问题。精准脱贫，是实施精准扶贫精准脱贫方略的最终目的。要实行逐户销号，做到脱贫到人，脱没脱贫要同群众一起算账，要群众认账。这一环节石门县重点做好两个方面工作：一是贫困人口的脱贫。以户为单位，主要衡量标准是该户年人均纯收入稳定超过国家扶贫标准且吃穿不愁，义务教育、基本医疗、住房安全、饮水安全有保障。没有简单地以收入作为衡量贫困人口脱贫退出的标准，忽视"两不愁三保障"等内容，将问题简单化。同时，贫困人口脱贫还严格按照"民主评议、调查核实、公示公告、备案销号"的程序进行。二是贫困村出列。贫困村退出以贫困发生率为主要衡量标准，同时统筹考虑村内基础设施、基本公共服务、产业发展、集体经济收入等综合因素。

2. 扎实推进脱贫攻坚

石门县以社会保障、住房保障、环境保护、就业、就学、就医"三保三就"为着眼点，构建覆盖城乡、惠及全民的公共服务体系，促进基本公共服务均等化，让人民群众共享改革发展的成果，不断提高居民幸福指数。以同步全面小康为指向，以贫困乡村为主战场，因人因地施策，实施精准扶贫、精准脱贫，提高扶贫实效。集中力量办好义务教育、危房改造、饮水安全、卫生设施、交通基础、社会保障、生产发展、村级集体经济发展等扶贫实事，切实抓好扶贫攻坚"六到农家""六个落实"，重点解决革命老区、贫困地区行路难、饮水难、住房难、用电难等突出问题。积极争取国家政策，聚社会各界力量，坚决打赢脱贫攻坚战。

一要激发贫困人口内生动力。习近平总书记在2015减贫与发展高层论坛发表主旨演讲时强调，我们坚持开发式扶贫方针，把发展作为解决贫困的根本途径，既扶贫又扶志，调动扶贫对象的积极性，提高其发展能力，发挥其主体作用。[1]激发贫困人口内生动力是实现长久脱贫的关键。贫困群众既是脱贫攻坚的对象，更是脱贫致富的主体，激发贫困人口脱贫致富的内生动力至关重要。石门县将"扶志扶智"作为扶贫工作的重要内容，引导困难群众树立主体意识，聚焦贫困群众的能力养成和自我发展潜力培养，通过党的扶贫政策宣讲、特色传统文化挖掘、模范带头榜样宣传

---

[1] 习近平：《携手消除贫困 促进共同发展》，《人民日报》2015年10月17日，第2版。

等多项举措，激发贫困群众自主脱贫的强烈愿望，培育贫困地区群众积极乐观、勤劳朴素、求富求美、向上向善的文明乡风，实现变"救济式扶贫"为"开发式脱贫"，变"输血扶贫"为"造血脱贫"，变"物质扶贫"为"精神脱贫"，变"要我脱贫"为"我要脱贫"。同时，加强基层党组织建设，着重发挥好村党支部和村委会的作用，抓好以村党组织为核心的村级组织配套建设，特别是加强对基层干部的培训和管理，把基层党组织建设成为维护农村稳定的坚强领导核心和引导贫困群众脱贫致富的带路人。此外，还要重视教育发展。一方面要重视发展贫困人口子女教育，阻断贫困代际传递；另一方面也要加强对贫困人口的技能教育和培训，帮助他们获得市场需要的生产能力，提升人力资本水平。

二要坚决落实"六个精准"实践要求。"精准扶贫"要取得好的成效，仅靠提供扶贫项目和资金是远远不够的，也是不可持续的。精准扶贫要把"精准"贯彻在脱贫攻坚工作的始终，要与时俱进，不断创新扶贫手段，实事求是，坚持分类指导，因贫困户、地区、致贫原因、贫困类型来实施帮扶措施，做到精准到户、精准发力。石门县是山区县，经济基础差，贫困人口基数大，脱贫压力重，要想解决好"怎么扶"的问题就必须坚决落实"六个精准"的工作要求，真正做到真扶贫、扶真贫。

三要实施"五个一批"工程。"五个一批"脱贫措施是打通脱贫"最后一公里"的关键举措。（1）发展生产脱贫一批，引导和支持所有有劳动能力的人依靠自己的双手开创美好明天，立足当地资源，实现就地脱贫。石门县针对具有劳动力和发展产业愿景的贫困人口，通过发挥当地资源禀赋优势，引进项目、投入资本、发展生产、带动贫困人口就业，实现扶贫资本要素和贫困人口劳动力要素在市场经济的充分流动，从而使贫困人口同其他市场主体形成利益联结机制，并在收益的分配环节实施倾斜分配机制，精准到村、到户、到人，并在实现贫困人口脱贫的同时促进贫困地区经济稳定健康发展。（2）易地搬迁脱贫一批，对很难实现就地脱贫的贫困人口要实施易地搬迁，按规划、分年度、有计划组织实施，确保搬得出、稳得住、能致富。石门县是山区县，对于生活在生态环境脆弱、自然灾害频繁地区、难以就地实现脱贫需要实施易地搬迁安置的贫困户一方面通过精准识别，合理确定搬迁范围；另一方面因地制宜选择搬迁安置方式，根据水土资源条件、经济发展环境和城镇化进程，按照集中安置与分散安置相结合、以集中安置为主的原则选择安置方式和安置区（点）。（3）生态补偿脱贫一批，加大贫困地区生态保护修复力度，增加重点生态功能区转移支付，扩大政策实施范围，让有劳动能力的贫困人口就地转成护林员等生态保护人员。石门县生态环境相对脆弱，亟待修复生态环境并加以保护的区域较多，对于这些地区的贫困人口的脱贫方式主要是转移性收入和公益性岗位工资性收入。（4）发展教育脱贫一批，治贫先治愚，扶贫先扶智，国家教育经费按照规定向贫困地区倾斜、向基础教育倾斜、向职业教育倾斜，帮助贫困地区改善办学条件，对农村贫困家庭幼儿特别是留守儿童给予特殊关爱。石门县的农民素质普遍不高，人力资本积累不足，必须加大教育投入，阻断贫困代际传递，同时做好技能培训工作，提升贫困户的就业技能。（5）社会保障兜底一批，对贫困人口中完全或部分丧失劳动能力的人，由社会保障来兜底，统筹协调农村扶贫标准和农村低保标准，加大其他形式的社会救助力度。石门县重点做好以下三个方面的工作：（1）健全社会救助体系，对于因病致贫、因残致贫的完全或部分丧失劳动能力的贫困人口，无法通过产业扶贫和就业扶贫等开发性扶贫方式进行帮扶的这部分特殊困难群体，做到应保尽保。同时，统筹社会救助资源，健全特困人员救助供养制度，全面实施临时救助制度，积极推进最低生活保障制度与医疗救助、教育救助、住房救助、就业救助等专项救助制度衔接配套，推动专项救助在保障低保对象的基础上向低收入群众适当延伸，逐步形成梯度救助格局，为救助对象提供差别化的救助。（2）逐步提高基本养老保障水平。探索建立适应农村老龄化形势的养老服务模式。（3）健全"三留守"人员和残疾人关爱服务体系。加强对"三留守"人员的生产扶持、生活救助和心理疏导，落实困难残疾人生活补贴和重度残疾人护理补贴制度，加强贫困残疾人实用技术培训，优先扶持贫困残疾人家庭发展生产，支持引导残疾人就业创业。

四要促进贫困人口转移就业，开展就业扶贫。就业是民生之本，做好就业扶贫工作，促进农村贫困劳动力就业，是脱贫攻坚的一项重大措施。转移就业帮助贫困户拓宽收入来源，提高脱贫的稳定性和可持续性。考虑贫困人口长期处于人力资本、社会资本匮乏状态，仅凭自身能力获取就业信息成本高，实现稳定非农就业难度大的现实情况，石门县通过开发岗位、劳务协作、技能培训、就业服务、权益维护等措施深入落实贫困人口转移工作。首先通过构建贫困人口就业信息平台摸清贫困劳动力底数，了解贫困人口就业障碍，而后通过开展职业技能培训，加强就业公共服务和政策支持、对接劳务协作等行动，切实加大就业扶贫力度，提高就业扶贫成效。

五要创新产业扶贫模式。产业扶贫是使精准扶贫具有"造血"功能的核心措施。习近平总书记指出，要紧紧扭住发展这个促使贫困地区脱贫致富的第一要务，立足资源、市场、人文旅游等优势，因地制宜找准发展路子，既不能一味等靠、无所作为，也不能"捡进篮子都是菜"，因发展心切而违背规律、盲目蛮干，甚至搞劳民伤财的"形象工程""政绩工程"。[①]产业是脱贫之基、致富之源，是一种内生发展机制。石门县充分利用山区资源优势，大力发展"一果三叶"，即巩固提升柑橘传统产业、扩大发展生态茶叶、优质烟叶、高山蔬菜。利用得天独厚的优良自然生态环境，

---

① 中共中央文献研究室：《做焦裕禄式的县委书记》，中央文献出版社2015年版。

大力扶持养蜂业，争取实现"蜜蜂保姆"当年脱贫，"蜜蜂大户"长久增收。同时，采取企业主导、养殖项目和目标由企业根据市场需求确定，贫困户自主参与、金融部门投资的方式发展产业，达到企业、贫困户和银行多方共赢。需要注意的是，龙头企业是产业扶贫的生力军、产业发展的主体。大力支持农业龙头企业发展，增强龙头企业的活力，对积极参与产业扶贫的龙头企业要实行政策、资金、项目倾斜，整合各项涉农资金进行基础设施配套，为企业提供优质服务，如搞好养殖基地建设所需的农村土地利用与流转工作，推进农村适度规模经营，实行农产品绿色通道，等等。此外，金融信贷支持是产业扶贫不可或缺的。协调银信部门实施扶贫优惠政策，执行扶贫专项小额信贷，支持产业发展，在促进产业发展和贫困户获益的同时，保障金融信贷部门自身利益的实现。总的来看，石门县开展产业扶贫工作应充分发挥龙头企业作用，遵循市场经济规律，生产适销对路产品，产业才有可持续性。此外，产业扶贫只有扶贫对象积极参与，激发贫困户内生动力，才能真正达到贫困户脱贫、产业发展、社会进步的目的。只有在政府引导下，龙头企业、金融部门、贫困村集体和贫困户共同配合，实现多方共赢，才是提高扶贫效率的最佳途径。

六要积极开展健康扶贫工作。作为"两不愁三保障"的重要内容，保障基本医疗防止因病致贫、因病返贫，是实现精准扶贫、精准脱贫的前提条件。从全国来看，贫困人口因病致贫、因病返贫的比例较大，是挡在脱贫攻坚路上的"拦路虎"。按照党中央、国务院决策部署，大力实施健康扶贫工程，针对农村贫困人口因病致贫、因病返贫问题，突出重点人群、重点病种，进一步加强统筹协调和资源整合，采取有效措施提升农村贫困人口医疗保障水平和贫困地区医疗卫生服务能力。让贫困人口能够看得起病、看得好病、看得上病、防得住病，确保贫困群众健康有人管、患病有人治、治病能报销、大病有救助，防止因病致贫、因病返贫，这对巩固脱贫攻坚成果，实施乡村振兴战略具有重要意义。石门县大力推进健康扶贫工程，在提高医疗保障水平的同时切实减轻农村贫困人口医疗费用负担，对患大病和慢性病的农村贫困人口要进行分类救治，全面落实"先诊疗后付费"以及"一站式"结算等国家相关规定，同时加强贫困地区医疗卫生服务体系建设实施贫困地区县级医院、乡镇卫生院、村卫生室标准化建设，切实解决贫困人口就医问题。

七要创新多元社会扶贫机制，形成合力开展帮扶。习近平总书记指出，调动各方力量，加快形成全社会参与的大扶贫格局。"人心齐，泰山移。"脱贫致富不仅仅是贫困地区的事，也是全社会的事。要更加广泛、更加有效地动员和凝聚各方面力量。[①]脱贫攻坚是一项系统工程，必须各方共同努力，集中一切可用资源才能确保打赢这场战役。国务院办公厅印发的《关于进一步动员社会各方面力量参与扶贫开发的意见》要求培育多元社会扶贫主体，全面落实扶贫公益事业税收优惠政策以及各类市场主体到贫困地区投资兴业、带动就业增收的相关支持政策，加大扶贫攻坚力度，积极引导各类社会力量参与科学扶贫、精准扶贫和移民扶贫，让山区群众稳定增收、脱贫解困，实现社会和谐稳定。中央的关心关怀、省市的资源倾斜、部门的联动支持、发达地区的对口帮扶、社会力量的共同参与、党员干部的结对帮扶形成强大的脱贫攻坚合力，是打赢打好脱贫攻坚战的关键之举，充分体现了社会主义制度的强大优越性。石门县严格落实脱贫攻坚的主体责任、主抓责任和具体责任，深化定点扶贫工作，强化东西部扶贫协作，引导民营企业和社会组织参与扶贫，坚持专项扶贫、行业扶贫、社会扶贫等多方力量和多种举措有机结合，构建互为支撑的"三位一体"大扶贫格局，广泛调动社会各界参与扶贫开发的积极性。

---

① 中共中央文献研究室：《十八大以来重要文献选编（下）》，中央文献出版社 2018 年版。

二、石门改革创新的主要做法

石门县在脱贫攻坚工作中坚持改革创新，主要围绕组织管理、精准施策、扶贫扶志等方面进行创新，具体体现在以下三个方面。

（一）科学管理，激发组织内生动力

2017 年 6 月 23 日，习近平总书记在深度贫困地区脱贫攻坚座谈会上的讲话中提出："要把夯实农村基层党组织同脱贫攻坚有机结合起来，选好一把手、配强领导班子，特别是要下决心解决软弱涣散基层班子的问题，发挥好村党组织在脱贫攻坚中的战斗堡垒作用。"[①] 在脱贫攻坚的决胜阶段，注重加强脱贫攻坚队伍建设，显得极为必要。石门县选好配强脱贫攻坚干部队伍，打造了一支能扎根基层、有责任、敢担当、善落实的高素质基层干部队伍，将干部队伍与群众紧密联系起来，充分调动各方主体的积极性与主观能动性，更好地完成脱贫攻坚任务。

1. 改革干部内部机制，为脱贫攻坚提供根本动力

改革干部内在机制，提升干部队伍素质是开展精准扶贫，打赢脱贫攻坚战的重要基础和根本动力。习近平总书记在凉山考察脱贫攻坚工作时强调，打赢脱贫攻坚战，特别要建强基层党支部。村第一书记和驻村工作队，要真抓实干、坚持不懈，真正把让人民群众过上好日子作为自己的奋斗目标。

石门县通过创新队伍建设机制，提升党员干部脱贫攻坚能力，为脱贫攻坚提供了根本动力。

---

① 习近平：《在深度贫困地区脱贫攻坚座谈会上的讲话（2017 年 6 月 23 日）》，人民出版社 2017 年版。

一是成立脱贫攻坚大会战指挥部。县委书记担任"政委"，县长担任指挥长，全体县级领导都参与到抓脱贫攻坚中来。指挥部下设产业扶贫、易地扶贫搬迁、危房改造、金融扶贫、劳务协作和医疗保险及救助、社会保障兜底、教育及健康、科技及电力光伏扶贫、安全饮水9个分指挥部和督查巡查组，每个分指挥部都由分管的县级领导任分指挥长，各乡镇区（街道）、农林场及村（居）成立了脱贫攻坚工作站和作战室，实行统一指挥、挂图作战、整体联动、有序推进，做到了把每一项工作任务落细落小落到实处。

二是坚决落实"三个全覆盖"工作要求。石门县坚持把最优势的兵力部署在脱贫一线，下沉县乡村主体力量、县直单位帮扶力量、党员干部结对帮联力量，实现了县级领导包联、驻村工作队帮扶、党员干部结对帮联"三个全覆盖"。2014年以来，全县共有125家县直、县管单位参与扶贫，省、市、县、乡共选派驻村帮扶工作队331支，驻村工作队员729人，安排结对帮扶责任人10526名，做到了不漏一村、不掉一户、不少一人。

三是实行超常规调度机制。全县坚持一个月召开一次脱贫攻坚推进会、一周召开一次会商调度会、不定期召开问题交办整改会，县指挥部和9个分指挥部分别建立微信群加强调度沟通。通过"三会"及时收集进度、排名公示、下发通报、责令整改、约谈惩处，不断将压力转化为动力，有序推动脱贫攻坚各项工作的落实。

2. 创新"干部—群众"联系机制，凝聚合力促扶贫

"脱贫攻坚任务能否高质量完成，关键在人，关键在干部队伍作风。"[1]脱贫攻坚是干出来的，靠的是广大干部群众齐心干。石门县充分贯彻落实习近平总书记讲话精神，开展了一系列行动，创新了"干部—群众"联系机制。

---

[1] 王浩、常钦、寇江泽等：《关键在人，关键在干（决战决胜脱贫攻坚）——脱贫攻坚绷紧弦加把劲系列述评之三》，《人民日报》2020年6月24日，第1版。

一是开展"空城行动"。坚持用干部"脱皮"换取群众"脱贫",用干部的"辛苦指数"换取群众的"幸福指数"的工作精神。石门县开展一月一集中入户走访帮扶,全县所有县直单位党员干部,除了便民服务窗口和日常值班的人员外,都要求身体力行、沉到一线,实行"一对一"结对帮扶,在脱贫一线发现问题、解决问题,实现了"三个百分之百",即贫困户走访100%到位、扶贫宣传100%覆盖、群众对扶贫政策100%了解。

二是开展"一卡二讲三会四活动四必访"。"一卡"是指填好贫困群众受益卡,"二讲"是指宣讲扶贫政策、讲好脱贫故事,"三会"是指开好党员会、户主会、屋场会,"四活动"是指开展党员干部与贫困群众交友活动、扶贫知识有奖竞赛活动、点亮"微心愿"活动和"小手牵大手"活动,"四必访"是指对所有贫困户必访、贫困村的非贫困户必访、弱势群体必访、被清退的贫困户和低保户必访。通过开展"一卡二讲三会四活动四必访"工作,深入落实扶贫工作的各项要求,宣传各项政策,确保不漏一户,不错一人,应纳尽纳,应保尽保,同时激发贫困人口内生发展动力,提升"扶志扶智"工作的成效。

三是开展"三讲三帮"行动。"三讲"即"讲乡村振兴与脱贫攻坚政策、讲乡村脱贫前后变化、讲身边的脱贫攻坚先进典型";"三帮"即"帮助改善农户人居环境、帮助落实新年产业发展和增收计划、帮助贫困户解决一个实际困难"。通过开展"三讲三帮"行动,激发扶贫干部的工作热情,增强贫困人口脱贫信心。加大贫困村人居环境整治力度,加快产业落地和发展进度,帮助贫困户实现可持续稳定脱贫,增强群众获得感和幸福感。

(二)精准施策,为脱贫攻坚奠定坚实基础

习近平总书记指出,扶贫开发推进到今天这样的程度,贵在精准,重

在精准，成败之举在于精准。搞大水漫灌、走马观花、大而化之、手榴弹炸跳蚤不行。精准扶贫贵在"精准"，只有做好精准识别、精准管理、精准帮扶、精准退出、创新产业扶贫模式，建立利益联结机制，围绕饮水安全、住房安全、医疗保障和基础教育等加大工作力度，才能打赢脱贫攻坚战，全面建成小康社会。在党中央国务院坚强领导下，石门县委县政府按照省委统一部署，以问题为导向，层层细化落实责任、传导压力，实实在在把省委省政府的各项部署落实好，实施精准扶贫、精准脱贫，因人因地施策，提高扶贫实效，形成脱贫攻坚的强大工作合力。

1. 创新"精准识别"新模式，助推脱贫攻坚

习近平总书记在深度贫困地区脱贫攻坚座谈会上的讲话中强调："脱贫攻坚工作要实打实干，一切工作都要落实到为贫困群众解决实际问题上，切实防止形式主义，不能搞花拳绣腿，不能搞繁文缛节，不能做表面文章。"[①] 作为精准扶贫、精准脱贫的首要条件，精准识别工作的质量高低很大程度上决定了精准扶贫工作的成败。"不漏一户，不错一人，应纳尽纳，应保尽保"是对贫困户精准识别的刚性要求，只有在此要求的基础之上开展扶贫工作才能真正落实精准扶贫工作要求，打赢脱贫攻坚战。石门县在总结以往扶贫开发建档立卡工作经验的基础上，创新工作模式，推进"精准识别"工作。

"进村过梳子、入户过篦子。"是石门县精准识别的"独门绝技"和"拿手好戏"，就是像用梳子、篦子梳头发一样，做到村不漏组、组不漏户、户不漏人，核准每一个贫困对象的真实情况。在开展精准识别工作过程中，石门县重点开展以下工作：一是落实"五查五核"工作要求。组织乡镇干部、驻村工作队干部和结对帮扶责任人进村入户，开展贫困对象拉

---

① 《习近平：在深度贫困地区脱贫攻坚座谈会上的讲话》，http://www.xinhuanet.com/politics/2017-08/31/c_1121580205.htm，2017 年 8 月 31 日。

网式普查，做到"五查五核"，即查户口簿，核人户信息是否一致；查三保障，核是否有错退漏评；查农户诉求，核政策是否落实到位；查产业发展，核是否有稳定收入保障；查帮扶举措，核群众是否认可满意。二是推行"十看工作法"。一个村、一个户到底穷不穷，没有绝对的标准；干部如何开展帮扶，各有各的办法。石门县扶贫干部在实际工作中总结出了一套识贫帮困"十看工作法"，在精准识贫、精准施策、精准帮扶上都行之有效。

2. 加大就业扶贫力度，落实"八个一"工作制度

促进农村贫困人口转移就业，帮助贫困人口通过就业获得收入，既是脱贫重要途径之一，也是打赢脱贫攻坚战的重要任务。实现就业，获得就业报酬是帮助贫困人口实现持续稳定脱贫的重要手段。石门县坚决以习近平总书记关于扶贫工作的重要论述为指导，贯彻落实中央和省委关于脱贫攻坚工作系列决策部署，把就业扶贫作为脱贫攻坚的根本之策，探索出了一条富有石门特色的就业扶贫新路子。

为将就业扶贫工作全面落实，石门县通过认真讨论研究，创新了"八个一"的工作制度。即制订一套翔实工作方案，确定劳务协作脱贫"大盘子"；健全一套人员基础信息台账，形成劳动力资源"大数据"；制作一张扶贫政策明白卡，推进扶贫政策"大公开"；完善一套政策性补助补贴操作规程，建立补助补贴"大流程"；发表一封联络公开信，促进感情"大沟通"；开展一次分散性岗位就业专项行动，实施贫困劳动力"大安置"；推进一轮贫困劳动力技能培训，形成培训"大联动"；形成一个转移就业高潮，实现转移就业考核"大目标"。通过落实"八个一"工作制度，石门县摸清了贫困劳动力底数，明确了贫困人口转移就业的方向，提升了贫困人口的就业技能，建立了贫困人口就业精准施策的工作机制，实现了贫困劳动力转移就业的目标任务，取得了显著成效。

3.创新产业扶贫模式，助力群众脱贫致富

发展产业是实现脱贫的根本之策，是精准扶贫变"输血"为"造血"的关键环节，也是带动贫困户发展产业、获得收益、实现脱贫最有力的帮扶措施。近年来，石门县坚持把产业扶贫作为精准扶贫的核心抓手，以"村有主导产业，户有增收门路"为目标，帮助贫困人口拔"穷根"、甩"穷帽"，全县发展农业产业带动64640名贫困人口脱贫、人均增收600元以上。

一是立足资源和市场两个基本要素，高水平规划产业布局，根据现有产业基础、县域资源条件和外在市场需求在贫困地区广泛布局了一系列特色产业，切实提高了扶贫产业发展的针对性和实效性。二是充分发挥政策、资金在产业发展中的引导、扶持、激励作用，用活政策和资金两个激励手段，多方位激发生产动力。三是积极引导和支持龙头企业、专业合作社、家庭农场等新型农业经营主体，与贫困农户建立稳定的利益联结机制，带动贫困农户脱贫增收。四是全力做好"产""销"两篇文章，紧盯生产和销售两个关键环节，全过程保障群众收益。石门县从以上四个方面创新产业扶贫模式，建立利益联结机制，让贫困群众在发展产业上有路子、有动力、能创收。

4.加强资金整合，为脱贫攻坚提供坚强后盾

"兵马未动，粮草先行。"脱贫攻坚，资金投入是保障。必须坚持发挥政府投入主体和主导作用，增加金融资金对脱贫攻坚的投放，发挥资本市场支持贫困地区发展作用，吸引社会资金广泛参与脱贫攻坚，形成脱贫攻坚资金多渠道、多样化投入。此外，扶贫资金量大、面广、点多、线长，监管难度大，社会各方面关注度高。因此在增加资金投入的同时，也要确保扶贫投入同脱贫攻坚目标任务相适应。同时加强资金整合，理顺涉农资金管理体系，确保整合资金围绕脱贫攻坚项目精准使用，提高使用效率和效益。

石门县坚持把可用的财力都用在脱贫攻坚上，举全县之力保障脱贫投入。通过"财政筹措一批、整合项目一批、社会捐助一批"，保证扶贫资金投入。2014—2020 年，全县共整合投入扶贫资金 54 亿多元，实施扶贫项目 8049 个。同时发动企业、社会团体、个人参与，每年募集 3000 万元以上。以产业扶贫为例，石门县通过多种渠道筹措资金。一是建立产业基金引导生产。2016—2020 年，石门县在全县各村（社区）都建立了不少于 20 万元产业发展扶持基金，来引导村（居）发展特色产业。二是多方筹措资金奖励生产。在产业基金引导的基础上，石门县又积极动员后盾单位采取以奖代补的方式，对群众发展传统种养业进行奖励。多种养者多奖励，少种养者少奖励，不种养者不奖励，激活广大贫困户勤劳脱贫的内生动力。三是用足金融政策支持生产。对有劳动能力、有致富愿望、缺乏生产资金的贫困群众，通过金融政策进行重点扶持。石门县在资金投入方面既坚持政府的主导地位，又充分发挥了市场和社会的作用，为脱贫攻坚提供了坚强的后盾。

（三）扶贫扶志，助推脱贫攻坚质量提升

习近平总书记强调："要激发贫困人口内生动力，把扶贫与扶志、扶智结合起来，把救急纾困和内生脱贫结合起来，把发展短平快项目和培育特色产业结合起来，变输血为造血，实现可持续稳固脱贫。"[1] 从马克思主义辩证唯物主义内因与外因关系来说，精准脱贫是"事物发展变化"本身，扶贫政策、经济物质是"外因"，贫困人口内生动力是"内因"。[2] 摆脱贫困重视"外因"的同时，更要重视"内因"，"内生动力"是解决脱贫

---

[1]　中共中央党史和文献研究院：《习近平扶贫论述摘编》，中央文献出版社 2018 年版。

[2]　赵超：《精准脱贫的核心在于激发内生动力》，http://opinion.people.com.cn/n1/2018/0105/c1003-29747915.html，2018 年 01 月 05 日。

的根本，是政策、帮扶能够起到长期作用的关键。石门县在扶志扶智方面积极探索，认真研究总结出了一套契合实际的扶志扶智工作机制。

1. 加强扶贫扶志，激发内生动力

石门县深入开展形式多样的宣传引导，提高贫困群众的思想认识，改变贫困地区群众的思想观念，帮助贫困群众树立脱贫信心。让群众感受到党和政府"真扶贫""扶真贫"与坚决打赢脱贫攻坚战的信心和决心。石门县组织开展科技文化信息"三下乡"、发展产业"大竞赛"等活动，树立"脱贫光荣"的鲜明导向，充分发挥贫困群众的脱贫主体作用。坚持典型示范引领，鼓励扶持致富带头人因地制宜发展致富项目，广泛组织开展树典型、学标兵活动，积极倡导群众发扬自力更生、艰苦奋斗、勤劳致富的精神。

2. 推进移风易俗，建设文明乡风

石门县鼓励各村镇结合当地实际，采取农民喜闻乐见的形式，深化党的十九大精神、习近平新时代中国特色社会主义思想和社会主义核心价值观的宣传教育，深化爱国主义、集体主义、社会主义教育，深入开展文明村镇、文明家庭、最美家庭、星级文明农户和好公婆、好媳妇、好妯娌等评选活动，提升农民思想境界，提振精气神，激发他们勤劳致富的内生动力；旗帜鲜明地反对铺张浪费、反对大操大办、抵制封建迷信，下大力气推动移风易俗，刹人情歪风、治婚丧陋习、树文明新风；发挥村民议事会、红白理事会、村规民约的积极作用，约束攀比炫富、铺张浪费行为；重视农民的情感寄托，挖掘、传承优秀乡土文化，保护好、传承好、利用好物质文化遗产和非物质文化遗产。落实好送文化下乡活动，引导他们自发建立各类文化娱乐组织，做到以文惠民、以文乐民、以文育民，满足农民群众多样化的文化需求。

3. 弘扬先进事迹，合力脱贫攻坚

自脱贫攻坚战打响以来，石门县涌现出一大批先进典型，为脱贫攻坚工作凝聚了强大合力。河北石家庄党员王新法不远千里，到石门县南北镇薛家村义务扶贫，倒在了脱贫一线，他的事迹在全国广为传颂，被评为第六届全国道德模范，并被追授为"全国脱贫攻坚模范""全省扶贫楷模"。打响脱贫攻坚战以来，石门县已经有 3 名党员干部牺牲在脱贫攻坚一线。全县广大党员干部和群众被他们的感人事迹和崇高精神深深打动和激励，纷纷学习先进模范，干部变"要石门帮扶"为"石门要帮扶"，群众变"要石门脱贫"为"石门要脱贫"，凝聚起了打赢脱贫攻坚战的强大合力。

三、石门改革创新的经验与启示

（一）坚持"以人民为中心"的根本价值取向，树立人民至上的价值理念

习近平总书记指出，"小康不小康，关键看老乡，关键在贫困的老乡能不能脱贫。"[①] 习近平总书记进一步指出，"发展为了人民，这是马克思主义政治经济学的根本立场。"[②]

精准扶贫精准到个人也体现出"以人民为中心"，是新时代扶贫开发的根本价值取向。石门县秉承人民至上的扶贫理念，将始终"坚持人民主体地位"的内在要求贯彻落实到扶贫工作中。一方面，通过创新队伍建设机制，提升党员干部脱贫攻坚能力，将优秀干部下沉到乡村，把主要的人

---

① 秦豫：《不忘初心，坚决打赢脱贫攻坚这场硬仗》，http://opinion.people.com.cn/n1/2016/0719/c1003-28567314.html，2016 年 07 月 19 日。
② 中共中央党史和文献研究院：《习近平扶贫论述摘编》，中央文献出版社 2018 年版。

力物力资源集中到扶贫助贫一线，确保扶贫工作的落实，保障贫困群众的切实利益，为脱贫攻坚提供根本动力。另一方面，坚持"以人民为中心"的根本价值取向，把贫困户的脱贫致富放到第一位，开展县级领导包联、驻村工作队帮扶、党员干部结对帮联"三个全覆盖"行动，建立干部与群众"一对一"的联系机制，坚持用干部"脱皮"换取群众"脱贫"，用干部的"辛苦指数"换取群众的"幸福指数"，加强与群众联系，时刻关注群众生活，与群众紧密联系在一起，凝聚扶贫力量。

（二）创新脱贫路径，建立多维度帮扶机制，提高帮扶成效

在以人为本的基础上，石门县注重把创新的理念贯穿始终。在脱贫攻坚改革创新中，石门县认真研究，下足功夫，以产业扶贫、金融扶贫和就业扶贫为抓手，建立多维度帮扶机制，提高帮扶成效，为脱贫攻坚注入强大动力。一方面，石门县坚定加大产业扶贫投入，推动县域发展的创新脱贫路径，投入财政整合资金，安排产业发展扶贫奖励基金，通过以奖代投的方式鼓励引导贫困户发展产业，通过产业实现增收。同时将发展产业扶贫的着力点放在"以奖代投"和"农村合作社"上，通过深耕贫困户发展产业的各个环节，创新产业扶贫模式，建立带动能力强。贫困户受益大的利益联结机制，以产业扶贫为主要抓手，带动贫困户脱贫，同时推动县域经济加速发展。另一方面，在金融扶贫创新上，石门县坚持金融政策以人为本，凡是有贷款需求的客户，贷款比例高达100%，同时出台惠及民生和贫困户的金融政策，帮助扶贫户脱贫发展。此外，就业扶贫作为精准扶贫的重要措施，更是关系到贫困户的生存和发展。石门县积极整合教育、农业、移民、工会等部门培训资源，统筹开展有针对性的职业技能和实用性技术培训，全年共培训贫困劳动力近千人。对贫困家庭未继续升学的

"两后生"[①]开展厨艺、月嫂、B2驾照、电子商务订单式培训，实现毕业即就业。此外，针对无法离乡、无业可扶、无力脱贫的"三无"人员，创新就业扶贫模式，设立就业扶贫公益性岗位，开创"扶贫车间"，为充分落实贫困人口转移就业动足脑筋。针对山区生态环境脆弱的问题，坚持绿色发展理念，将转移就业与生态保护相结合，设立护林员、河管员等生态公益岗位，充分利用地区人力资源优势，实现脱贫道路上的绿色发展。

最后，石门县创新电商扶贫思路，搭建了互联网平台，通过下达硬指标，政府协助，各部门配合，开创了良好的电商运营局面。县电商公共服务中心位于石门县经济开发区天供社区居委会，目前县级电商服务体系建设良好。构建电子商务生态体系，包括两个园区："孵化园"和"创业园"；两个基地："再教育培训基地"和"物流仓储基地"；三个中心："电子商务县级运营中心""电子商务服务中心"和"农产品公共服务中心"。此外，石门县还建设了优良的电商扶贫支撑体。利用县委党校、县远程教育中心、各类职业学校等电商扶贫人才培训和实践基地，针对贫困村贫困人员开展多层次培训。石门县利用电商平台销售贫困户的农产品取得了良好的效果，全县网销呈现良好的发展势头，对全国各地贫困村发展具有借鉴意义。

（三）加强保障体系建设，坚持创新机制设计

石门县在脱贫攻坚工作中，坚持以民生为要点，切实保障人民群众的根本利益，将保障体系和民生兜底作为重点创新项目，加强建设石门县保障体系，巩固社会保障体系，稳固民生基础，坚持机制创新，保障脱贫事业稳步发展。在社会兜底方面，石门县及时将符合低保条件的建档立卡贫

[①] "两后生"即初中、高中毕业后未考取大中专院校，又不愿再复读的学生。

困人口纳入社会救助兜底保障，确保符合条件的对象实现互相纳入。将所有低保、兜底、特困人员、建档立卡贫困人口纳入了大病医疗救助、住院救助、门诊救助等医疗救助范围。在基础设施建设方面，石门县整合资金实施扶贫项目，解决农村公路窄改宽、安防设施、自然村通水泥路、农村饮水安全、农村电网改造等问题，在保障民生方面进行创新实践。在易地扶贫搬迁方面，石门县实施"一户一帮扶措施"，稳步推进搬迁群众的后续产业发展，让搬迁群众能够"搬得出、稳得住、能致富"。石门县高度重视易地扶贫搬迁工作，县委县政府领导亲自谋划、亲自推动，全面加强易地扶贫搬迁力量，全面完善易地扶贫搬迁体制机制，推动石门县易地扶贫搬迁工作扎实有效开展。石门县通过全新的易地搬迁强度和创新实践，为其他贫困地区易地搬迁提供了借鉴模板。

（四）大力推进健康扶贫，着重解决贫困人口"看病难"问题

习近平总书记指出，"全面建成小康社会，最艰巨最繁重的任务在农村，特别是在贫困地区。没有农村的小康，特别是没有贫困地区的小康，就没有全面建成小康社会。"[①] 石门县因病致贫、因病返贫的贫困人口占有较大比例，如果解决不了贫困人口看不起病、看不好病、看不上病的问题，脱贫攻坚战则很难打赢。石门县基于实际情况，投入大量资源开展健康扶贫工作，誓把"穷根"连根拔起。

石门县每个贫困村都建设了标准化卫生室，构筑了城乡居民基本医保、大病保险、扶贫特惠保、民政救助、定点医院减免、健康扶贫专项救助"六道医疗保障网"。落实了"一站式"结算和"先诊疗后付费"优质服务政策。落实了"三个一批"分类救治，开展了家庭医生签约服务。使

---

① 中共中央党史和文献研究院：《习近平扶贫论述摘编》，中央文献出版社 2018 年版。

贫困群众看得了病、看得起病、看得好病。此外，石门县狠抓健康扶贫创新改革，撑起生命"保护伞"，啃下因病致贫、因病返贫的"硬骨头"。"三个一批"行动计划是脱贫攻坚确定的精准扶贫方略在健康扶贫工程的具体体现，是践行习近平总书记"靶向治疗"的一项具体举措。实施健康扶贫工程"三个一批"行动计划，对患有大病和长期慢性病的农村贫困人口进行分类救治，能够帮助患者解除病痛，尽快恢复生活生产能力，帮助家庭甩掉疾病的沉重负担，帮助他们摆脱因病致贫、因贫病重的恶性循环困境，有效解决因病致贫、因病返贫问题，使整个家庭重新燃起生活的希望。对此，石门县采取了一系列措施，撑起石门人的健康保护伞。一是实施医联体建设提速工程和卫生人才提升工程，积极争取湖南省农村订单定向免费培养医学类本科学生项目和专科农村订单定向免费医学生招生计划数，为基层引进和培养"用得上、留得住"的卫生人才。二是优化医疗服务，开展"先诊疗后付费"服务、"一站式"结算服务、家庭医生签约服务，使贫困人口可以不交押金先看病，不出医院完成费用结算，同时享受村级医生定期巡诊和慢性病精准管理的家庭签约医生服务。

（五）注重阻断贫困代际传递，激发内生发展动力

马克思主义认为，人的主体性地位是改造世界的根本动力。人能够意识到自己主体性存在，而自觉主动地挖掘和发挥自己的内在本质力量和创造力去面对和解决自己的存在和发展的问题。只有充分发挥人的主观能动性，才能够更好地解决发展过程中所面临的各种难题。扶贫开发工作中采取的措施能充分激发贫困人群的发展动力和发展信心，充分调动其积极性、主动性和创造性。石门县在扶贫实践中，主要通过落实教育扶贫，阻断贫困代际传递和加强思想教育，组织职业技能提升培训，增加贫困人口人力资本积累两个途径激发贫困人口的内生发展动力。

一方面，石门县在扶贫创新上狠抓教育扶贫，结合"扶贫先扶志"、"扶志"与"扶智"双管齐下，从教育问题出发，以阻断贫困代际传递为抓手，保障贫困家庭子女完成义务教育，督促鼓励继续学习，提高其受教育程度，提高贫困家庭人力资本存量。一是全面落实扶贫助学政策，建立了从学前教育到大学的扶贫助学体系，控辍保学率达100%，全县无一例义务教育阶段因贫辍学情况。二是坚持问题导向，靶向施策，实现了脱贫攻坚与教育事业同发展、共进步。按照"四个不摘""四个只增不减"的要求，认真落实工作方案，采取有效措施，大力推进教育扶贫各项工作，确保教育扶贫成果得到巩固和提升。具体措施为进一步加强控辍保学。坚持开展"四包一"劝学复学行动，杜绝义务教育学生失学辍学；全面建成留守儿童工作站，开展系列关爱活动，确保贫困学生不因缺乏亲情而流失。三是进一步落实精准资助，健全学生资助网络，认真落实国家和本土资助政策，做大做强教育基金会，深入开展扶贫助学活动，做到家庭经济困难学生应助尽助，落实资助全覆盖。四是进一步改善办学条件，继续推进教育扶贫项目建设，逐步消除义务教育大班额。同时深入调研，合理规划城乡学校布局，逐步解决城区学校学位不足的难题，创建农村义务教育标准化学校，对一批农村中小学进行校园校舍改造建设。五是进一步推进人才强教，继续按照"退一进一"原则招聘教师，深化义务教育学校校长、教师轮岗交流，加大走教、支教、送教力度，加强对农村薄弱学校的师资支持。六是进一步强化技能培训。推进职业教育，做强做优湘北职专的优势专业；充分发挥县职教中心职能，积极开展技能培训，加强就业指导，落实好后帮后扶，实现贫困户稳定增收，确保已脱贫贫困人口不返贫。

另一方面，石门县进行深入开展思想教育和宣传工作，加强技能培训投入力度，鼓励科技文化信息技术向农村下沉，组织开展科技文化信息

"三下乡"，加强就业技能培训，提升贫困人口人力资本存量。同时发展产业"大竞赛"等活动，树立"脱贫光荣"的鲜明导向鼓励群众依靠自身能力，发挥自身优势，激活人民内生脱贫意愿和能力。此外，石门县推进移风易俗，建设文明乡风活动，组织举办符合社会主义核心价值观的文明评选活动，规范村规村约，整顿乡村风气，使得乡村面貌焕然一新。值得一提的是，石门县着力弘扬先进事迹，树立扶贫脱贫榜样，通过典型事例和先进事迹，激发群众士气，提升脱贫攻坚信心，通过道德模范、脱贫典型等榜样力量，凝聚起石门县打赢脱贫攻坚战的强大合力。

（六）布局长远，脱贫攻坚与乡村振兴相结合，"扶"出美丽乡村

石门县扶贫创新工作的"新"还体现在工作具有前瞻性，不仅考虑到当前进行扶贫攻坚的工作，更考虑到乡村振兴和地区长远发展的规划，将脱贫攻坚与乡村振兴有效结合在一起，"扶"出具有代表性的美丽乡村。石门县山羊冲村就是这一创新做法的典型案例。山羊冲村位于石门县三圣乡西北部，是一个自然条件恶劣、人户分散、人多地少、人均纯收入低的典型山区贫困村，北高南低，有五分之二的地方属于石漠化地区，其余的属于石灰岩地区。制约山羊冲村发展的主要是交通和产业，但由于缺资金、缺项目，区域性贫困一直未得到缓解，为了改变这一现状，乡党委和村委会结合该村实际、整合优势资源大力改善村级基础设施建设和公共服务条件，加强乡风文明建设，成立了汉唐生态农业有限公司推动产业扶贫发展。经过创新发展和不懈努力，山羊冲村农民实现六创收，成为石门县脱贫致富的典型案例，为贫困地区开展乡村振兴和脱贫攻坚提供了建设蓝本。

第六章 | 探索产业精准扶贫新机制

产业扶贫是一种建立在产业发展和扶持基础上的能力建设扶贫模式，目标在于解决贫困农户独立发展产业能力弱的问题。产业扶贫通过扶持经营主体发展产业，促进贫困地区产业的升级，并要求经营主体与贫困户之间构建利益联结机制，使贫困户能够进入由新型经营主体主导的产业链体系中，从而实现既稳定贫困户增收，又提高贫困人口自我发展能力的目标。

党的十八大以来，产业扶贫方式越来越受到重视。在中央布局的脱贫攻坚战"五个一批"工程中，产业扶贫是处于第一位的工程。发展产业是实现脱贫的根本之策，要激活脱贫致富内生动力，关键和基础举措是要发展好产业，没有产业，没有经济上的稳定后续来源，就没有真正意义上的脱贫。自实施精准扶贫战略以来，产业扶贫更加注重对贫困人口的精确瞄准，更加强调贫困家庭从产业发展中受益。习近平总书记在宁夏考察时明确指出："发展产业是实现脱贫的根本之策。要因地制宜，把培育产业作为推动脱贫攻坚的根本出路。"脱贫攻坚，外界的推动作用是必不可少的，但外在的推动力不可能永远不变。这就需要把外在的推动力转化为内生动力，提高贫困地区自我发展能力和自我"造血"能力，才能保证脱贫效果的可持续性，保障贫困地区和贫困人口真脱贫、脱真贫、不返贫。其中的关键就是搞好产业扶贫。

"产业扶贫是稳定脱贫的根本之策。"[1] 2018 年 2 月，习近平总书记在打好精准脱贫攻坚战座谈会上的讲话中，开宗明义强调"精准"，直面"问题"——"但现在大部分地区产业扶贫措施比较重视短平快，考虑长期效益、稳定增收不够，很难做到长期有效。如何巩固脱贫成效，实现脱贫效果的可持续性，是打好脱贫攻坚战必须正视和解决好的重要问题"[2]。全国各地开展了一系列的产业扶贫模式的探索，以具有竞争力和可持续性的商业模式，尽可能地让贫困人口成为财富的创造者。湖南省石门县坚持把产业扶贫作为精准扶贫的核心抓手，以"村有主导产业，户有增收门路"为目标，培育了一批经营主体，帮助贫困人口发展产业，使其彻底拔掉"穷根"、甩掉"穷帽"。在一系列措施下，石门县通过发展农业产业，带动 6.5 万名贫困人口脱贫、人均增收 600 元以上，走出了一条具有石门特色的产业精准扶贫之路。

一、石门产业扶贫的历程与现状

产业扶贫是通过产业的培育、发展和壮大，来实现带动贫困地区群众脱贫致富的最行之有效的方法，从长远角度来看，其意义非常重大。石门县产业扶贫从弱到强，经历了全面铺开阶段（2014—2015 年）、深入推进阶段（2016—2017 年）和巩固提升阶段（2018—2020 年）三个阶段，在此过程中石门县不断拓展思路，加大扶贫产业模式创新，帮助贫困群众增收致富。

---

[1][2]　中共中央党史和文献研究院：《习近平扶贫论述摘编》，中央文献出版社 2018 年版。

（一）全面铺开阶段：2014—2015 年

石门县从 2014 年开始以推进重点产业项目和金融产业扶贫两大措施全面启动产业扶贫。2014 年，石门县以茶叶为主导，辅以其他经济作物，大力实施产业扶贫项目。其中，一方面，遵循"资金跟着穷人走、穷人跟着能人走、能人跟着产业走、产业跟着市场走"的思路，扶持了 38 个茶叶主产村和 50 家大、中型茶叶加工企业，覆盖贫困人口 6230 人。另一方面，整合各类资金，提供资金保障，当年石门县整合扶贫贴息资金和直补资金共 993.8 万元，还整合相关单位非产业项目发展资金 2000 多万元。2014 年，石门县在贫困村新发展、改造茶叶 6500 亩，种植烤烟 4370亩，种植油茶 2100 亩，改造橘园 21168 亩，发展核桃 1250 亩，发展家畜13700 多头，发展家禽 35000 多羽，帮助贫困群众人均增收 500 元以上。

2015 年 10 月 16 日，习近平总书记在减贫与发展高层论坛上首次提出"五个一批"的脱贫措施，为打通脱贫"最后一公里"开出破题药方。石门县以此为契机，把大力推进产业扶贫作为"发展生产脱贫一批"的重要抓手，加大了产业扶贫力度，以金融扶贫和重点产业扶贫为主要抓手，全年共投入财政和金融资金 3946 万元，推动了扶贫产业快速发展。一是实施金融扶贫。石门县充分发挥"政府牵引力、金融部门主力、政府部门助力、贫困群众内力"的"四轮驱动"作用，推进扶贫小额信用贷款。利用县财政配套 300 万元的风险补偿金，发放贷款 2541 万元。同时与中国扶贫基金会合作，成立了中和农信石门农户自立服务社，拓宽信贷渠道，为贫困农户提供免抵押免担保的小额贷款，共发放贷款 1500 万元，惠及农户 349 户。二是发展重点产业扶贫。石门县采取委托帮扶的方式，扶持龙头企业来发展扶贫产业。县扶贫办、县财政局委托湖南省壶瓶山茶业有限公司和石门县天顺茶业有限公司实施重点产业，将省扶贫办、省财政厅下达的 300 万元扶持资金作为企业前期投入周转金投资给这两家公司，每家公司各投入 150 万元，两家公司在产业基地内支持贫困对象发展生产。该项目覆盖 5 个乡镇 12 个行政村 709 户，共帮助 2046 名贫困人口增收脱贫。

（二）深入推进阶段：2016—2017 年

从 2016 年开始，石门县围绕脱贫摘帽的目标和标准，以"悠悠万事、脱贫为大"的决心，采取了一系列超常规措施，全力开展精准扶贫、精准脱贫。在产业扶贫方面，树立村有主导产业、户有增收门路的工作目标，不断创新工作思路，扎实推进产业扶贫。具体工作包含以下三个方面。

一是建立产业扶贫协调机构，统揽产业发展。石门县在全县脱贫攻坚指挥部的领导下，成立了产业扶贫分指挥部，以贯彻落实中央、省、市关于打赢脱贫攻坚战系列部署，切实加强农业产业精准扶贫的统筹协调力度。

二是编制县级产业精准扶贫规划，明确发展方向。石门县按照《湖南省农业委员会湖南省扶贫工作办公室　关于做好县级产业精准扶贫规划编制工作的通知》及省农委产业精准扶贫规划编制专项会议要求，成立了领导小组，组长由主管农业的副县长担任，成员单位有农业局、财政局、发改局、扶贫办、柑橘办、茶叶办、林业局、统计局、商务粮食局、供销社等 12 个部门，共同组织完成了《石门县 2016—2020 年产业精准扶贫规划》编制工作，为产业发展布局明确了方向。

三是整合多方资金，扩大产业扶贫覆盖范围。2016—2017 年，石门县整合使用财政资金 13195.9 万元，投入产业范围拓展到柑橘、茶叶、蔬菜、烟叶、畜牧养殖、林下经济、集体经济（入股分红、光伏发电）等产业，受益的贫困户数量明显增长。其中柑橘、茶叶、蔬菜、烟叶、畜牧养殖、林下经济项目直接带动建档立卡贫困人口 70047 人（次）增收，创产值 14993.32 万元，人均增收 2140 元，入股分红和光伏发电两种形式的集体经济每年可创产值 1041.5 万元，村（居）平均集体经济收入 4 万元左右。

（三）巩固提升阶段：2018—2020 年

为巩固脱贫成果，石门县在实现脱贫摘帽之后，仍然保持产业扶持力度不减。一是提前制订规划，不断加大产业扶贫投入，推进后帮后扶。石门县编制 2018—2020 年产业扶贫巩固提升规划和 2018 年产业扶贫年度实施方案，全力部署产业扶贫工作；2018—2020 年，石门县共投入财政整合资金 2.75 亿元用于产业扶贫，其中在 331 个村安排每村 20 万元产业发展扶贫奖励基金，促进产业扶贫持续发展。二是通过以奖代投鼓励引导贫困户发展产业，带动了 16565 户贫困户通过产业增收。三是石门县积极引导龙头企业、专业合作社、家庭农场等新型经营主体构建稳定的利益联结机制，带动贫困户发展产业。全县 122 个贫困村都建立了 1 个以上的专业合作社，与 20658 个有产业发展能力和意愿的贫困户建立了利益联结机制。继续实施重点产业项目扶贫，与 100 家有实力的龙头企业或专业合作社签订重点产业扶贫帮扶协议，投入资金 500 万元发展柑橘、茶叶、蜂业等重点产业，帮扶带动贫困人口 3000 人，受益年限不少于 3 年，人均可增收 500 元以上。

二、石门产业扶贫的主要做法

作为国家武陵山片区区域发展与扶贫攻坚试点县，石门县坚持把发展产业作为贫困群众稳定增收、实现致富奔小康的根本之策和长远之计，通过不断加强组织领导与规划指引、全方位布局产业扶贫工作、聚合各类资源要素、培育新型农业经营主体、搭建帮扶与销售服务平台、组织各类产业发展技能培训、不断扩大农业覆盖范围，成功拓展了产业路径，实现了所有贫困村产业全覆盖，走出了一条由"输血"到"造血"的产业扶贫路子。

（一）加强组织领导与规划指引

1. 加强组织领导，建立健全产业扶贫组织体系

石门县为强化产业扶贫的组织协调，建立产业扶贫指挥部，配备了专职人员，加强对农业产业精准扶贫的组织保障。产业扶贫指挥部由分管农业的副县长任指挥长，县农业局、财政局、畜牧水产局、林业局、水利局、商务粮食局、烟草局、市场和质量监管局、环保局、农投公司、邮政石门支公司为成员单位。领导小组办公室设在县农业局，农业局长兼任办公室主任，各成员单位相关班子成员任办公室副主任，并从农业局、林业局、畜牧局抽调 4 名干部充实到产业扶贫分指挥部办公室，负责产业建设统筹协调、指导督查、资料统计、数据分析等工作。各乡镇区、街道办、农林场均相应成立了产业扶贫工作班子，并明确农技站、林业站、畜牧站、经管站负责人为成员，安排了专门办公场地。为此，全县上下形成了统一协调、高效运转的产业扶贫组织保障体系，有力地推进产业扶贫工作进展。

2. 加大产业扶贫规划指引

石门县制定《2016—2020 年产业精准扶贫规划》（以下简称《规划》），明确发展目标，以《规划》为纲领布局全县扶贫产业。围绕到 2020 年全县实现扶贫对象"两不愁三保障"全面脱贫、全面建成小康社会的总体要求，提出特色优势主导产业体系基本形成、贫困地区自我发展能力显著增

强、贫困户户均有一项稳定增收产业的目标。《规划》提出：要扶持发展以柑橘、茶叶、林下经济、养殖、休闲旅游为主的产业；拓展产业业态，发展特色农家乐17家；特色优势产业对贫困村覆盖率达到90%以上，对低收入人口的带动达到95%以上；产业扶贫使贫困人口人均增收3200元以上；扶贫产业总产值达到7.95亿元。这些具有长远考量的规划为扶贫产业的可持续发展提供了保障。

（二）全方位布局产业扶贫工作

1.产业地域分布上实现全覆盖

石门县地势北高南低，地形地貌复杂。根据地形特点，石门县在培育扶贫产业上始终坚持因地制宜，通过合理规划，重点发展了柑橘、茶叶、烟叶、蔬菜、香猪、土鸡、牛羊、特色养殖、林业、三产业（电商、光伏、旅游）十大扶贫产业。在东南部平丘区重点发展柑橘、土鸡规模养殖等产业，在西北高山区重点发展茶叶、蔬菜、烟叶、牛羊、土鸡散养等产业，在中部丘陵区重点发展林下经济、香猪、岩蛙、蜜蜂等产业，形成了"东南西北中、村村有产业"的无缝覆盖式产业发展格局。在布局上，已经形成规模的柑橘、茶叶、养殖等支柱产业向贫困地区拓展。并且，优先在贫困地区布局光伏发电、乡村旅游等一批新兴产业，拓宽贫困群众致富渠道。

2.产业品类布局上走向全方位

石门县结合山区地理条件和气候特点，在贫困地区分散发展一批"小而优"的特色产业，并且在培育壮大种植业、养殖业、林下经济等传统主导产业的同时，注重发展光伏、电商、乡村旅游新兴产业，形成了相互补充、品类齐全的产业体系。一是稳步推进光伏扶贫，结合省、市推进光伏扶贫的优惠政策，在贫困村大力实施光伏发电项目。石门县光伏扶贫电站建设任务涉及 13 个乡镇、2 个农林场共 62 个村（居），每村装机 60 千瓦，总装机 3910 千瓦，总投资额 3308 万元，64 座光伏扶贫电站全面建成并网发电，受益贫困人口 7520 人。二是大力推进电商产业。通过完善电商的基础设施，帮助本地农产品更便捷地进入市场，全县建立电商服务网点 304 个，贫困村的网点覆盖率达 100%，创办电商扶贫培训基地 3 个，从业人员 800 多人。近 5 年来，柑橘、茶叶、土鸡、大蒜油、山茶油等 30 多种本地特色品牌产品，在网上销售额达 14.7 亿元。三是快速发展乡村旅游。乡村旅游年接待游客人次从 2014 年的 97 万人次上升到 2020 年的 398.01 万人次，占全县旅游接待人次的 60.7%，综合收入从 2014 年的 8.7 亿元上升到 2020 年的 33.54 亿元，占全县旅游综合收入的 58.5%，旅游扶贫带动脱贫 3022 户 10576 人，占本地脱贫总人数的 14.7%。

3. 产业结构优化上趋于全链条

石门县在做大产业种养规模的同时，加快推进产业向深加工方向发展，以提高农产品附加值，让贫困户能够进入农产品加工环节、流通环节，从而提高收入。截至 2020 年，全县各类农产品加工企业达到 949 家，其中柑橘打蜡加工厂 73 家，干茶加工厂 300 余家。石门县的男女老少，只要具有一定劳动能力，都可以在当地柑橘打蜡加工厂、干茶加工厂或其他农业企业务工。据统计，全县每年有近万名贫困人口在本地实现季节性的短期就业，收入不断增加。

（三）聚合各类资源要素

1. 盘活贫困户承包土地资源

贫困户原本的土地资源利用效率较低，产出不高。石门县通过将贫困户土地流转给新型农业经营主体，实行产业规模经营。贫困户获得土地经营权出让补偿资金或入股分红收入，实现资源变资金，获取了财产性收入。石门县在 122 个贫困村建立了种养专业合作社,合作社在贫困村的覆盖率达到 100%,流转贫困农户土地 3.33 万亩,受益贫困人口 14791 人。如位于蒙泉镇的丰瑞乐家庭农场是湖南省首家成功注册的家庭农场,近几年先后接受该镇潘家铺、孙家嘴、上午通等行政村(居)352 户村民正式流转租赁 1863.4 亩土地,一大批贫困户劳动力被农场聘请为年薪工人或季节性零工,并参加入股分红。

2. 整合项目资源

在以往产业扶贫中,大多由政府主导实施,以行政推动农民全力发展一项产业。这些产业往往由于与市场脱节,生产的产品与市场销售之间存在问题,加之产前、产中、产后配套服务不到位,其产业发展达不到预期的规模和产品质量要求。一些政府采取行政手段,违背经济规律,指定或责成企业扶持产业发展,摊派带动贫困户任务,有可能造成部分小微企业经营亏损而难以为继。而农业龙头企业需要大量产品和原材料,其市场潜力较好,因为缺乏实力建立产品基地,发展产业缺乏政策和资金支持,制约了企业发展。银信部门又缺乏较好的投资渠道,或者担心投资难以收回。

石门县针对上述产业扶贫发展中遇到的困难,不断创新扶贫机制,形成"政府 + 龙头企业 + 银信 + 农户"模式,整合了各类主体的项目资源。该模式以龙头企业为主体,根据市场需求发展相关产业,整合财政资金 1.3 亿元用于产业扶贫项目,重点投入柑橘、茶叶、蔬菜、烟叶、畜牧养殖、林下经济、集体经济(入股分红、光伏发电)等产业项目。石门农村商业银行为企业和农户提供所需资金贷款支持,政府产业扶贫部门提供一定的资金扶持并发挥协调助力作用,从而保证企业具有稳定的产品供应链,并且为消费者提供健康、安全的农产品,确保农产品使用安全。企业通过规范经营取得收益,还能保证贷款资金回收,获得良好信用评价,从而激发农户、企业和银信部门三方的积极性，满足了解决过去产业扶贫存在的多重矛盾和现实需求。如石门县雁池乡韦家湾村在产业扶贫财政项目资金的扶持下，村里的茶园从五年前的500亩扩大到目前的3000亩，人均收入从不到3000元增长到10000多元，133户414人依托茶叶产业脱贫致富，实现了整村脱贫摘帽。

3. 放活金融信贷资源

石门县利用金融扶贫政策，确定"搭建平台，主抓产业，政策跟进"的工作思路，多渠道增加对贫困地区和贫困人口的信贷投入，不断创新信贷帮扶模式，支持柑橘、茶叶、蔬菜等农业种植和土鸡、香猪、岩蛙等特色养殖业发展，促进金融精准扶贫贷款稳步增长。

其一，加大产业扶贫贷款投放力度。石门县针对"四有两好一项目"（有劳动能力、有致富愿望、有贷款意愿、有收入保障，遵纪守法好、信用观念好，参与产业扶贫开发或自主选择较好的小型生产经营项目）的贫困农户，主要采取三种模式进行帮扶：一是"直接帮扶"式。对有劳动能力、有致富愿望且有一定产业基础的贫困群众采取直接发放贴息贷款扶持。如维新镇崔家井村贫困户龚玉朋下肢严重瘫痪，但有竹篾加工手艺。通过给予信贷支持，帮助他在维新集镇设立销售网点，该户已如期脱贫。新铺镇岳家棚村55岁的贫困户程远山，当地农商行给其贷款5万元，用于修建鸭舍，养殖肉鸭，鸭子出栏后成功实现脱贫。二是"委托帮扶"式。石门县针对劳动力少、经济基础差的贫困农户，实施"新型农业经营主体＋贫困农户"模式。2016年以来，石门县从全县109个家庭农场、255个专业合作社、31个市级以上农业产业化龙头企业中筛选100个新型农业经营主体进行帮扶，发放贷款3000万元，带动3000户贫困农户增收受益。如当地农商行为二都街道秋兰家庭农场提供100万元贴息贷款，并签订委托帮扶协议，带动42户贫困农户脱贫。三是"捆绑帮扶"式。贫困农户以申请获得的扶贫贷款入股，参与企业或基地生产，贫困户获取一定比例的分红，实现企业和贫困农户的利益捆绑。

其二，推进扶贫小额信贷投放。2014年以来，石门县共发放扶贫小额贷款4.36亿元，共惠及贫困户1.46万户，有贷款需求的贫困户获取贷款比例达到100%，其中，2015年发放贷款3032万元，惠及贫困群众774户。2016年发放贷款13591万元，惠及贫困群众6125户。2017年发放贷款10987万元，惠及贫困群众4643户。2018年发放贷款1214.13万元，惠及贫困群众327户。2019年发放贷款3831.23万元，惠及贫困群众888户。2020年发放贷款11000万元，惠及贫困群众2504户。截至2020年末，石门县全县建档立卡贫困农户扶贫小额信贷覆盖面达100%，户均贷款3万元。

其三，完善金融服务基础设施。金融服务基础设施是农村金融的短板，为此，石门县大力推动金融扶贫服务站、助农取款服务站、农村电商服务站"三站合一"，为贫困群众提供全方位的金融服务。2018年，石门县人行、县扶贫办和县商务粮食局加强部门的配合与协调，三方派员带领承办方银行、电商企业、邮政局，赴贫困村选点、安装设备、督查、验收，完成122个贫困村金融扶贫服务站、助农取款服务站、农村电商服务站"三站合一"，实现了贫困村全覆盖。

4. 设立产业基金，激发贫困户内生动力

单一的给钱给物容易导致贫困户产生"等靠要"思想。要实现稳定脱贫，需要提高贫困户的自我发展能力。石门县通过设立产业基金，以奖代补，以奖促勤，促使贫困户发展产业，而不是坐等分红。从2016年起，石门县在331个村（居）都建立了20万元的村级精准帮扶专项资金，通过以奖代补，扶贫不扶懒，对贫困户自主发展产业给予帮扶。2018—2020年继续在每个村建立20万元的产业发展扶持奖励基金，大部分用于奖励扶持贫困户发展产业，少部分资金可以扩大用于奖励非贫困户发展产业。通过产业基金以奖代补，激发了贫困户内生活力，增强了贫困户的"造血"能力及自我发展能力，体现了可持续发展的理念。石门县五年的实践形成了村村有主导产业、户户有增收门路的脱贫新格局。如雁池乡大路口村贫困户覃事福，因病丧失劳动力，在产业基金扶持下，开始进行岩蛙养殖，2016年产值就达8万多元，两年实现脱贫。覃事福还进一步扩大了岩蛙养殖规模，吸纳16户村民入股，带动其他贫困户一起勤劳致富。

（四）培育新型农业经营主体

石门县积极支持专业合作社、家庭农场、种植大户发展适度规模经营，推进农业产业标准化基地建设，出台一系列优惠政策，鼓励引导龙头企业、专业合作社、家庭农场等新型农业经营主体带动贫困户通过发展产业脱贫增收，建立稳定的利益联结机制，在千家万户的"小生产"与复杂多变的"大市场"之间架起了桥梁，最大限度降低了市场风险，让贫困户实现"旱涝保收"。

（五）构建帮扶与销售服务平台

1. 搭建帮扶桥梁

一是实施结对帮扶。石门县为解决贫困农户能力弱而不能发展产业的问题，建立了结对帮扶机制，引入外部力量帮助贫困农户发展产业。帮扶工作队和结对帮扶人的主要职责就是根据所帮扶对象实际情况，帮助他们制订切实可行的产业发展计划，既包括短期增收项目，也包括长期发展规划，为贫困户的产业脱贫之计"把好脉、开好方"。截至2020年，全县共有125家县直、县管单位参与扶贫，省、市、县、乡共选派驻村帮扶工作队331支驻村工作队员729人，安排结对帮扶责任人10526名，所有建档立卡贫困户均有党员干部结对帮扶。

二是积极动员社会力量参与产业扶贫。产业发展需要借助市场力量。为此，石门县动员引导各类社会组织积极参与产业扶贫。其中有29家工商企业直接参与脱贫攻坚，帮助建档立卡贫困户682户2089人，人均年增收612元；有11个营销大户直接参与脱贫攻坚，通过带动贫困户进行农产品营销，帮助建档立卡贫困户217户604人，人均年增收2025元；有54个种养大户直接参与脱贫攻坚，通过带动生产、带动务工、带动加工等方式，帮助建档立卡贫困户843户2290人，人均年增收1324元。如湖南壶瓶山茶业有限公司是石门县茶叶行业唯一的省级农业产业化龙头企业，积极响应政府号召，采取"公司＋基地＋农户"的方式，引导和支持壶瓶山及周边茶农集中连片种植产量更大、品质更优的茶树品种，茶叶基地覆盖石门县13个乡镇10个行政村，涉及茶农3万多人，给当地茶农带来了成倍增长的经济效益。同时安排就业220余人，其中建档立卡扶贫对象56人，农村剩余劳动力164人。针对劳动能力弱、技术水平低的贫困户，公司还通过与农商银行合作，对77户贫困农户实行金融贷款分红帮扶。

2. 建立内供外销的销售渠道

石门县大力提倡"石门产品石门用，本土产品本土销"。鼓励引导城区的农贸市场、超市等与贫困山区或群众建立对销关系。倡导各后盾单位和帮扶责任人在农产品采购时予以"优先考虑"。此外，石门县大力发展电子商务。通过网店和微店等让绿色、特色农产品走出大山，变山货为"网货"。2017—2019年，柑橘、茶叶、山茶油等30多种本地产品网销额达14.7亿元。石门县以电商促进产业扶贫并取得良好效果，得益于以下四个方面。

一是制订电商发展规划。石门县高度重视电商扶贫工作，先后出台了《石门县电子商务产业发展规划（2016—2020年）》《石门县电子商务扶贫专项实施方案》《石门县电子商务扶贫工作发展规划（2016—2020 年）》和《石门县电子商务万人培训实施方案》等文件，制订了电商行业及电商扶贫等工作的中长期规划。对 122 个贫困村实行金融扶贫、电商扶贫、"三站融合"。将基本达到贫困家庭能够就地取款、就地办店、就地销售农产品作为电商扶贫工作的目标，以做到不让一个贫困户掉队、"漏网"。

二是搭建电商服务保障平台。一方面，不断加大电商扶贫投入力度。石门县以推进电子商务进农村综合示范县项目建设为契机，累计投入资金5000 多万元，先后建成了电子商务公共服务中心和县级物流快递智能分拣中心，已入驻电商企业 25 家。同时，投入 500 多万元，建成乡村服务站点 304 个，其中 122 个贫困村实现全覆盖。构建电商物流体系。石门县在东城区投资 6.2 亿元，建成了吞吐量达 11.6 亿吨、产值达 134 亿元的物流园，引入了"四通一达""顺丰"等快递公司 22 家，引入联邦物流、纵横物流、利安物流等货运公司 25 家，全县物流已实现乡乡通，日均收货量超 10 万件，派件量达 9 万件。另一方面，大力开展电商培训。全县共建了 3 个电商扶贫人才培训和实践基地，共培训村级信息操作员 300 多名，培训村干部 500 多人，培训电商人员 5000 人次，实现了电商扶贫管理人员和从业人员培训无盲区。

三是积极培育"互联网 +"模式。一方面，扶持发展电商企业。通过培育胡立志等 18 家电商扶贫示范网店，带动了 3000 多个贫困户脱贫；先后与京东、农村淘宝、邮乐购等多家电商大平台合作，为全县农产品营销搭建了平台。在县级公共服务中心建设了电商扶贫特产专区，入园电商企业帮助贫困村销售特色产品。另一方面，建立"电商 + 农产品 + 贫困户"经营模式。推广湖南电商扶贫小店进村入户，经过广泛宣传发动，全县共开设扶贫小店 4715 个，其中贫困户 600 个。培植柑橘、蜂蜜、巴马香猪等农民专业合作社 200 多家，带动贫困户参与创业就业。

四是不断打造地方特色产业品牌。一方面，做大做强传统品牌，同时积极打造特色品牌。目前在网上销售的石门柑橘、石门银峰、石门土鸡等特色传统产品已达到 80 多种，形成了 31 个种植生产基地、35 个加工包装基地，制定了农特产品生产加工标准 58 种。打造了"荣誉村长""九品福土家大礼包"等线上公共品牌，促进石门农特产品线上影响力不断提升。另一方面，积极组织"一县一品"推广活动。举办了 2018 首届湖南石门"一县一品"电商扶贫柑橘创意网销大赛活动，共有 50 多家电商企业、120 多名电商创业个人参与，共网销柑橘 1.6 亿元，其中共有 10 多家企业帮助贫困户 150 多户网销柑橘 38 万元，贫困户户均增收 1200 多元。

（六）加强产业发展技能培训

2014 年以来，全县共开展各类实用技术培训及专题讲座 1 万多期，培训农民 30 多万人次，其中建档立卡贫困户 23234 户，培训技术骨干 5000 多人次、企业员工 2000 多人次，累计印发培训资料 2 万多份，发放技术资料 1 万多份（册），新培养核心技术骨干 300 多人、农民种养技术能手 1500 多人。石门县，以推进茶叶、柑橘、烟叶、蔬菜、养殖、林业、特种养殖等特色扶贫产业提质升级为主线，部门协同组织实施，做到了技术培训涵盖各个贫困村，生产技术走进千家万户，让贫困人口拥有了一技之长。企业也共同参与了贫困户的技能培训，湘佳牧业和汉唐公司两家龙头企业为确保养殖业成功实施，聘请专家对参与养殖的农户进行技术培训和指导，培训养殖熟练技术工 65 人，培训农民养殖户 1200 多人。

（七）提高农业保险覆盖范围

农业产业受自然灾害影响的风险比较大，农业保险可以有效地分散风险。石门县灾害事故频发，农业保险的作用更加凸显。近年来，石门县通过用足用活农业保险政策，充分发挥了农业保险在产业扶贫中的保驾护航作用。承保品种发展到水稻、油菜、玉米、棉花、育肥猪、能繁母猪、公益林、商品林、烤烟、肉鸡、柑橘、茶叶 12 个品种，承保农户达 24.5 万多户，承保规模达 3938.25 万元，服务体系建设延伸到 21 个乡镇（街道办），覆盖了全县 316 个行政村。2017 年，仅仅柑橘一个品种就赔付了 151 万元，受到了全县橘农的好评，也进一步扩大了农业保险的影响力，促进了参保面的提高。

专栏八　扬长抓产业，造血惠村民

壶瓶山镇黄莲棚村有 10 个村民小组，共计 163 户 515 人，其中建档立卡贫困户 71 户、低保户 23 人、五保户 7 人。该村总面积为 16177 亩，其中，山地 14477 亩（包括宅基地），耕地 1700 亩。由于该村属于壶瓶山自然保护区的缓冲区，其树木、草药、山林和林副产品等动植物一律不准出境，加上茶叶季节至少比山下晚一个月，滞后于市场销售而影响发展。同时由于全村严重缺水，于是从 20 世纪 70 年代开始种植烟叶，鼎盛时期面积达 1700 多亩，产值突破过 600 万元。但由于长期种植，病虫大量发生并无法控制，导致了产量、品质和产值大量萎缩，曾辉煌一时的烟叶产业竟成了"夕阳产业"，使得黄莲棚村成了全县典型的深度贫困村之一。

在帮扶单位石门县市场服务中心的支持下，黄莲棚村引导村民调整产业方向，通过种植环保蔬菜脱贫，从而使该村村民找到了一条新的长远的脱贫致富途径。他们这种"扬长抓产业，造血惠村民"的做法，引来了光明前景，得到了村民的一致认同和积极响应。其主要做法如下。

一、寻找致富新路，以己之长发展朝阳产业

经过大量调查研究，县市场服务中心发现，黄莲棚村平均海拔在 1200 米，气候条件优越，特别适合环保蔬菜生产。他们还在调查中发现，该村与其他地方相比，萝卜、白菜可早一个月上市，迟一个月下市，一亩萝卜一季可产 7000 斤左右，按 0.8—1 元的收价，每亩即可获利 5000 元。经过深入调查，他们认为，继续在该村种植烤烟已无出路，而蔬菜是人们生活的必需品，是一个永不过时的"朝阳产业"。同时，随着生活的日益改善，人们对蔬菜质量的要求将越来越高，需求量将越来越大，而市场服务中心的工作就是服务和管理市场，具有明显的行业优势。他们经过调查和算账后下定决心，发挥自身优势，并在县联系该村的县领导的重视和支持下，将该村产业方向由种植烤烟转向种植高山环保蔬菜调整。

二、围绕"四个结合"，严格要求确保绿色产业

县市场服务中心班子一致认为，在黄莲棚村生产蔬菜不存在困难。但是，要想村民致富并长期保持，最关键的是要保证蔬菜的优质环保。他们同时认为，食品安全、环境保护、精准扶贫，是全国人民关注的热点。这三件事，都与市场服务中心的工作职能直接相关。于是，他们提出了围绕"四个结合"，严格要求确保绿色环保的产业发展思路，即扶贫和本职工作"与食品安全、与解决环境污染、与精准扶贫、与山区县情"结合。为了确保蔬菜环保绿色的品质，他们先后 3 次召开全村村民大会和小组长会，要求生产蔬菜时，一定要做到"四不"，即不打农药、不施化肥、不使用转基因种子、不用违背自然规律的方式生产。这样做，既可让该村村民因种植蔬菜而迅速脱贫，并长期致富；同时又可从生产源头解决食品安全问题，让市民食用到放心蔬菜；此外，通过市场服务中心的准

入制度等一系列服务管理措施，解决市场的环境污染问题。由此收到"一举三得"的效果。

三、请进走出问计，质效兼顾打造高新产业

改"输血"为"造血"，为该村建立一支"不走的工作队"，是县市场服务中心对黄莲棚村实行精准扶贫的一项行之有效的重要措施。为了早日实现产业扶贫的总体目标，真正使产业调整迅速见到成效，并成为该村村民长期致富的主要途径，县市场服务中心还迅速采取了三大行动。一是协助建好村"两委"班子。通过广泛征求村民意见和建议，并从全村长远发展的需要出发，挑选了具有经济头脑和良好思想品质、愿意为群众服务、群众信得过的人担任全村脱贫致富的领头人，并利用村"两委"换届之机，实现了既定目标。二是大搞请进走出问计。专门请了石门籍北京大学校友会会长、凯森能源环保科技公司总裁王中炯博士，为该村高山无公害蔬菜的长远生产、运输、储存、销售一条龙科学高效运转进行顶层设计运筹，并请他为该中心全体干部职工授课，力争将该村蔬菜打造成"高大上"产品，由此为村民争取价格优势，为其长期致富创造条件。与此同时，中心派出两个外出考察团队近20人次，先后到衡阳、祁阳、汉寿、新晃、花垣等地考察学习市场服务管理经验。三是筹划在县城的所有市场建立无公害蔬菜销售专柜和信息平台，成立蔬菜专业公司专司其职，发挥市场中心优势，为村民就地包销、包运。还向全社会广泛征集环保蔬菜商标名及广告词，让大家更深刻认识和更便捷地吃到无公害高品质的新鲜蔬菜。四是创造条件，逐步用环保包装替代塑料袋包装，从源头逐步消灭因塑料袋包装造成的环境污染。通过上述行动，使环保绿色蔬菜不仅成为该村长期致富的产业，而且成为全县山区乡镇质效兼顾的高新产业。

四、狠抓基础建设，通水通路服务产业扶贫

为促进服务产业发展，落实高山无公害蔬菜产业的长远生产、运输、储存、销售一条龙科学高效运转，县市场服务中心还大力强化基础设施。主要在通水通路方面加大力度和抢抓时间。一是新开了路基宽5米的道路3.4公里，并全部实行了3.5米宽硬化；新开了路基宽6米、硬化宽度4.5米的主干道6.8公里，共计完成公路建设10.2公里。二是科学选点并建成人畜饮水及灌溉用水池10个，总容积达1000立方米。水池的建设，不仅解决了人畜饮水的问题，还为蔬菜生产提供了保障；道路的建设，使该村北可接湖北五峰，南可直下石门县城，同时，由于县市场服务中心承诺在该村现场收购蔬菜，极大地拓宽了该村蔬菜的销售渠道，从而为村民通过蔬菜产业致富创造了极其优越的外部条件。

五、广泛深入宣传，不遗余力争取村民响应

扶贫方式确定了，产业方向找准了，外部条件优化了，关键在于村民的行动。为了争取全村村民的积极响应，县市场服务中心实行了三管齐下。一是驻村工作队强化宣传。在驻村队长的带领下，全体工作队员住在村里，向广大村民宣传有关政策和产业方向转移的意义和对村民的好处。二是联村县领导和中心领导进村宣传。县联系领导、市场服务中心新班子成员多次进村，宣传新产业，鼓励农户转变种植观念。三是市场服务中心全体干部职工两次进村入户宣传，并和村民一起下地劳动。由于宣传到位，广大村民种植蔬菜的积极性大为高涨，条件成熟的，随即改种了蔬菜；条件暂时不成熟的，正在积极准备，全村掀起了蔬菜种植高潮。

县市场服务中心通过发展环保蔬菜产业，增强了广大贫困户的致富观念。脱贫的目的是致富，致富的手段是发展。县市场服务中

心组织劳动力开展技能培训，使之提高从事产业发展的技能，推行一系列扶贫措施，变"输血"为"造血"，变"要我富"为"我要富"，为全面推进精准扶贫、精准脱贫工作注入了强大持久的原生动力，补足贫困群众精神之钙，从根本上斩断贫困代际传递，变"要我脱贫"为"我要脱贫"，推动形成了积极向上的社会风气。

脱贫攻坚需要这样的勤劳与智慧。帮助贫困群众思想脱贫，是保质保量打赢脱贫攻坚战绕不过去的坎。认识到位、功夫下足，办法肯定要比困难多，"坚中之坚"一定能攻破。

三、石门产业扶贫的成效分析

石门县用好用足产业扶贫政策，创新产业扶贫模式，健全长效机制，增强群众内生动力，增强产业发展后劲，实现贫困户稳定脱贫，取得非常好的效果。

（一）建立健全产业扶贫体系，增加贫困群体收入

石门县的产业扶贫建立了较完备的产业体系，覆盖了多个品类，包括种植、养殖，并逐步发展至旅游、电商等新产业业态。石门县所有的贫困村、非贫困村都发展了 1 个以上主导产业，有些村甚至有 2—3 个主导产业。全县 150 个村有柑橘产业，带动了 8343 个贫困人口脱贫增收，被评为"2017 年度中国果业扶贫示范县"；117 个村有茶叶产业，带动 4500 多个建档立卡户 13000 多个贫困人口脱贫增收，被评为"2017 年度中国茶业扶贫示范县"；164 个村有养殖产业，其中土鸡产业带动了 4224 户 12668人脱贫增收，香猪产业带动 5099 户 15308 人脱贫增收，牛羊产业带动

2266 户 6787 人脱贫增收；64 个村 10250 名贫困人口发展特色林业经济；29 个村发展了蜜蜂、石门岩蛙等特色养殖，带动 892 户 2572 人脱贫增收；还有烟叶、蔬菜、光伏、电商、旅游等产业在相应的村均有不同程度的发展。以电商为例，石门县通过发展农村电子商务产业，让山区百姓的土货、家货、山货走出家门，卖得及时、卖得起价、卖得出去，大大增强了贫困户的收入。全县通过电商网络销售，共销售石门柑橘 12 万吨，销售石门茶叶 3 万吨，销售石门土鸡 5000 万羽，销售石门蜂蜜 1500 多吨，带动贫困人口 8343 人实现增收。

（二）培育新型农业经营主体，完善利益联结机制

石门县出台一系列优惠政策，培育了一批龙头企业、专业合作社、家庭农场等新型农业经营主体，并鼓励引导这些新型农业经营主体与贫困户之间建立稳定的利益联结机制。到 2020 年 12 月，全县 122 个贫困村都建立了种养专业合作社，39 个市级以上龙头企业在 122 个贫困村建立了产业基地。全县共有 64640 个建档立卡贫困人口与新型经营主体产生了利益联结关系，占全县贫困人口总数 71797 人的 90%。如当地的湖南申鲜农业科技有限公司，从快递起步，逐步涉足电商。在石门县扶贫办、商务粮食局等政府主管部门悉心指导下，找到新业态发展之路，充分利用本地资源，挖掘自身潜能，实施快递整合，融合电商平台，开拓线上、线下市场，以销售本地大宗、特色农副产品为特色，带动了贫困山区种养大户、农产品基地的开发，走出了"电商＋物流＋基地"的良性发展道路。如今公司拥有电商、快递员工 150 人，快递、物流车辆 60 多台，建有乡镇、村级服务站点 110 多个，与其电商战略合作的农产品基地有 15 家。直接带动农村剩余劳动力 2000 多人从事高效农业，每年通过电商销售本地柑橘、水果、茶叶等大宗农产品上万吨，地方特色农产品的销售额在

千万元左右。公司多次被省、市、县政府主管部门评为电子商务"支撑企业""示范企业""创新创业带动就业优质企业"。

（三）创新工作岗位，增加就业机会

企业和合作社等经营主体在实施产业扶贫项目的过程中，为贫困农民创造了就业机会，帮助他们脱贫致富。石门县的扶贫产业以劳动密集型的农业产业为主，这些产业的生产和流通环节有大量非技术性、低强度的工作机会，特别适合扶持劳动能力有限，只能从事轻体力劳动的弱能贫困户，主要包括劳动人口年龄超过 60 岁和劳动力健康状况不佳的建档立卡贫困户。其中石门县蓬勃发展的农村电商，因其特有的发展模式为贫困户在家门口就业创业提供了机遇，不仅为农村经济发展奠定了基础，也为农民就业找到了岗位。石门县的省级电商示范企业湖南湘佳牧业股份有限公司，依托"电商平台＋龙头企业＋合作社＋贫困户"的电商扶贫生态链，大力实施 5000 万羽"石门土鸡"精准扶贫项目，建立了 18 个乡镇运营服务站、5 个村级便民服务点。共有 3000 多个贫困户参与养殖、加工、销售产业链条，既解决了贫困户就业，又增加了他们的收入。公司在全国大中城市 2000 多家超市拥有"湘佳生鲜家禽自营专柜"，聘用了 1000 多名贫困户人口为湘佳生鲜家禽促销员，员工年人均工资达到 3 万多元。

（四）探索了三大产业扶贫模式

通过在实践中不断探索，石门县建立完善了直接帮扶、委托帮扶、股份合作等三种产业扶贫模式，密切了与贫困户的利益联结机制，让不同家庭状况的贫困户总有一条适合对路的增收路子。

1. 直接带动模式

直接带动模式是指对有产业发展愿望和产业发展能力的扶贫对象，在政府的组织和引导下，依托农业龙头企业、农民专业合作社、家庭农场等新型农业经营主体，发展产业。该模式根据贫困农户家庭情况及发展条件，采取土地流转、资金扶持、订单生产、技能培训、劳务就业等多种方式，贫困户只需简单地种或养，收购、加工、销售环节全部由新型经营主体负责，实现新型经营主体和贫困户共赢。石门县的直接带动模式又分四种类型。

（1）"公司 + 贫困户"模式

农业龙头企业通过在贫困地区投入资金技术设备人才等各项要素，直接带动当地贫困农户参与产业扶贫，形成了链条式发展模式。如石门县本土成长的国家级龙头企业湘佳牧业公司采用了"公司 + 贫困户"模式进行石门土鸡散养。具体是由贫困村村委会发动贫困户利用房前屋后空地或自有林权山地，散养慢速型石门土鸡，湘佳牧业与贫困户签订养殖合同，统一对散养户进行技术培训，按保价回收成鸡，每批养殖 6 个月，一年养殖两批，每批 500—1000 羽。湘佳牧业为贫困户提供 30 日龄脱温鸡，贫困户利用自产的玉米、红薯、蔬菜，及天然野草、昆虫、山泉进行散养，达到标准后，企业统一收购，集中屠宰，冷链配送，生鲜上市，投放到超市湘佳专柜，每只鸡利润可达 15 元以上，贫困户年养殖收入可达 1 万—3万元。贫困户散养石门土鸡已在本县太平、三圣、子良、壶瓶山、东山峰等乡镇铺开，全县散养贫困户达到 1000 多户。2020 年，太平镇 1400 户散养土鸡 5 万羽，户年平均养殖收入达到 3500 元。竹儿垭村 70 多岁的贫困户谢申亚和老伴一年散养石门土鸡 1080 羽，每羽养殖利润达 30 多元，全年养殖收入超过 30000 元。

（2）"农业产业企业 + 基地 + 贫困农户"模式

农业产业化企业与贫困对象签订帮扶协议，根据贫困农户家庭情况及发展条件，结合企业生产经营实际和需要，采取土地流转、资金扶持、订单生产、技能培训、劳务就业等多种方式，贫困户只管简单地种或养，收购、加工、销售环节全部由企业负责，实现企业和贫困户共赢。例如，湘佳牧业公司采取"公司＋基地＋贫困户"的模式，实施了"5000万羽石门土鸡精准扶贫项目"。湘佳牧业提供物料和技术培训及指导，保价回收成鸡，确保年养殖效益45万元以上；村委会牵头负责养殖管理，安排贫困户10人左右通过养鸡就业，养殖效益按预定的分配方案，在政府、银行、企业三方共同监督下，返利给村、户，湘佳牧业不参与分红。养殖基地年养殖规模30万羽，每羽1.5元利润计算，一年可得45万元。村集体年可分红15万元左右；贫困户占30万元，按50%计15万元还贷，50%计15万元分红，贫困户每户年分红4000元左右。湘佳牧业共带动13个乡镇95个贫困村（居）4224户贫困户参与土鸡养殖，养殖规模达到2400万羽，公司每年发放红利400多万元，每户年均纯收入可增加近1万元。

（3）"公司＋合作社＋贫困户"模式

由于服务和交易成本问题，企业直接与贫困户合作成本过高，让贫困户与有能力的农户混合组成专业合作社后再与公司对接的组织模式更有效。在这种模式中，公司主要与合作社联系，为其提供产前、产中和产后的全方位技术支持与服务，降低合作社运行的成本和风险；合作社按公司的要求负责组织会员进行产品生产，降低公司的生产成本。在利益分配中，公司主要从产后的加工和销售环节盈利，在生产环节对合作社和贫困户让利，从而形成双赢的利益格局。

（4）"农民专业合作社（家庭农场）＋贫困农户"模式

农民专业合作社（家庭农场）与贫困对象签订帮扶协议，采取提供种苗、肥料、技术指导、管理服务、保底收购、基地做工等多种形式，帮扶贫困农户掌握实用技术和发展门路，发展种植、养殖、加工及乡村旅游等农特产业，实现持续增产增收。例如：位于石门县蒙泉镇的丰瑞乐家庭农场近几年先后接受该镇潘家铺、孙家嘴、上午通等行政村（居）352户村民正式流转租赁 1863.4 亩土地，聘请了一大批贫困户劳动力为年薪工人或季节性零工，农户还参加入股分红。2016 年，农场向 60 户贫困村民每户发放了第一笔产业扶贫红利 2000 元。2017 年，向 60 户贫困村民每户发放了第二次产业扶贫红利 2000 元。2019 年，向 60 户贫困村民每户发放了第三次产业扶贫红利 2000 元。2020 年，向 13 户贫困村民每户发放了第四次产业扶贫红利 4000 元。

2. 委托帮扶模式

委托帮扶模式主要针对劳动力少、经济基础差的贫困农户。石门县实施"新型农业经营主体＋贫困农户"的发展模式，通过对农民专业合作社、家庭农场等进行扶持，再委托其对劳动力少、发展基础差的农户进行帮扶。石门县从全县的家庭农场、专业合作社、市级以上农业产业化龙头企业中筛选 30 个新型农业经营主体，发放贷款 5230 万元，带动 1046 户贫困农户增收受益，贫困户年均增收 1600 元以上。如农商行为二都街道秋兰家庭农场提供 100 万元贴息贷款，并签订委托帮扶协议，带动 42 户贫困农户脱贫，户均增收 1900 元以上。培训超市生鲜产品促销员 1000 余人，其中有 60 人当上了销售主管和销售经理。政府为汉唐公司提供生产贷款，该公司采用"五统一分"模式，将香猪仔猪分发给三圣乡山羊冲村、南岔村等村共 545 个农户，养殖香猪 12000 头，饲养 6 个月后出栏，每头猪重量在 30 千克左右，公司按 30 元 / 克保底价收购，销售收入 900 元，每头猪获利 300 元左右，共获利 360 万元，平均每个农户获利 6600 元。

专栏九　委托帮扶带动贫困农户发展产业

山羊冲村位于石门县三圣乡西北部，是一个自然条件恶劣、人户稀散、人多地少、人均纯收入低的典型山区贫困村。全村有 10

个村民小组，1035 户 3615 人，其中建档立卡贫困人口 268 户 878 人。全村海拔在 200 米到 800 米，北高南低，有五分之二的地方属于石漠化地区，其余的属于石灰岩地区。土地面积 29.8 平方公里，耕地面积 4747 亩，其中水田 2071 亩。过去山羊冲村一直没有一个主导产业，就是"两坨加一果"（即红薯坨、苞谷坨、洋芋果），加上人心不稳，搞一个产业也难成气候，百姓的日子过得越来越没有盼头。制约山羊冲村经济发展的主要因素是交通和产业，但由于缺资金、缺项目一直未得到解决，为了改变这一现状，山羊冲村决定召回能人黎静，带领全村发展产业。

黎静结合该村实际、利用优势资源，成立了石门汉唐生态农业有限公司，力争通过产业扶贫带动乡村发展。在脱贫攻坚工作中，公司通过下设的石门香猪养殖合作社充分发挥自身优势，利用国家金融产业扶贫政策，与贫困户签订委托帮扶合同，引导贫困户养殖香猪，实施精准扶贫发展香猪产业，确保贫困户创收增收富有实效。公司实施委托帮扶惠及 2400 多名贫困人口。为进一步扩大香猪养殖规模、巩固金融产业扶贫成果、带动更多贫困户脱贫致富，合作社投资 4000 万元，于 2017 年底新建万头香猪种繁基地，实现存栏种猪 3000 头，年出栏商品猪达 6 万头，带动西北乡 1800 余户农户养殖香猪，户均年创收近 4 万元，真正实现金融扶贫兴产业、精准扶贫惠民生。公司还通讨下设的甜源红心猕猴桃合作社投资 1000 多万元，将 200 多亩原本杂乱无章靠原始方式耕作的土地变为布局整齐、排水便利、可机械化操作的沃土；将无法耕种的沼泽变为一汪碧水，可灌溉、可观光、可垂钓。合作社还投入资金，布设水肥一体化滴灌系统、可视化智慧农业系统，一改靠天吃饭的传统农业生产方式，实现旱涝保收、质量可控。集农业生产、采摘体验、观光休闲为一体的园区建成后，可年产优质红心猕猴桃500吨，产值1500余万元。农户以土地入股，合作社提供就业机会，并实施分红，该地区人均年创收10000元以上。

3. 股份合作模式

股份合作模式主要是贫困农户以申请的扶贫贷款、土地资源、村集体的资产资源，入股新型农业经营主体规模经营，实现利益捆绑，获取分红收益。在股份合作模式中，贫困村和贫困户可将农村土地、森林、荒山、荒地、水面、滩涂等集体资产及个人土地承包经营权、林权资产，量化入股到龙头企业、农民合作社、种养大户等经营主体获取分红等资产收益。此外，在不改变资金性质的前提下，将财政扶贫资金或其他涉农资金投入设施农业、养殖、光伏、水电、乡村旅游等项目形成的资产，投入有能力、有扶贫意愿、带动能力强、增收效果好的龙头企业、农民合作社、种养大户等经营主体，折股量化给贫困户，贫困户按股分红。其操作办法，首先，选择具有一定经济基础、有意愿进行资产合作的农村集体经济组织，以及管理民主、制度完善、产权清晰、运作规范、创收能力强的农民合作社、企业或党组织健全的以农民社员为主体的专业合作社。其次，政府指导农村集体经济组织对本集体所有的资源性资产、经营性资产和公益性资产等进行清产核资，明确权属关系，分类登记造册，妥善处理债权债务。使用财政扶持资金形成的资产，按规定及时办理资产向实施主体移交手续，准确界定适合量化的资产。再次，农村集体经济组织要按照有关法规和政策的规定，合理界定集体经济组织成员。将拟量化的资产量化给本集体经济组织成员，并向"建档立卡"贫困户倾斜。财政专项扶贫资金在实施主体中量化给享受资产收益的贫困户。最后，建立健全收益保障机制，合理配置股权，明确扶贫股保底分红标准，保障贫困户在项目持续期内拥有稳定的收益。实施主体使用财政扶贫资金形成的股权要确定扶贫股，并按一定标准分配给贫困户。一般贫困户持有的扶贫股可以参加收益分配，但无所有权，不得转让或出售。实施主体在巩固期后需要履行收回扶贫股手续，并转授给新的符合持有扶贫股的贫困户，实行滚动使用，最终实现贫困户整体脱贫。例如，新铺镇岳家棚村为石门土鸡集体养殖基地实施村，基地建成后，村集体获得养殖效益近 40 万元，27 个申请扶贫贴息贷款的贫困户平均获利 1600 多元，共获土鸡养殖分红款 17.5 万元。

四、石门产业扶贫的经验与启示

石门县在推进产业扶贫的实践中，聚焦重点，因地制宜，因户施策，积极探索，主要突出了"四个注重"：注重产业合理布局、注重做好资源整合、注重构建利益联结机制、注重激发贫困户内生动力。

（一）注重产业合理布局

产业扶贫的推进中即使有明确的依托资源和发展目标，但是缺乏具体的规划方案，产业发展也容易处于自发、盲目、无序的状态。而产业发展规划是产业发展的行动指南，有助于培育和壮大优势产业。石门县在培育扶贫产业上始终坚持因地制宜，以乡镇为单位，按照一村一策、精准帮扶的精神，科学制订《石门县精准产业扶贫规划》，打造一村一品，形成各自的优势特色主导产业，重点发展了柑橘、茶叶、烟叶、蔬菜、香猪、土鸡、牛羊、特种养殖、林业、电商、光伏、旅游等扶贫产业。针对不同区域特点，合理布局各类产业，实现了产业在区域上的协同发展，避免了同质化。石门县在东南部平丘区重点发展柑橘、土鸡规模养殖等产业，在西北高山区重点发展茶叶、蔬菜、烟叶、牛羊、土鸡散养等产业，在中部丘陵区重点发展林下经济、香猪、岩蛙、蜜蜂等产业，形成了"东南西北中、村村有产业"的无缝覆盖式产业发展格局。

（二）注重做好资源整合

产业扶贫需要大量资金，资金来源有四个方面，即政府财政资金、金融资金、社会资金、农户自有资金。各类资金需要通过整合才能发挥最大效益，石门县在资源整合方面有所创新。一是发挥财政项目资金主导作用。按照"四跟四走"的模式，全县整合使用财政资金用于产业扶贫项目，结合产业发展规划对于部分产业项目进行重点投入。二是发挥金融信贷资金杠杆作用。产业发展需要贷款担保和贴息方面的支持，石门县通过启动金融产业扶贫工作，创新信贷帮扶模式，完善帮扶贴息贷款政策，推动金融服务向乡镇和贫困村延伸，加大了扶贫小额信贷的投放力度，并进一步扩大农业保险覆盖面和保费补贴范围，帮助建档立卡贫困农户通过发展产业实现脱贫。三是盘活贫困户手中的承包土地资源。石门县鼓励和支持承包土地的经营权、林地使用权通过公开市场，向集体经济组织、专业大户、家庭农场（林场）、农民合作社、农业企业等经营主体流转，发展多种形式的适度规模经营。新型农业经营主体流转贫困户土地，实行规模经营，发展壮大产业，贫困户获得土地经营权出让补偿资金或入股分红收入，实现资源变资金。

（三）注重构建利益联结机制

贫困农户因自身的弱势决定了其难以进入市场获益，在产业扶贫中引入经营主体尤为重要，石门县在此方面积累了一些经验：一是通过新型主体引领闯市场。石门县出台一系列优惠政策，鼓励引导龙头企业、专业合作社、家庭农场等新型农业经营主体带动贫困户通过发展产业脱贫增收，建立稳定的利益联结机制，在千家万户的"小生产"与复杂多变的"大市场"之间架起了桥梁，最大限度降低了市场风险，让贫困户实现"旱涝保收"。二是创新利益联结模式促进双赢。在实践中不断探索，建立完善了直接帮扶、委托帮扶、股份合作等三种产业扶贫模式。三是依托特色农产品资源，适当发展特色农产品加工，进一步延伸产业链条，提升农产品附加值。并且促进农产品电子商务应用，通过信息化手段降低生产成本，减少流通环节及营销成本，提高生产效益，提升农产品附加值，保障农产品质量，打造农产品知名品牌，增加农民收入。四是通过农业保险护航降风险。用足用活农业保险政策，充分发挥农业保险在产业扶贫中的保驾护航作用。截至2020年底，石门县承保品种发展到水稻、油菜、玉米、育肥猪、育肥羊、能繁母猪、公益林、烤烟、肉鸡、柑橘、茶叶等品种，承保农户达20万多户，承保规模达4209.38万元，为农业安全稳定发展、农民持续增收保驾护航。

（四）注重激发贫困户内生动力

产业发展需要一批职业农民和农民企业家，农民的生产技能和经营管理水平不仅关系到自身增收致富，也关系到当地产业发展。产业发展的制约主要因素之一是缺乏管理经验的人才，因此，需要通过培训和激励来提升贫困农户的内生动力。石门县通过发挥农业科研院所、技术推广服务机构、经济合作组织和农业产业化龙头企业的作用，以科技入户、集中培训、现场指导、技术服务、田间学校、农村远程教育等方式，开展农业生产技能培训。一是实施结对帮扶帮助贫困农户"把脉开方"。帮扶工作队和结对帮扶人根据所帮扶对象的实际情况，帮助他们制订切实可行的产业发展计划，既包括短期增收项目，也包括长期发展规划，为贫困户的产业脱贫之计"把好脉、开好方"，让贫困户的产业脱贫之路走得更稳健、更长久。二是加强技能培训"授之以渔"。以提高科技素质、职业技能、经营能力为核心，坚持扶贫先扶志扶智，帮人先帮技，采取多种形式对贫困人口开展全方位、多层次的产业技能培训，做到了技术培训涵盖各个贫困村，生产技术走进千家万户，提升贫困人口的专业技能和综合素质，让贫困人口拥有了一技之长。三是设立产业基金"以奖促勤"。石门县建立村级精准帮扶专项资金，通过以奖代补对贫困户自主发展产业给予帮扶。这种方式根植的发展基因，能够在扶持产业发展之外再次激发贫困户的内生活力，增强了贫困户的"造血"能力及自我发展能力。

第七章 筑牢健康保障线，撑起健康"保护伞"

党的十八大以来，以习近平同志为核心的党中央高度重视脱贫攻坚工作，举全党全社会之力，深入推进脱贫攻坚，取得了显著成绩和丰富经验。脱贫攻坚战中，以重病患者、残疾人、老年人等为代表的特殊贫困群体所占比例高、脱贫难度大。实施健康扶贫工程，对于保障农村贫困人口享有基本医疗卫生服务，推进健康中国建设，防止因病致贫、因病返贫，实现2020年农村贫困人口摆脱贫困目标具有重要意义。"健康扶贫属于精准扶贫的一个方面，因病返贫致贫现在是扶贫硬骨头的主攻方向。"① 因病致贫、因病返贫是导致农村人口贫困的主要原因之一。脱贫攻坚越到后面，这个问题越突出。可见，疾病是贫困人口脱贫最大的"拦路虎"，防止因病致贫、因病返贫是脱贫攻坚这个"硬骨头"中的"硬骨头"。因此，实施健康扶贫工程，加强贫困地区医疗卫生事业建设，提升贫困地区医疗卫生服务能力，保障重病患者、残疾人、老年人等为代表的特殊贫困人口享有基本医疗卫生服务，让这些贫困人口看得好病、看得上病、防得住病，确保其健康有人管、患病有人治、治病能报销、大病有救助，这是解决贫困群众看病就医问题、有效缓解因病致贫因病返贫的重要举措。

健康扶贫是脱贫攻坚战中的一场重要战役，因病返贫、因病致贫是扶贫的主攻方向，完善因病致贫、因病返贫的政策机制，建立健康扶贫长效机

① 刘志勇、姚常房、李琳：《啃下健康扶贫"硬骨头"》，http://health.people.com.cn/n1/2018/0305/c14739-29847693.html，2018年03月05日。

制，是任何时候都不能忽视的。党中央、国务院高度重视健康扶贫工作，中央扶贫开发工作会议提出明确要求，国务院常务会议作出全面部署。2016年，国家卫生计生委会同国务院扶贫办等有关部门制定印发《关于实施健康扶贫工程的指导意见》，明确实施健康扶贫工程目标：到2020年，贫困地区人人享有基本医疗卫生服务，农村贫困人口大病得到及时有效救治保障，个人就医费用负担大幅减轻；贫困地区重大传染病和地方病得到有效控制，基本公共卫生指标接近全国平均水平，人均预期寿命进一步提高，孕产妇死亡率、婴儿死亡率、传染病发病率显著下降；连片特困地区县和国家扶贫开发工作重点县至少有一所医院（含中医院）达到二级医疗机构服务水平，服务条件明显改善，服务能力和可及性显著提升；区域间医疗卫生资源配置和人民健康水平差距进一步缩小，因病致贫、因病返贫问题得到有效解决。

石门县是常德市唯一的省定扶贫工作重点县，同时也是国家武陵山片区区域发展与扶贫攻坚试点县。2014年，石门全县共有122个贫困村，建档立卡贫困人口26724户82300人，其中因病致贫返贫17182户，占贫困户的64.2%。2017年经过新一轮的精准识别后，因病致贫返贫贫困人口10419户33042人，因病致贫人口占贫困人口的40.1%，因病致贫返贫是横亘在脱贫路上最大的"拦路虎"。防止因病致贫、因病返贫是脱贫攻坚这个"硬骨头"中的"硬骨头"。为深入贯彻落实中央扶贫开发工作会议精神，石门县把因病致贫因病返贫作为扶贫硬骨头的主攻方向，实行了"靶向治疗"，按照"大病集中救治一批、慢病签约服务管理一批、重病兜底保障一批"的健康扶贫工作要求，通过开展医疗服务体系建设、优化医疗服务流程、构建六道医疗保障线，组织对患有大病和长期慢性病的贫困人口实行分类分批救治，进一步推动了健康扶贫落实到人、精准到病，做到了应治尽治、应保尽保。

一、石门健康扶贫的主要做法

疾病不除，贫困难消，脱贫必先"脱病"。近年来，石门县借助"脱贫摘帽"的东风，不断提升贫困人口防病、治病、保障能力，为山区贫困人口构筑健康扶贫保障线，撑起了健康"保护伞"。为保障农村贫困人口享有基本医疗服务，努力防止因病致贫、因病返贫，石门县搭建健康扶贫组织体系；全面落实健康扶贫工程"三个一批"行动计划；构筑"六道医疗保障线"，让农村贫困人口"看得起病"；开展三级医疗卫生服务体系建设，让农村贫困人口"看得到病"；深度优化完善医疗服务，让农村贫困人口"看得好病"；全面落实公共卫生服务项目与疾病预防控制工作，大力开展爱国卫生运动，让农村贫困人口"少得病"。全县有各级各类医疗卫生机构485家，其中县级公立医疗卫生机构5家、乡镇卫生院17家、卫生分院11家、社区卫生服务中心2个、社区卫生服务站3家、村级卫生室362家、民营医院6家、诊所79家。脱贫攻坚以来，累计救治大病患者2064人次、重病患者8670人次、慢病患者25330人次，22875名因病致贫户脱贫走上健康幸福路。

（一）搭建健康扶贫组织体系

1. 强化组织领导

为确保健康扶贫工作扎实稳步推进，石门县采取了三项举措强化组织保障。第一，石门县成立健康扶贫指挥部，明确分管副县长任指挥长，卫健局局长任办公室主任，宣传、卫健、医保、人社、财政、民政、残联、扶贫等部门为成员，将各项工作任务具体落实到相关部门科室和相关基层医疗机构。第二，成立健康扶贫工作组。为有效保障健康扶贫工作的顺利开展，设置了综合协调组、业务组、保障组、宣传组、督导组、档案管理组。业务组成员是各个医院班子成员，医院骨干和班子成员带头学习政治理论和业务技术、带头争创佳绩、带头服务贫困群众。督导工作组和档案管理组建立督导台账，对局机关和乡镇卫生院的档案整理、村医工作开展、贫困患者政策知晓、签约服务等工作进行了督导。各工作组各司其职、各负其责、相互沟通、协调联动，各工作组之间的紧密配合为健康扶贫政策的落实奠定了坚实基础。第三，定期召开健康扶贫工作会议。为及时解决健康扶贫工作的关键问题，保证人、财、物到位，推进健康扶贫工作，石门县定期组织召开健康扶贫工作会议，由县委县政府主要负责同志亲自研究部署健康扶贫工作。

2. 精心研究部署

为推进健康扶贫工作有效开展，石门县委县政府采取了切实可行的措施，建立健全健康扶贫制度体系，对健康扶贫工作进行研究部署。一是制定了健康扶贫路线图，下发了石门县健康扶贫工程"八办法一方案"即《石门县健康扶贫工程实施方案》《石门县健康扶贫医疗救助实施办法》《石门县贫困人口公共卫生服务实施办法》《石门县健康扶贫工程"三个一批"行动计划实施办法》《石门县贫困人口住院"先诊疗后付费"实施办法》《石门县贫困人口住院医疗费用"一站式"结算实施办法》《石门县村级卫生室建设与管理办法》《石门县健康扶贫工作考核办法》《健康扶贫专项救助基金管理办法》，使健康扶贫工作有法可依。二是整理下发了《健康扶贫政策清单》《健康扶贫政策明白卡》，列出时间表，画出路线图，细化分解工作任务，明确健康扶贫责任单位，发挥部门职能，定期协调调度，形成了协作联动、有力有效的工作体系。

3. 严格督导考核

石门县各级领导高度重视健康扶贫工作，将健康扶贫工作纳入脱贫攻坚重要考核指标，构建了由县委县政府主导、卫健部门主抓、相关部门配合、扶贫单位参与、乡村两级实施的"五位一体"合力攻坚格局。从考核工作的内容到督导组的工作范围都制定了详细的督导考核细则。其中，考核工作重点是健康扶贫任务落实和成效两个方面，主要内容包括有效防止因病致贫、因病返贫，实施大病分类救治、家庭医生签约服务，加强医疗卫生服务能力建设、公共卫生服务及组织领导、动态精准识别、宣传倡导、档案管理、开发创新等工作。

督导考核组坚持注重实绩、讲求实效、分类考核、一视同仁的原则，采取听汇报、查资料、实地查看等形式进行，督导期间严格遵守中央八项规定和省、市、县有关规定，不安排与督导工作无关的活动，不事先透露详细督查路线，下村入户时不陪同、不打招呼，直接寻找门牌挂有贫困户标志的家庭入户，确保督导结果真实准确。所有督导工作中涉及的相关指标、数据，一律以实地统计数据为准。督导结束后，系统全面进行总结归纳，形成督导情况汇报，内容包含工作进展情况、工作成效、亮点及存在的问题等。

（二）全面落实健康扶贫工程"三个一批"行动计划

健康扶贫工程"三个一批"行动计划是脱贫攻坚确定的精准扶贫方略在健康扶贫工程的具体体现，是践行"靶向治疗"的一项具体举措。2017—2020年，对核实核准的患有大病和长期慢性病的农村贫困人口（指建档立卡贫困人口和农村低保对象、特困人员、贫困残疾人，下同），县、乡、村建立健康扶贫工作台账，摸清底子，确定帮扶的对象，确保健康扶贫落实到人、精准到病，并实行动态管理。石门县建立健康扶贫工作台账的具体工作步骤如下：第一，做好精准识别工作。石门县组织乡镇卫生院、村医和村计生专干，对因病致贫人员进行逐一走访，反复排查，摸清患病人数，细化病种分类，一户一档，精准识别。第二，做好健康扶贫信息录入和动态管理工作。为确保报送数据的真实性、精准性、时效性，各乡镇卫生院全部配备了健康扶贫动态管理系统专职人员，并认真细致地开展入户调查，核实核准，按时按质按量地完成健康扶贫动态信息数据的采集、录入和审核上报工作。精准的农村贫困人口健康扶贫工作台账为全面掌握健康扶贫工作成果提供了信息支撑。

为了帮助患者解除病痛，尽快恢复生产生活能力，摆脱因病致贫、因贫病重的恶性循环困境，石门县根据"大病集中救治一批、慢病签约服务管理一批、重病兜底保障一批"行动计划实施分类分批救治、分类管理，具体工作要求如下。

1. 大病集中救治一批

按照"三定两加强"原则，石门县开展了农村贫困人口大病专项救治，真正使大病患者得到及时有效的治疗，尽可能恢复其劳动能力。首先，石门县按照"保证质量、方便患者、管理规范"的原则，确定大病集中救治定点医院。其次，石门县按照"保基本，兜底线"的原则，进一步细化诊疗措施，制订个性化的诊疗方案。再次，按照国家发展改革委、国家卫生计生委、人力资源和社会保障部《关于推进按病种收费工作的通知》要求，石门县遵循"有激励、有约束"的原则，制定病种收费标准。最后，石门县按照相关病种临床路径要求，规范临床诊疗行为，不断加强大病分类救治管理，规范农村贫困人口中患食管癌、胃癌、结肠癌、直肠癌、终末期肾病、儿童白血病（急性淋巴细胞白血病、急性早幼粒细胞白血病）、儿童先天性心脏病（房间隔缺损、室间隔缺损）等9种大病集中救治工作。除此之外，石门县还全面开展贫困地区重性精神病、农民工尘肺病、肺结核病、艾滋病和血吸虫病晚期患者等专项救治工作。

2. 慢病签约服务管理一批

石门县积极开展慢病患者健康管理，对患有慢性疾病的农村贫困人口实行签约健康管理。第一，建立农村贫困人口健康卡，石门县为每位农村贫困人口发放一张健康卡，植入健康状况和患病信息，与健康管理数据库保持同步更新。第二，实行家庭医生签约服务，石门县组织乡镇卫生院医生或村医与农村贫困家庭进行签约，鼓励县医院医生与乡村两级医务人员组成医生团队与贫困家庭签约。乡镇卫生院等基层医疗卫生机构在县级医院指导下，根据农村贫困家庭慢性病患者病情安排个性化健康管理，按管理规范安排面对面随访，询问病情，检查并评估心率、血糖和血压等基础性健康指标，在饮食、运动、心理等方面提供健康指导。签约医生和团队做好随访记录。2020 年，慢病签约服务 1381 人，签约率 100%；共救治九种大病 808 人次，救治率达 97.8%；共救治重病 3648 人次，救治率 90.5%。

3. 重病兜底保障一批

石门县不断提高医疗保障水平，切实减轻农村贫困人口医疗费用负担，有效防止因病致贫、因病返贫。首先，石门县积极完善大病保险政策，对符合条件的农村贫困人口降低起付线 70%，提高政策范围内报销比例达到 90%。其次，石门县不断加大医疗救助力度，将符合条件的农村贫困人口全部纳入民政医疗救助范围，进一步提高救助水平。再次，石门县建立健全健康扶贫保障机制，落实城乡居民医保、大病保险、民政医疗救助、商业保险等保障措施，实行联动报销，加强综合保障，切实提高农村贫困人口受益水平。最后，石门县扎实落实"一站式"结算，贫困人口县域内住院先诊疗后付费，贫困患者只需在出院时支付自付医疗费用。

（三）构筑"六道医疗保障线"，让农村贫困人口"看得起病"

要有效化解因病致贫与因病返贫，就必须让贫困户看得起病、看得好病、看得到病和少得病。在看得起病、看得到病和看得好病三者中，看得起病是前提条件。如果农村贫困人口看不起病，则看得好病和看得到病都无从谈起。然而，贫困对象在经济上的脆弱性已经决定了其无力支付因治疗疾病所产生的高额医疗费用。这就需要发挥医疗保险、商业保险、民政医疗救助、专项基金救助等的作用。2015 年 11 月，习近平总书记在中央扶贫开发工作会议上指出："要建立健全医疗保险和医疗救助制度，对因病致贫或返贫的群众给予及时有效救助。新型农村合作医疗和大病保险政策要对贫困人口倾斜，门诊统筹要率先覆盖所有贫困地区，财政对贫困人口参保的个人缴费部分要给予补贴。要加大医疗救助、临时救助、慈善救助等帮扶力度，把贫困人口全部纳入重特大疾病救助范围，保障贫困人口大病得到医治。要实施健康扶贫工程，加强贫困地区传染病、地方病、慢性病防治工作，全面实施贫困地区儿童营养改善、孕前优生健康免费检查等重大公共卫生项目，保障贫困人口享有基本医疗卫生服务。"[1] 因此，完善医疗保险制度、建立健全医疗救助等制度，解决好农村贫困户的医疗费用问题，让他们看得起病，是健康扶贫的"兜底线"。

为了使贫困人口"看得起病"，石门县按照《湖南省健康扶贫工程"三个一批"行动计划实施方案》的要求，整合相关医疗保障政策，在省里规定的政策基础上，还增加实施了城乡居民医保降低起付线 50%、大病保险起付线降低 70% 的优惠政策。农村贫困人口在县域内住院后，根据患者的属性（建档立卡户、特困户、低保对象）和所发生医药费用金额情况，分别享受以下"六道防线"的报销。

1. 城乡居民医保报销

针对建档立卡贫困人口城乡居民医疗保险个人缴费部分，石门县政府

---

① 中共中央党史和文献研究院：《习近平扶贫论述摘编》，中央文献出版社 2018 年版。

给予 50% 补贴，特困人口的县政府全额补贴，以确保贫困人口参保全覆盖。2020 年，石门县县财政补贴 1298.78 万元，落实 71797 贫困人口（含低保、五保对象）医保个人缴费部分 50% 的补助。此外，石门县住院报销政策实行"一降一提"，即住院起付线降低 50%，政策范围内住院费用报销比例提高 10%。

2. 城乡居民大病保险报销

城乡居民大病保险是在医保的基础上，对大病患者发生的高额医疗费用给予进一步保障，是医保的拓展和延伸，是对基本医疗保障的有益补充。石门县大病保险起付线降低 70%，大病保险政策范围内报销比例提高到 90%。

3. 商业保险补充

为防范贫困家庭在脱贫路上因意外事故等不可抗拒的外界因素返贫、致贫的事件发生，切实减轻和化解贫困家庭因意外伤害造成的经济负担，提高贫困家庭保障水平，按照"政府统筹，财政出资，市场运作，百姓受益"的模式，由石门县财政和保险公司共同出资为所有建档立卡贫困人口购买了"扶贫特惠保"家庭综合保障保险。在贫困人口医疗保障中城乡居民基本医保可以在基本的方面给予报销，达到大病保险的条件后大病保险予以报销，根据"扶贫特惠保"的条件，建档立卡贫困人口还可以享受"扶贫特惠保"，从而形成政府基本医保、商业保险协同作用。

除此之外，石门县筹措资金 313 万元，由县民政局为城乡低保对象购买城乡低保补充保险，人均保费 120 元 / 年；为特困供养人员购买照料护理保险，即如果特困供养人员生病住院无人照料，该保险就可以启动，用于雇用看护照料特困供养人员，人均保费 300 元 / 人。截至 2020 年末，保险公司共理赔 276 万元，照料护理保险和城乡低保补充保险的赔付率为 88%，2893 个低保对象和特困供养人员从中受益。

4. 民政医疗救助

为了减轻农村贫困人口医疗费用的负担，织密扎牢民政医疗救助安全网，石门县不断加大民政救助工作力度，主要从以下几方面进行：第一，对贫困患者在慈善医院实行就医"三免"，即免挂号费、免诊查费、免会诊费。第二，将符合条件的农村贫困人口全部纳入重特大疾病医疗救助范围。"报销少、自付多"让不少家庭困顿不堪。为了减轻贫困家庭就医的沉重负担，有效解决因病致贫、因病返贫问题，使贫困家庭燃起生活的希望，石门县出台了《关于进一步完善医疗救助制度全面开展重特大疾病救助工作的通知》，规定自付费在2万—5万元的困难家庭予以救助1000—5000元，超过5万元的救助1万元，超过10万元救助2万元。2020年，此项救助共有892人获益，其中救助1万元以上的227人。第三，对贫困人口中的低保对象和非低保对象患重特大疾病住院治疗，其医疗费用经基本医保、商业保险报销后，政策范围内的自付费用（不含起付线以下部分），在省、市、县定点医疗机构住院治疗的按照30%—70%的比例救助。第四，对重病重残实施精准救助。根据建档立卡贫困户整户纳入和低保对象整户保的政策规定，一部分家庭困难的重病重残对象因为"条件不符"成为"两不管"的盲区，游离于低保保障范围之外，为此，石门县委县政府出台了《开展城乡低保清理整顿"回头看"工作方案》，设定精准识别重病重残困难对象认定条件，解决了部分重病重残人员的实际困难。

5. 定点医院减免

石门县对罹患9种大病的农村贫困人口实际医疗费用，经基本医疗保险等各类保险以及医疗救助基金等渠道支付后，个人自付部分由定点医院（县人民医院、县中医医院、县妇幼保健院、县红十字会医院）给予50%的减免。

6. 健康扶贫专项基金救助

为了减轻农村贫困人口医疗费用的负担，切实解决贫困人口因病致贫、因病返贫的问题，石门县安排资金建立了健康扶贫专项救助基金，对农村贫困人口在县域内住院治疗医药费用通过"一站式"结算后或在县域外住院治疗通过基本医疗保险、大病保险、医疗救助、商业保险赔付等综合补偿及定点医院减免后，自付费用的部分个人支付仍有突出困难的，实行政府兜底保障，按照"一事一议"的方式予以救助。石门县县财政2017年安排2500万元、2018年安排2000万元、2019年安排2000万元、2020年安排2000万元建立健康扶贫专项救助基金，对贫困人口住院实行兜底保障，住院医疗费用报销实际报销比例未达到80%以上的给予补充报销。在县域外住院经各种报销后自付费用超过5000元，个人支付仍有困难的给予"一事一议"救助。2020年，在县域内住院医疗费用实际报销比例达到90%以上。

此外，为了确保健康扶贫专项救助工作有条不紊，专项救治基金专款专用、封闭运行，石门县委县政府明确健康扶贫指挥部办公室设专项基金，由县卫健部门负责医疗机构医疗行为的监督管理，县财政部门负责资金的使用和监管，县审计部门负责资金的审计监督。健康扶贫指挥部明确专项基金审批报销流程的两种情形：（1）对住院治疗综合补偿不足70%的救助部分，由各医疗机构先行垫付后，再于每季度末，附"一站式"报销单、住院发票复印件等资料，到健康扶贫指挥部办公室审核拨付。（2）对"一事一议"救助金的处理。第一，由贫困人口本人书面申请，经村委会、乡镇（街道）脱贫攻坚站审核盖章后到乡镇卫生院初审。第二，由乡镇卫生院收集申请人的"一站式"报销单复印件、住院发票复印件等资料，并提出建议救助金额，于每月25日上报至县扶贫健康指挥部集中审批。县域外治疗的救助，除按上述流程审批后，还要由县健康扶贫指挥部汇总相关情况后提交相关会议讨论，核定补助金额后按流程打卡发放到补助对象。

石门县通过医疗整合政策保障，构筑"六道保障线"，减轻了贫困人口住院负担。据统计，2019 年，石门县农村贫困人口累计住院 47185 人次，发生总费用 22818.69 万元，城乡居民医保报销 15321.53 万元，大病保险报销 908.56 万元，"特惠保"理赔 190.24 万元，民政医疗救助 852.74 万元，医院减免 591.33 万元，健康扶贫专项救助 1006.78 万元；其中，9 种大病集中救治 1965 人，发生医疗费用 1984.59 万元，报销 1795.91 万元。而通过"六道保障线"，报销费用就达到近 1.88 亿元，石门县农村贫困人口住院平均实际报销比例高达 82.7%，9 种大病住院实际报销比例 90%。截至 2020 年底，基本医疗保险补偿了 38628 人次，住院总费用 19673.56 万元，补偿 16738.31 万元；大病保险补偿 4849 人次，住院总费用 6130.25 万元，补偿 1072.09 万元；县人民医院减免 240.76 万元、县中医院减免 121.49 万元、县红十字会医院减免 17.09 万元，三家医院共减免医药费用 379.34 万元；健康扶贫专项救助基金共救助 20092 人次，救助资金 571.11 万元；"扶贫特惠保"共给付 2464 件，合计理赔金额 165.03 万元。2020 年贫困人口在县域内住院实际报销比例达到 90% 以上，在县域内就诊率达到 95% 以上，基本实现了小病在乡村、大病不出县的目标。

（四）开展三级医疗卫生服务体系建设，让农村贫困人口"看得到病"

2014 年 12 月，习近平总书记在江苏调研时，专门到镇江市丹徒区世业镇卫生院了解农村医疗卫生事业发展和村民看病就医情况，询问村民看病方便不方便，并指出，人民群众对医疗服务均等化愿望十分迫切。像大城市的一些大医院，始终处于"战时状态"，人满为患，要切实解决好这个问题。① 大城市的一些大医院之所以"始终处于'战时状态'，人满为患"，主要原因在于我国医疗卫生服务发展不均衡，城乡差距大。农村人口由于无法在居住地获得良好的医疗卫生服务而只能长途奔波去大城市的一些大医院，继而出现大城市的一些大医院"始终处于'战时状态'，人满为患"的现象。正因如此，习近平总书记指出："要推动医疗卫生工作重心下移、医疗卫生资源下沉，推动城乡基本公共服务均等化，为群众提供安全有效、方便价廉的公共卫生和基本医疗服务，真正解决好基层群众看病难、看病贵问题。"

对于贫困地区的贫困群体而言，不仅仅要"看得起病"，还需要"看得到病"，"看得到病"是"看得起病"和"看得好病"的重要保障条件。这个重要的保障条件就是要有相应的医疗设施和医疗人才。石门县通过基础建设提质工程，打造医联体，积极引进和培养医疗人才，解决"看不到病"的难题。

1. 实施基础建设提质工程

破除健康扶贫"拦路虎"，首要解决的问题是要有地方看病，石门县党委和政府决策层将这个问题看得准、抓得实。石门县脱贫攻坚以来，累计投入 8.13 亿元用于医疗机构设施设备建设，新改扩建业务用房近 5 万多平方米，用以改善贫困人口就医条件。县人民医院、县中医医院、县妇幼保健院分别建成三级综合医院、二级甲等中医医院、二级甲等妇幼保健院。其中，石门县人民医院获评"湖南省医疗服务价格和成本监测与研究网络先进单位"、成为中国卒中学会和中国卒中中心联盟"卒中中心"，石门县红十字会医院荣升二级医疗机构、获评首届湖南省群众最信赖的医院，县妇幼保健院获评全国妇幼健康服务先进集体，县疾控中心获评全国

---

① 《习近平：大医院人满为患要切实解决好》，http://politics.people.com.cn/n/2014/1215/c70731-26205332.html，2014 年 12 月 15 日。

疾病预防控制工作先进集体、湖南省县级甲等疾控中心。石门县要求每个乡镇创建一所标准化的乡镇卫生院。石门县蒙泉镇、夹山镇、易家渡镇、新铺镇、白云镇、所街乡6所乡镇卫生院被国家卫计委授予"全国群众满意的乡镇卫生院"。石门县不断推进村卫生室建设，对于验收合格的，由县财政以奖代补。村卫生室的建成解决了部分村无村卫生室的问题，通过调剂、返聘、选派、招聘等方式，解决了46个村无村医的问题。截至2018年，石门县已实现了每个村都有一个卫生室和医务人员的目标。

2. 实施医联体建设提速工程

为进一步推进医疗联合体建设，完善城乡医疗服务体系，带动医疗卫生机构服务能力协同发展，石门县通过加强信息化建设和乡镇卫生院医疗设施设备的建设，建立远程医疗协作远程会诊系统，让贫困人口在家门口就能享受到城市三级医院的优质医疗服务。据统计，石门县转诊率靠前的5种疾病分别是恶性肿瘤、血液病、脑血管疾病、心血管疾病、严重外伤。为有效降低转诊率，通过"内引外联""大手牵小手"，全面推进医联体建设。县人民医院建立"石门县胸痛中心"、卒中中心、远程会诊中心，与15家乡镇卫生院组建了胸痛专科联盟，与全国多家知名医院建立了远程协作关系。县中医医院与9家乡镇卫生院建立了医联体，与湘雅三医院签订医联体框架协议，县红十字会医院与中南大学湘雅三医院签订医联体框架协议，县妇幼保健与湖南省妇幼保健院签订双向转诊协议。

3. 实施卫技人才提升工程

有医生为病人看病是破除健康扶贫"拦路虎"的关键，石门县对此谋划长远，从源头出发构建面向基层的医疗人才培养体系，加大本土人才培养工作力度。与引进医疗人才相比，本土人才更能扎得下、留得住。石门县积极从当地乡镇招收本土生源，争取湖南省农村订单定向免费培养医学类本科学生项目和专科农村订单定向免费医学生招生计划数，认真组织推荐和考核选拔工作，定期跟踪学生在校情况，保证教育培养质量。脱贫攻坚以来，石门县培养农村免费定向医学本科生 39 人、专科生 24 名、本土化乡村医生（中专）87 人，招聘基层卫生专业人员 187 名。

石门县不仅注重培养本土人才，充实基层医疗人才队伍，还加大对基层医疗服务人员培养和技术培训力度，提升专业能力和服务水平，以更好地满足基层民众的医疗服务需求。一是采取"请进来、走出去"的办法，把专业医生请到基层来，一边为患者诊治疾病，一边进行教学、示范；同时把基层医疗服务人员"送出去"进行集中培训，将先进的治疗理念和技术带回基层，累计开展各种业务技能培训 28 次，培训人员达 1200 人次。借鉴对口援建"传帮带"工程，通过师傅带徒弟的方式，传知识、帮机构、带徒弟，为贫困地区打造一支愿承担、有能力、可支撑的本土人才队伍。二是实施转岗培训。石门县实施基层全科医生转岗培训、助理全科医生规范化培训，让每个乡镇卫生院拥有 2 名及以上全科医生。

除此之外，为了真正让基层医疗人才留得下、稳得住，石门县不断改善基层医疗服务人员的工作环境，让基层医疗服务人员能够安心工作；不断落实乡村医生多渠道补偿政策，提高基层医疗服务人员的收入待遇，通过政府购买服务的方式，落实基本公共卫生服务补偿，根据核定的任务量和考核结果将经费拨付给基层医疗服务人员，对在山区工作的技术人员，无论是正式员工还是新聘员工，实行同工同酬，同等享受全科医生专项补助、武陵山片区农村卫生专业人才津贴、乡镇工作人员补贴等优惠政策，针对服务人口 1000 人以下、原来没有乡村医生的贫困村卫生室，县财政每年拨付一定资金用于乡村医生生活补助，使其"稳得住"。

（五）深度优化完善医疗服务，让农村贫困人口"看得好病"

健康扶贫的主要目的是要让农村贫困人口看得好病。看得好病，健康扶贫才有意义。要让贫困群体看得好病，要完善医疗服务，把健康扶贫落实到人，精准到病。很多地方病我们要通过综合治理的方法，不可能全部解决，但是围绕着当前因病致贫的 2000 万人采取"靶向治疗"，这是可以考虑的。"靶向治疗"就要精准推进健康扶贫，关键在"对症下药"，因地因人施策、因病分类救治。在农村贫困人口中，发病率高、治疗费用高、严重影响生产生活能力的重点疾病多达 45 种，次重点疾病多达 48 种。因此，要对因病致贫、因病返贫的农村贫困人口进行精准扶贫，就必须对他们进行精准救治，即对患病贫困对象，按照疾病的轻重缓急进行分类救治。

石门县为解决农村贫困人口"看得好病"，实行"先诊疗，后付费"等"五先"服务、开展"一站式"结算服务、开展家庭医生签约服务采取不同措施，实施分类救治。

1. 实行"先诊疗，后付费"等"五先"服务

如何让农村贫困患者看得起病，报得了销，不至于因为患了重病、大病而一夜返贫，不至于因为诊疗费问题而被冷冰冰地拒之于医院门外，石门县各城乡居民医保定点医疗机构，为农村贫困人口建立了绿色通道，在门诊挂号、住院结算处设立了"农村贫困人口"窗口，避免了排长队挂号、缴费，使就医更快捷。在县域内定点医疗机构住院治疗，实行"先诊疗，后付费"服务，在县域内住院不交押金，只需要在窗口出示相关证件，签订"贫困人口先诊疗后付费协议书"后即可住院；出院时只需结清自付部分费用，减轻了贫困户住院负担。实行"先救助，后办手续"服务，对应急救助，即申请即救助，帮助因突发状况陷入困境的群众渡难关。该政策突破了凡是临时救助都由个人申请、乡镇审核、县局审核的传统做法，将审批权限直接下放到乡镇，减少了审批程序，最大限度缩短了审批时限，方便了困难群众。实行"先保险，后救助"服务，突破大病保

险、商业保险不对公支付的政策瓶颈，将基本医疗、大病保险、商业保险（特惠保）、民政医疗救助全部纳入"一站式"结算系统，不仅结算环节由滞阻变顺畅，还大大节约了民政救助资金。实行"先拨付，后缴存"服务，改变过去民政资助参合参保"先缴后返"的方式，直接将费用缴到参合参保基金账户，低保户只需缴应缴金额的一半，特困对象甚至完全省去了缴费环节。实行"先预拨，后核算"服务，石门县每季度将临时救助资金提前预拨到乡镇，按照极其困难、急救需求、自身无力等情况启动即时救助，实现了"求"与"助"零距离。

2. 开展"一站式"结算服务

2017年6月，石门县以"新农合"基础平台为依托，投入28万元开发出"一站式"结算系统，率先在湖南省启动"一站式"结算服务这一新政。2018年8月开始"一站式"结算服务工作由县城乡居民医保中心负责，按照"七统一"要求，建立起了政策协同、资金整合、信息共享、运行高效、管理规范的"一站式"结算平台，全面落实健康扶贫"一站式"结算工作。

石门县通过在各定点医疗机构开辟"绿色通道"，通过"先诊疗，后付费"结算机制，落实门诊"两免两减半"和住院治疗惠民减免等政策，在县域内城乡居民医保协议医疗机构开通"一站式"结算服务，为建档立卡贫困人口和农村低保对象、特困人员、贫困残疾人提供住院医疗费用即时结算服务，所有的报销补助政策，在医疗机构"一站式"窗口兑付，不需到其他部门报销，让贫困人口少跑路。农村贫困患者入院时，凭身份证和医疗证办理入院手续，先诊疗后付费；出院时，其享受的基本医疗保险、大病保险、扶贫特惠保险、民政医疗救助、定点医院减免、政府专项救助在医疗机构一次性结算，患者付清个人自付部分后即可办理出院手续，有效解决了建档立卡贫困人口"垫资难"和"报销难"的问题。石门县县外就医报销每周一、周二统一在县人社局服务大厅实行"一站式"办理服务，彻底解决了贫困群众住院报销多头跑、来回跑的麻烦，赢得了广大贫困群众的称赞。

3. 开展家庭医生签约服务

其一，组建服务团队。为了推进健康中国建设，实现人人享有基本医疗卫生服务的目标，促进医疗卫生工作重心下移、资源下沉，推动村级卫生服务向健康管理转型，加大建档立卡因病致贫精准扶贫工作力度，逐步建立廉价、便捷的医疗卫生服务体系。石门县以维护人民群众健康为中心，2016 年，在二都街道高桥社区试点启动"家庭医生签约服务"活动。在此次"家庭医生签约服务"试点启动活动中，石门县红十字会医院的医护人员上门为贫困人口提供中西医诊治、转诊、慢性病管理、常规体检、"一对一"健康咨询等综合服务，确保贫困群众患病能够得到及时救治。

为了在石门县全县范围部署推广家庭医生签约服务工作，2017 年，石门县组建了家庭医生签约服务团队。以乡镇卫生院负责人为领导，乡镇卫生院执业医师、公共卫生服务人员、乡村医生为队员，以建档立卡因病致贫、65 岁以上老年人、慢性病人和"三高"倾向人群等为重点签约对象，开展有偿签约服务，并由乡镇卫生院公共卫生管理团队协助并提供技术支撑。为优化服务团队，石门县人民政府专门制订下发了《家庭医生签约服务工作实施方案》，建立了"县级联片、乡级联村、村级联户"的工作机制。2020 年县卫计局组建了 4 个家庭医生签约服务医师团队、21 个乡镇级家庭医生签约服务医师团队（由各镇卫生院的全科医生、公卫人员、辅助功能科室人员、乡村医生等人员组成）。

其二，制定个性化服务。为了做到管理精准识别到人、救治精准识别到病、服务精准识别到项、帮扶精准识别到点，石门县家庭签约服务在基本医疗卫生服务的基础上，以基本公共卫生服务为载体，以定期深入村（居）和按需上门服务为手段，为居民提供社区基本医疗和基本公共卫生服务，实施居民健康管理。签约居民可享受到以健康管理为主要内容、主动服务为主要形式的八类个性化的服务：第一，个人健康评估及计划；第二，卫生保健咨询及指导；第三，重点人群规范服务；第四，对签约家庭成员中 65 周岁及以上老年人开展每年一次常规体检；第五，为签约家庭成员中 0—6 岁的儿童开展系统保健管理指导服务；第六，为签约家庭成员中孕期妇女提供孕期指导及产后的探访指导；第七，为签约的家庭提供保健体检信息等健康档案的存储和查询；第八，为签约的家庭成员提供常见病、多发病的优先诊疗服务等。截至 2020 年末，石门县农村贫困人口家庭医生签约服务率、个性化管理率达到 100%。

4. 实施分类救助

按照分类救治的原则，石门县确定农村贫困人口大病集中救治及重病兜底保障疾病定点医院，以石门县人民医院为主，石门县中医医院、石门县计划生育和妇幼保健院、石门县红十字会医院根据服务能力参与。慢性病签约服务及其他一般疾病首诊医院为当地卫生院或村卫生室；儿童白血病、先天性心脏病首诊医院为常德市第一人民医院、省儿童医院、省人民医院。

（六）实施公共卫生服务项目，开展爱国卫生运动，让农村贫困人口"少得病"

贫困群众不但希望看得上病、看得好病，更希望少得病、不得病，这也是实施健康扶贫工程的最终目的。2015 年 11 月，习近平总书记在埃博拉出血热疫情防控工作表彰大会上明确指出："始终把广大人民群众健康安全摆在首要位置，切实做好传染病防控和突发公共卫生事件应对工作。"[1] 在

---

[1] 吴晶、胡浩：《习近平：始终把广大人民群众健康安全摆在首要位置》，http://health.people.com.cn/n/2015/1126/c398004-27857796.html，2015 年 11 月 26 日。

2016 年 8 月召开的全国卫生与健康大会上，习近平总书记又指出："要坚持基本医疗卫生事业的公益性，不断完善制度、扩展服务、提高质量，让广大人民群众享有公平可及、系统连续的预防、治疗、康复、健康促进等健康服务。"①

石门县加快改善贫困地区医疗卫生服务条件，着力提升贫困地区医疗卫生服务能力。全面加强贫困地区公共卫生和疾病防控工作，从源头遏制因病致贫、因病返贫。具体而言，石门县全面实施基本公共卫生服务项目，保障群众身体健康、开展全民爱国卫生运动，改变群众卫生习惯，不仅帮助贫困人口看病就医，使他们看得上病、看得好病，还从消除人力贫困入手，提高他们的营养水平和预防疾病的能力。

1. 全面实施基本公共卫生服务项目，保障群众身体健康

将健康扶贫惠民政策编制成明白卡、口袋书，发放到农村贫困户，并为他们优先提供 12 类 45 项基本公共卫生服务，对孕前优生检查、产前筛查、"两癌"（宫颈癌、乳腺癌）筛查等免费项目做到全覆盖。落实 6 种重点传染病专病专防策略和地方病综合防控措施，加强原发性高血压、Ⅱ型糖尿病等慢性病和严重精神障碍患者的管理。同时，逐步提高人均基本公共卫生服务补助标准，增加服务项目和重点人群覆盖范围，强化项目管理，扎实做好建立居民健康档案、健康教育、预防接种、高血压糖尿病患者健康管理、0—6 岁儿童健康管理、孕产妇健康管理、65 岁及以上老年人等重点人群健康管理、重性精神疾病患者管理、传染病及突发公共卫生事件报告和处理、卫生监督协管、中医药管理、结核病患者管理等工作，提高项目执行规范化程度，提升群众的受益水平，让贫困人口全面享受均等化基本公共卫生服务和重大公共卫生服务项目。

---

① 白剑峰、王君平、李红梅：《让人民享有公平可及的健康服务》，http://politics.people.com.cn/n1/2016/0824/c1001-28659888.html，2016 年 08 月 24 日。

2. 开展全民爱国卫生运动，改变群众卫生习惯

石门县借助医联体的信息平台，通过健康知识宣传等方式，开展全民爱国卫生运动，不断加强人口健康环境卫生、饮食习惯、改水改厕、健康教育、健康促进、病媒生物防治等方面的教育，改变其不健康的生活习惯，不断提高其预防疾病意识，达到预防疾病、提高健康水平和生活质量的目的。

二、石门健康扶贫的效果评价

石门县委县政府高度重视健康扶贫工作，积极部署，确保健康扶贫措施精准发力，健康扶贫政策到户到人，实现了农村贫困人口"看得起病""看得到病""看得好病""少得病"，健康扶贫成效显著。

（一）贫困户看病更加便捷

三级医疗机构基础建设的提质、医联体建设的提速、专业人才队伍的提升，特别是"一村一室一医"的实现，贫困人口不再小病扛、大病拖，在家门口就可以看病买药，就医方便快捷。壶瓶山镇桐木山村村民易元英受访时说道："原来买药看病很不方便，最近的到隔壁的大棚村都要走十多里路。现在梁医生来了，在家门口就能买到药、看上病，方便得很了。"到县级医院就诊，可以享受"先诊疗，后付费"、"一站式"结算服务，住院更便捷。重病大病患者不出县，便可通过县级医院的远程诊疗服务享受上级医院的优质资源，免去跑省级以上大医院的麻烦。2020 年，农村贫困人口住院达 38628 人次，县域内贫困人口就诊率达到了 95%。

（二）贫困群众防病能力增强

加强健康教育是防病的关键，也是健康扶贫工作的重点之一，为此石门县采取了多种措施。一是石门县在贫困地区全面开展健康促进工作，引导群众崇尚科学，破除迷信，养成讲卫生的良好习惯，增强群众防病能力，防止"病根"变"穷根"。二是不断加强对贫困人群的防病培训，普及常见病防治知识，提高贫困户的自我防护意识，降低感染的风险，使其了解自身健康情况，有效预防疾病发生。三是通过实施家庭医生签约服务，开展健康体检、健康教育、健康促进等活动，使贫困群众对防病知识更加了解，健康意识普遍增强。通过建立健康档案，上门了解贫困人口健康状况，对发现的慢病患者及时随访、指导用药，减少并发症的发生，贫困人口的防病能力不断增强，群众的身体健康得到有力的保障。

（三）贫困户住院负担减轻

为了不让贫困户因病返贫，石门县加大了基本医保缴费补助的力度。2019 年，石门县农村贫困人口住院总医药费为 22818.69 元，实际补助 18871.18 元，平均实际报销比例达到了 83%，其中建档立卡大病重病患者住院平均实际报销比例达 85%。2020 年，通过"六道医疗保障线"的实施，贫困人口在县域内就诊率达到 95% 以上，在县域内住院医疗费用实际报销比例达到 90% 以上，使得贫困户住院费用大大减少，贫困户家庭负担大大减轻。脱贫攻坚以来，石门县通过实施周全的医疗保险、免费的家庭医生、便捷的医疗服务、牢固的"六道医疗保障线"，累计救治贫困人口 38628 人次，使 22875 名因病致贫人口脱贫走上健康幸福路。

专栏十　贫困户家庭负担大大减轻

贺忠荣，南北镇人，64岁，有三个儿子，和妻子及离异单身的二儿子贺良明共同生活，2017年纳入建档立卡贫困户。2017年4月9日，贺忠荣因蛛网膜下腔出血、脑积水、慢纤空型肺结核、心包积液等多种疾病而到石门人民医院住院治疗，共计产生12.84万元医药费，其中，城乡居民医保给予报销29451元，大病保险二次报销1561元，实际自费97400元。自费部分是由三个儿子分别找亲朋好友借来的，近10万元的债务使这个大家庭背上了沉重的负担，同时，贺忠荣的生活费用及后续治疗费用仍存在困难。石门县健康扶贫指挥部、南北镇卫生院健康扶贫办了解到贺忠荣的情况后，按照相关政策再次给予补助57309元，民政给予14700元救助，最后贺忠荣自付医疗费用仅25000多元。该案例只是石门县健康扶贫工作的一个缩影。

三、石门健康扶贫的经验与启示

近年来，石门县把健康扶贫作为脱贫攻坚的重要一环，推出了健康扶贫诸多优惠政策，取得了很大的成绩，也总结出了很多经验。

（一）各级领导重视是前提

没有各级党委政府的高度重视和相关部门的积极参与以及医疗机构的贯彻执行，健康扶贫工程只会是一纸空文。近年来，石门县委县政府积极落实中央、省、市各级领导对健康扶贫的文件指示精神，高度重视健康扶贫工作，始终支持健康扶贫工作。县领导不仅经常过问，对有关健康扶贫的重点稿件亲自把关，而且还在相关会议上强调健康扶贫的重要性，要求全县不折不扣地落实各级有关健康扶贫工作的指示，要求全县卫健、民政、人社等部门通力合作，不断完善健康扶贫工作，为贫困群体提供更好的服务。贫困人口致贫原因确定—"三个一批"人员管理—实施分类救治救助—摆脱疾病脱贫，每一个环节都离不开各级领导的重视。

（二）提升服务能力是重点

基层医疗服务能力是影响农村贫困人口健康的重要因素，也是制约医疗卫生事业发展的短板和痛点，更是健康扶贫工作要解决的一个重要问题。石门县注重加强基层医疗服务能力建设，以中心医院、乡镇卫生院评审和优质服务基层的做法为抓手，规范基层医疗卫生机构设置，建设县域医疗服务共同体（以下简称"县城医共体"），不断加强基层卫生专业培训，提升基层医疗服务能力。

第一，开展乡镇卫生院评审工作。石门县按照"以评促建、以建促评、评建结合、规范发展"的原则，在乡镇卫生院范围内全面开展一级医院评审工作。各个单位指定专门科室负责，组建评审队伍，对照评审指标体系，认真开展自查、评审工作，同步推进乡镇卫生院就医环境整治活动，力争中心卫生院、一般卫生院达到评审标准要求，促进乡镇卫生院医疗能力提升。第二，开展优质服务基层行活动。石门县组织开展"优质服务基层行"活动，引导开展特色科室建设，以特色科室建设带动服务能力提升。各乡镇通过"优质服务基层行"活动，不断加强基层卫生特色科室建设，合理拓展医疗服务范围，完善医疗服务功能，提升基层医疗卫生服务水平。第三，积极建设县域医共体。石门县不断组织基层医疗机构积极参与县域医共体的建设，参与建设医学检验中心、影像诊断中心、心电中心、病理诊断中心，大力提升基层医疗诊断能力，降低基层运营成本。第四，加强基层卫生专业培训。石门县实施基层医疗卫生服务能力提升国培计划，采取线上线下相结合的方式，对乡镇卫生院和社区卫生服务中心负责人开展管理知识培训，对家庭医生团队开展实用技能和适宜技术培训，逐级组织基层卫生技能大比武活动，提升基层卫生服务能力。

（三）提高保障水平是关键

健康扶贫的关键是提高保障水平。贫困人口看病就医最关键的问题是没有钱，没有能力支付，看不起病。为了解决这种问题，石门县根据湖南省"三个一"行动计划，建立基本医疗保险、大病保险、医疗救助、疾病应急救助、商业健康保险等制度衔接机制，推动相关信息系统无缝对接和数据交换建设，整合扶贫专项资金、残疾救助、计划生育帮扶等资金，建立兜底保障机制，实行联动报销，加强综合保障，切实提高农村贫困人口受益水平。石门县完善基本医疗加大病保险和医疗救助等"六道医疗保障线"，大幅度提高了贫困人口的保障水平。健康扶贫政策实施前，县级医院住院实际报销比例不到55%，县域外住院报销比例不到30%，对于贫困户来说无疑是沉重的负担。健康扶贫政策出台后，县域内住院报销比例由2017年的80%提高到2020年的90%，自己只需要支付10%的住院费用，解决了贫困户看不起病的问题。因而，提高医疗保障水平是解决贫困人口因病致贫返贫的关键。

（四）政策宣讲落实是保障

为了将健康扶贫政策宣传并落实到位，石门县上万名党员干部带着统一印发的《健康扶贫政策清单》《健康扶贫明白卡》，深入所结对帮联的贫困户家中，一一宣讲到位，一一放置到贫困户扶贫资料袋中。同时石门县通过持续开展项目宣传服务月活动，利用电视、报纸、网站、微信等媒体，积极传播国家宣传主题，宣传项目内容、对象、政策及获取服务渠道，不断提高群众知晓率，破除了贫困群众得病不敢看、小病变大病、大病变贫困的恶性循环。持续推进基本公共卫生服务"三个一"工程，积极扩大项目在重点服务人群、政策决策人员和公共管理人员中的影响。基层医疗卫生机构充分利用提供服务的时机，宣传项目政策，让群众明白接受的免费服务就是国家项目要求，提升了贫困群体对政策的知晓率。

（五）坚持预防重于治疗

疾病的预防比疾病的治疗更加重要，是健康扶贫工作十分重视和认真贯彻的重要理念。石门县健康扶贫工作不仅解决了贫困人口治病问题，还通过家庭医生签约服务、健康教育和防病培训，大大提升了贫困人口防病能力。石门县通过对贫困人口定期进行健康体检，定期对"两癌"等疾病筛查，扎实做好重点人群健康档案管理工作，从而及时了解贫困人口健康状况，做到防患于未然。通过家庭医生签约服务，上门了解贫困人口健康状况，对发现的慢性病患者及时随访、指导用药，减少并发症的发生，使贫困人口的防病能力不断增强。此外，通过开展健康教育和防病培训等活动，使贫困群众了解常见病的防治知识，提高贫困户的自我防护意识，使其了解自身健康情况，有效预防了疾病的发生。

"没有全民健康，就没有全面小康"[①]。每个人都要面对生老病死，健康问题是生活中的大问题，特别是在脱贫攻坚中，健康问题尤为关键。党的十八大以来，以习近平同志为核心的党中央把脱贫攻坚摆到治国理政的突出位置、把人民身体健康作为全面建成小康社会的重要内涵，从实现全面

---

① 刘峣：《没有全民健康，就没有全面小康》，http://health.people.com.cn/n1/2020/0808/c14739-31815062.html，2020 年 08 月 08 日。

小康和维护全民健康的角度出发，全面部署、持续推进。健康扶贫，党心所向，民心所依。健康扶贫是精准扶贫的一个方面，全面落实好健康扶贫相关政策措施，是政府的重要职责。在打赢打好脱贫攻坚这场硬仗中，能否攻克因病致贫、因病返贫难题，石门县以实际行动给出了肯定的答案，石门县在健康扶贫上探索出的路子值得学习借鉴，探索出的行之有效的办法也为成功打赢脱贫攻坚战提供了强有力的保障。

第八章 | 探索精准扶贫新路径

贫困问题是当今全球面临的最尖锐、最具矛盾性的社会问题之一。传统扶贫方式和手段在发挥减贫成效的同时，面临的问题和挑战日益增加，越来越难以适应经济社会发展的新要求。为实现到 2020 年消除绝对贫困、如期全面建成小康社会的目标，石门县在认真总结经验教训的基础上，突破传统扶贫开发模式的障碍，积极探索和创新适用于贫困地区、贫困人口发展的精准扶贫模式。现阶段，脱贫攻坚取得了决定性的胜利，贫困群体的福利得以明显改善，但贫困问题仍将长期存在，返贫现象也可能在一定范围内、一定程度上发生。稳定脱贫长效机制有待健全。扶贫手段的创新是实现精准扶贫、精准脱贫的强大动力和重要途径。贫困人口致贫原因各不相同，教育致贫，医疗致贫，建房致贫，缺乏劳动力、就业岗位、资金致贫，等等。扶贫不能"眉毛胡子一把抓"，而要"一把钥匙开一把锁"，实事求是、对症下药、靶向治疗、精准施策，合理安排扶贫项目和资金，再生贫困地区的"造血"功能，斩断穷根、开掘富源。坚持因地制宜，创新体制机制的基本原则，突出问题导向，创新扶贫开发路径，由大水漫灌向精准滴灌转变；创新扶贫资源使用方式，由多头分散向统筹集中转变；创新扶贫开发模式，由偏重"输血"向注重"造血"转变。与时俱进，不断创新扶贫手段，长期存在的相对贫困问题也需要着眼长远进行统筹考虑。下一阶段工作重点要转向全面巩固来之不易的脱贫攻坚成果，提升脱贫质量，增强脱贫的稳定性和可持续性。巩固拓展脱贫攻坚成果，需要认真总结脱贫攻坚所取得的成就，提炼石门县好的做法和成功经验，把行之有效的扶贫制度安排和政策措施进行优化延伸，特别是将一些业已成型的做法制度化、规范化，为乡村振兴战略实施提供可借鉴的经验。

石门县是国家武陵山集中连片特困地区县，截至 2018 年底，122 个贫困村已全部出列，贫困发生率降至 0.42%。五年来，全县贫困人口共脱贫 25593 户 79948 人。扶贫开发事关全面建成小康社会，事关国家长治久安。"非常之事必待非常之措。"石门不再延续传统的扶贫方式，不能就扶贫搞扶贫、搞"漫灌"式扶贫。必须牢固树立创新、协调、绿色、开放、共享的新发展理念，动用就业、科技、电商扶贫等新手段，下"猛药"，瞄准贫困农户实施脱贫攻坚工程，精准扶贫。唯有如此，才能补齐短板，在加强薄弱领域中增强发展后劲。

一、探索扶贫扶志、扶贫扶智实践模式

加强扶贫扶志，激发贫困群众内生动力，是中国特色扶贫开发的显著特征，是打赢脱贫攻坚战的重要举措。习近平总书记多次强调，打好精准脱贫攻坚战，首先要激发贫困人口内生动力，要做到扶贫先扶志，治贫先治愚。2015 年 10 月 16 日，习近平总书记在 2015 减贫与发展高层论坛发表主旨演讲时强调，我们坚持开发式扶贫方针，把发展作为解决贫困的根本途径，既扶贫又扶志，调动扶贫对象的积极性，提高其发展能力，发挥其主体作用。2015 年 11 月 27 日，习近平总书记在中央扶贫开发工作会议上强调，"激发内生动力，调动贫困地区和贫困人口积极性。'只要有信心，黄土变成金。'"贫穷不是不可改变的宿命。人穷志不能短，扶贫必先

扶志。^① 2016 年 7 月 20 日，习近平总书记在东西部扶贫协作座谈会上强调："摆脱贫困首要并不是摆脱物质的贫困，而是摆脱意识和思路的贫困。扶贫必扶智，治贫先治愚。贫穷并不可怕，怕的是智力不足、头脑空空，怕的是知识匮乏、精神委顿。脱贫致富不仅要注意富口袋，更要注意富脑袋。"^② 2017 年 6 月 23 日，习近平总书记在主持召开深度贫困地区脱贫攻坚座谈会上强调："加大内生动力培育力度。扶贫要同扶智、扶志结合起来。注重激发贫困地区和贫困群众脱贫致富的内在活力，注重提高贫困地区和贫困群众的自我发展能力。"^③

2019 年 4 月 16 日，习近平总书记在主持召开的解决"两不愁三保障"突出问题座谈会上指出，脱贫既要看数量，更要看质量。要加强扶贫同扶志扶智相结合，让脱贫具有可持续的内生动力。^④ 2020 年 10 月 17 日，在第七个国家扶贫日到来之际，习近平总书记对脱贫攻坚工作作出重要指示强调：要激发贫困地区贫困人口内生动力，激励有劳动能力的低收入人口勤劳致富，向着逐步实现全体人民共同富裕的目标继续前进。^⑤

激发贫困人口内生动力是实现长久脱贫的关键。贫困群众是脱贫攻坚的对象，更是脱贫致富的主体，激发贫困人口脱贫致富的内生动力至关重要。如果只重"输血"轻"造血"，采用大量的补贴政策促使贫困户收入在短时间内得以大幅提升，不注意提高贫困人口的自我发展能力，一旦外部帮扶政策被取消或者"急刹车"，难以有效维持现有的福利水平，已经脱贫的群众很可能再度返贫。^⑥ 从马克思主义辩证唯物主义内因与外因关

---

① 2015 年 11 月 27 日习近平总书记在中央扶贫开发工作会议上的讲话。
② 2016 年 7 月 20 日习近平总书记在东西部扶贫协作座谈会上的讲话。
③ 2017 年 6 月 23 日习近平总书记在深度贫困地区脱贫攻坚座谈会上的讲话。
④ 2019 年 4 月 16 日习近平总书记在解决"两不愁三保障"突出问题座谈会上的讲话。
⑤ 共鸣：《善作善成打赢脱贫攻坚战》，《老区建设》2020 年第 19 期。
⑥ 郑之杰：《激发脱贫内生动力的"五字诀"》，《经济日报》2017 年 6 月 16 日，第 14 版。

系来说，精准脱贫是"事物发展变化"本身，扶贫政策、经济物质是"外因"，贫困人口内生动力是"内因"。① 摆脱贫困重视"外因"的同时，更要重视"内因"，"内生动力"是解决贫困的根本，是政策、帮扶能够起到长期作用的关键。

党的十八大以来，为了在全面小康的路上不使一个贫困户掉队，党和政府以及社会各界投入大量人力、物力、财力，年均超千万人脱贫。但是随着脱贫攻坚的持续推进，大家越来越认识到扶贫和扶智、扶志紧密结合的重要性。如果贫困人口失去了摆脱贫困的精神和志气，缺乏脱贫攻坚的主体意识、责任，那么无论政府、社会如何扶持，均无法实现长期稳定脱贫。习近平总书记曾强调："脱贫致富贵在立志，只要有志气、有信心，就没有迈不过去的坎。"② 心贫比任何致贫原因都可怕和难治。正所谓"心病还得心药医"，扶贫先扶志，应当着力在消除精神贫困上下功夫，摆脱贫困需要智慧。"授人以鱼，不如授人以渔，"单纯地依靠外部"输血"式扶贫，不能从根本上断掉"穷根"。要从根本上实现贫困地区的脱贫致富，必须要增加贫困地区的"造血"功能，从单纯的物质资金支持转变到重视贫困地区人口的教育和人力资源开发，让群众充分认识到掌握脱贫技能的重要性，提升群众的文化素质与职业技能，使其精神富有，才能真正实现脱贫致富。

脱贫攻坚以来，广大贫困群众脱贫致富信心、自我发展能力明显提高，精神面貌显著改变，扶贫扶志工作取得积极进展。当前脱贫攻坚取得了决定性成就，832 个贫困县全部脱贫摘帽，现行标准下贫困人口脱贫，区域性整体贫困问题和农村人口的绝对贫困问题已经基本解决。在这场如

① 郭来彦：《扶志又扶智，脱贫攻坚的精准之道》，《劳动保障世界》2018 年第 21 期。
② 刘永富：《习近平扶贫思想的形成过程、科学内涵及历史贡献》，《行政管理改革》2018 年第 9 期。

火如荼的攻坚战中，各级党委政府提升脱贫攻坚的紧迫感、责任感和使命感，撸起袖子加油干。绝大多数建档立卡贫困户破除思想桎梏，充分发挥自身主体作用，从被动脱贫到主动致富。但据调查了解，仍然有极个别群众存在"等靠要""小富即安"等内生动力不强的现象；极少数群众得了"红眼病"，滋生"我也想当贫困户"的思想。"懒惰没有牙齿，但却可以吞噬人的智慧。"造成贫困的原因多种多样，既有客观原因，又有主观原因；既有地理条件限制，又有历史文化等原因。实现全面建成小康社会目标后，一部分脱贫人口和边缘群体仍存在一定程度的返贫致贫风险，其中一个重要原因是部分贫困人口慵懒懈怠、不思进取、自我驱动和发展能力不足，缺乏脱贫致富的志向和勇气。激发贫困地区和贫困群体的脱贫致富的内生动力和外在活力，可为脱贫攻坚提供新的动能和支持保障，既有利于消除绝对贫困，也能有效缓解相对贫困，缩小城乡差距。

人无志不立，贫无志难脱。精准扶贫要点到思想和精神的"穴位"上，培育贫困地区和贫困人口的内生动力，激发贫困群众脱贫致富的内在活力，提高贫困人口的自我发展能力，这是"扶贫同扶智、扶志相结合"的深意。因此，"十四五"时期，要以中央大政方针为指引，推动减贫战略和工作体系平稳转型，防止贫困人口返贫致贫，把巩固拓展脱贫攻坚成果纳入乡村振兴战略统筹推进，建立长短结合、标本兼治的减贫体制机制。这一过程既要投入大量的资金、物资解决迫切的生产生活之需，又要提高贫困地区人口的思想觉悟、精神状态和文化素养，扶志、扶智并驾齐驱，催生精准扶贫的思想动力和行为活力。

所谓扶志，就是要淡化贫困意识，树立脱贫致富的志气，增强摆脱贫困的信心。一句话，就是要有强烈的摆脱贫困的想法和愿望。所谓扶智，就是要加强思想教育和文化教育，提高贫困人口的素质，阻断贫困的代际传递。一句话，就是要找到从根本上拔穷根的办法和途径。扶贫同扶智、扶志紧密结合，是实现脱贫攻坚目标的需要，更是贫困地区、贫困人口持续发展的需要。

石门县正确认识到了扶贫同扶志、扶智相结合的重要意义，通过推动在就业扶贫、移风易俗等方面的创新，不断激发贫困人口的内生动力。

（一）探索就业创业新模式，激发内生动力

扶贫扶志与扶贫扶智实际上是变"输血"为"造血"的扶贫模式，对贫困户授之以渔，使其有坚定的信念，掌握自我生存的能力。近几年来，石门县坚持把扶贫扶志与扶贫扶智工作作为长效脱贫的有力抓手，以提升贫困群众就业创业能力、帮扶贫困群众实现稳定就业为首要任务，达到"就业一人、脱贫一户"的工作目标。截至2020年底，已实现转移就业18.07万人，充分发挥贫困群众的脱贫主体作用。其具体做法主要包括以下四方面。

1. 政策落地激励就业

根据各级业务主管部门出台的各项就业扶贫文件精神，为增强政策的可操作性，结合石门县实际，制定了各项政策操作的具体细则和补贴补助流程，印制了就业扶贫政策明白卡，内容涵盖就业技能培训、创业培训、一次性交通补助、就业创业和跟踪服务补贴、对外输出补助和创业担保贷款扶持等方面。通过下发文件、微信公众号、石门手机报、石门电视台、屋场会、户主会、广播会等多种途径广泛宣传，米扩大政策的知晓率。

2. 措施到位提供就业

通过组织开展"春风行动"、园区专场招聘、送岗位下乡等活动，采取招聘会进广场、进墟场、进市场等方式，为全县贫困劳动力转移就业搭建了平台。截至2020年底，共开展各类大型招聘活动240多场次，引导群众"走出家门"务工。利用报纸、广播、电视、微信等多渠道立体式全

方位"轰炸"，广泛发布企业用工信息，通过内引外联方式"招企进场，引人选企"，形成了"招工进市场，应聘找职介"的职业指导和职业推介影响力。通过扶持创业、挖掘公益岗位等形式，为有创业意愿的群众提供机会，为弱劳力人群提高就业收入。

3. 坚持典型示范引领

鼓励扶持致富带头人因地制宜发展致富项目，广泛组织开展树典型、学标兵活动，积极倡导群众发扬自力更生、艰苦奋斗、勤劳致富的精神。大力倡导自力更生、脱贫光荣的良好风尚。在每个村树立两个以上脱贫先进典型，通过户主会、广播会等形式进行宣传，通过典型带动的方式调动贫困群众脱贫致富的积极性。

4. 进一步激发内生动力

加强扶贫政策和脱贫成效的宣传，组织开展"基层夜话""网络对话""家访谈话"以及科技文化信息"三下乡"、发展产业"大竞赛"等活动，树立"脱贫光荣"的鲜明导向，发挥贫困群众的脱贫主体作用。推动移风易俗，发挥村规民约作用，引导贫困群众自我教育、自我管理、自我约束，坚决纠正婚丧嫁娶大操大办、不赡养老人和赌博酗酒等陈规陋习及不良行为，培育健康文明的生活方式。加大技能培训力度，每年至少开展4次与沿海发达地区和县内企业的劳务对接，力促劳动力转移就业。坚持典型示范引领，鼓励扶持致富带头人因地制宜发展致富项目，广泛组织开展树典型、学标兵活动，积极倡导群众发扬自力更生、艰苦奋斗、勤劳致富的精神。

（二）推进移风易俗，更新思想观念

铺张浪费、大操大办等歪风陋习，在农村由来已久、根深蒂固。面对各种攀比之风和花样翻新的"人情债"，不少农村群众避之不及、有苦难言。特别是在全面建成小康的进程中，许多农村家庭深受其害，被其拖累，因此返贫。

石门县坚持以社会主义核心价值观为引领，把推动移风易俗作为社会主义核心价值观建设的重要抓手，把反对铺张浪费、反对婚丧大操大办作为农村精神文明建设的重要内容，在培育乡风民风、美化人居环境、丰富文化生活上下功夫、做文章，推动移风易俗，树立文明乡风，引导广大群众革除陈规陋俗，倡导文明新风，让崇德向善、勤俭节约、崇尚科学、健康生活的文明新风尚，在石门县落地生根、开花结果。为弘扬和践行社会主义核心价值观，引导广大党员干部和群众更新思想观念，革除陈规陋习，遏制不良习俗，形成勤俭节约、文明健康的生活方式，石门县主要采取了以下措施。

一是旗帜鲜明反对铺张浪费、反对大操大办、抵制封建迷信，下大力气推动移风易俗，刹人情歪风、治婚丧陋习、树文明新风。为了把这项工作抓好抓实抓细，石门县成立了专门的工作班子，27个乡镇区（街道）、农林场和127多家县直单位都成立了相应的机构，331个村（社区）进一步修订完善了村规民约，把文明节俭办大事纳入其中，许多村（居）成立了红白理事会，有效破除陈规陋习。通过发挥村民议事会、红白理事会、村规民约的积极作用，约束攀比炫富、铺张浪费行为。2017年上半年，石门举行了倡导城乡文明摆宴新风启动仪式，并下发了倡议书，再次掀起了整治城乡违规摆宴歪风的风暴，取得了显著成效。为了进一步做好倡导全县城乡文明摆宴新风工作，召开专题调度会，深入开展宣传教育、倡议引导、立规明约、监督整治，掀起了治理违规摆宴的新高潮。全县上下通过广播电视、报刊、网络、微信、宣传栏、文艺演出等多种形式，全方位开展宣传，使文明节俭操办婚丧喜庆事宜做到家喻户晓、人人皆知。县文明办把倡导城乡文明摆宴新风工作成效纳入文明创建考核范畴，对整治工作不力的单位实行"一票否决"。全县30000多名党员、12000多名公职人员、人大代表、政协委员带头签订了《文明节俭操办婚丧喜庆事宜承诺书》，并予以公示，接受监督，其他身份人员也相继签订承诺书。各乡镇区（街道）与辖区范围内的酒店、餐馆签订了《不承接违规酒席承诺书》，建立责任追究办法。为了做到整体联动，石门县落实了10多个县直单位、各乡镇区（街道）和农林场、村居（社区）的责任，形成了齐抓共管的合力。

为了持之以恒地树立文明摆宴新风，石门县坚持"疏""堵"并举，实施标本兼治。县纪委监委强化监督执纪问责，严肃查处党员和国家公职人员违规操办婚丧喜庆事宜，坚持"吃请双罚"，不仅对公职人员违规摆宴行为作出处理，而且，对违规吃酒的公职人员也作出相应的组织处理。全县建立有奖举报制度，公布县级举报电话，各乡镇区（街道）、农林场也分别设立了举报电话。还建立了文明节俭操办婚丧喜庆事宜工作一月一报告、一季一调度、全年总考核制度，使这项工作成为常态，深入持久地树立文明摆宴新风尚。

二是采取农民喜闻乐见的形式，深化党的十九大精神、习近平新时代中国特色社会主义思想和社会主义核心价值观的宣传教育，深化爱国主义、集体主义、社会主义教育，深入开展文明村镇、文明家庭、最美家庭、星级文明农户和好公婆、好媳妇、好妯娌等评选活动，提升农民思想境界，提振精气神，激发他们勤劳致富的内生动力。

三是重视农民的情感寄托，挖掘、传承优秀乡土文化，保护好、传承好、利用好物质文化遗产和非物质文化遗产。落实好送文化下乡活动，引导他们自发建立各类文化娱乐组织，做到以文惠民、以文乐民、以文育民，满足农民群众多样化的文化需求。

二、拓展科技扶贫新渠道

科技扶贫是决战决胜脱贫攻坚的有力支撑，是创新社会化科技服务的重要举措，是密切党群干群关系的有力抓手，因此要将科技创新发展的理念植入贫困地区发展之中，要努力成为群众发展致富的"顾问"和"贴心人"。现阶段中国扶贫开发工作着重解决贫困地区"生活好"的问题，科技助推"造血"式产业扶贫面临供给侧改革、创新创业、科技体制改革、"互联网+"和新发展新理念等利好政策机遇，而现有科技扶贫项目管理制度与之不相适应，改革刻不容缓。

科技部以习近平新时代中国特色社会主义思想为指导，坚持精准扶贫、扶贫先扶志、扶贫必扶智、建立健全科技扶贫部际协调、科技管理系统"四级联动"和东西部科技扶贫协作等三项机制，深入实施科技扶贫"百千万"工程，着力补齐贫困地区科技和人才两大短板，系统强化精准赋能扶贫产业、精准选派科技人才、精准统筹科技资源三项举措，充分展示贵在精准、重在产业、根在创新、要在合唱四大特色，走出了一条创新驱动精准脱贫之路。在科技扶贫方面，科技部全面落实党中央、国务院脱贫攻坚三年行动决策部署，针对贫困地区存在的科技和人才短板突出问题，聚焦深度贫困地区和特殊贫困群体，创新驱动精准扶贫精准脱贫，统筹推进行业、片区、定点扶贫，增强贫困地区内生动力和自我发展能力，不断提升扶贫精准性、可持续性和有效性。2018年，科技部印发《深入推进科技扶贫助力打赢脱贫攻坚战三年行动实施方案》，投入资金5000万元以上，支持200项以上省级农业科技项目，突破产业发展共性关键性技术难题，促进贫困地区农业产业经济发展；派遣500名"三区"科技人员（含中西部市县科技副乡镇长）到中西部11个市县开展农业科技扶贫服务，建立农业种养殖科技示范基地 150 个以上，组织农民参与实施科技项目，培训农民 7 万人次以上；巩固建设 270 个以上农业科技 110 服务站，打造科技特派员广泛参与的农村基层科技服务阵地；通过技术专家一对一结对帮扶，在全省市县建设 100 个科技扶贫示范村、1000 个科技扶贫示范户；推广转化 300 项以上实用农业技术成果和品种、工艺，为农村科技创业和服务提供技术支撑。同年，科技部办公厅印发《关于深入实施科技扶贫"百千万"工程助力深度贫困地区脱贫攻坚有关工作的通知》，持续推进在贫困地区建设"一百个"农业科技园区、星创天地等平台载体，动员组织高校、院所、园区、企业等与贫困地区建立"一千个"科技扶贫帮扶结对，到 2020 年实现"十万个"贫困村科技特派员全覆盖。

2018 年，中国科技扶贫进一步加大财力、人力投入力度，科技扶贫成效显著①。科技部和省级科技管理部门投入科技扶贫经费 10 多亿元。中央引导地方科技发展专项资金投入 2.23 亿元。全国科技系统选派到贫困地区挂职扶贫人员 8454 名，其中深度贫困地区 208 名，选派参与脱贫攻坚的科技特派员 60925 名。大力实施"三区"人才支持计划科技人员专项计划。2018 年，科技部印发《关于在"三区三州"大力实施"三区"人才支持计划科技人员专项计划工作方案通知》，中央财政投入经费 3.2 亿元，向中西部 22 个省份和新疆生产建设兵团 1118 个"三区"贫困县选派科技人才 18078 名，培训本土科技人员 3542 名，为深度贫困地区精准输送了一批急需的科技服务和创业带动紧缺人才。

2019 年 10 月 21 日，习近平总书记对科技特派员制度推行 20 周年作出重要指示指出，科技特派员制度推行 20 年来，坚持人才下沉、科技下乡、服务"三农"，队伍不断壮大，成为党的"三农"政策的宣传队、农

---

① 陆成元：《以科技扶贫促进乡村振兴的策略分析》，《南方农业》2018 年第 12 期。

业科技的传播者、科技创新创业的领头羊、乡村脱贫致富的带头人，使广大农民有了更多获得感、幸福感。习近平总书记强调，创新是乡村全面振兴的重要支撑。要坚持把科技特派员制度作为科技创新人才服务乡村振兴的重要工作进一步抓实抓好。广大科技特派员要秉持初心，在科技助力脱贫攻坚和乡村振兴中不断作出新的更大的贡献。

2020年全国科技助力精准扶贫工作，以习近平新时代中国特色社会主义思想为指导，深入贯彻落实党的十九大和十九届二中、三中、四中全会精神，树牢"四个意识"，坚定"四个自信"，坚决做到"两个维护"，认真落实党中央国务院关于决战脱贫攻坚、决胜全面建成小康的战略部署，统筹推进新冠肺炎疫情防控和经济社会发展，开展"决胜小康、奋斗有我"行动，组织动员千家科技组织、万名科技工作者，聚焦剩余贫困人口、新致贫人口、返贫人口，加强智力帮扶，讲好科技助力精准脱贫的中国故事，确保稳定实现"两不愁三保障"，补足"三农"短板，推动科技助力精准扶贫与科技助力乡村振兴有效衔接，为实现第一个百年奋斗目标作出了应有的贡献。科学技术是第一生产力，对于提高经济发展水平、优化经济发展结构具有重要意义，科技扶贫是产业扶贫中的一条重要脱贫路径。科技赋能之下，石门县群众的生产生活方式加快迈向现代化，当地产业的"造血"机能日益增强，以"真扶贫、扶真贫、真脱贫"为导向的扶贫工作机制也有了更强大的支撑，石门精准扶贫事业迸发出新的活力。石门县近几年积极拓展科技扶贫新渠道，主要做了以下几项工作。

（一）科技人员帮扶服务全覆盖

石门县积极推进"科技＋扶贫"，建立了科技特派员、"三区"科技人才支持计划、科技扶贫专家服务团队三支力量，为农户生产提供技术指导，用技术支撑来提高生产效益。现有省派科技特派员及"三区"科技人才24

人、县派科技特派员 37 人、科技扶贫专家服务团成员 565 人，实现了科技人员对全县贫困村、主导产业及重点种养基地的帮扶全覆盖。为加强对全体科技人员的管理，充分发挥科技人员的技术优势和特长，激发他们的服务热情，制定下发了《工作实施方案》《考核办法》及《经费使用办法》等文件，重点围绕石门县柑橘、茶叶和特色种养业等优势产业开展关键技术瓶颈协同攻关，开展科技服务和农业实用技术培训，以"精准扶贫、智力扶贫、创业扶贫、协同扶贫"为主题，大力培养爱科技和善创新的专业大户、产业致富带头人等技术型人才，协助服务对象和受援单位申报相关科技推广与创新项目，为实现石门县稳定脱贫和乡村振兴提供技术支撑。

（二）大力开展产业技术培训

帮人先帮技，石门县采取多种形式对贫困人口开展全方位、多层次的产业技能培训，提升贫困人口的专业技能和综合素质。各类科技人员深入贫困村、专业合作社、企业，根据农事季节和主导产业布局，开展多种形式的科技服务活动，累计开展各类技术培训 9225 多场次，发放各类技术资料 30000 多份，培训农民 4.5 万多人次，其中贫困人口 3.6 万多人次，培养技术骨干 1010 多人次，解答各类技术咨询 6000 多人次，开展现场技术指导 160 多次，通过电话、QQ、微信服务多次。2020 年通过产业辐射带动贫困户增收近 1200 万元。多次引进北京林业大学、湖南省林科院、中南林科大、湖南农大、云南农科院等专家学者，为广大贫困农户"传经送宝"。中南林科大谭晓风教授不顾 60 多岁高龄，深入石门县油茶主产区，冒着酷暑穿梭茶林，手把手指导油茶林改造，并在维新镇开展了全县油茶产业技术培训，将自己的科研成果无偿应用到石门县的油茶产业；湖南省林科院专家吴际友和陈景震多次到石门县开展全县板栗、食用菌、无患子等产业技术指导培训，并建立了多个产业基地，起到了良好的示范作用；省畜牧兽医研究所左剑波专家，多次深入石门县香猪养殖基地，带领团队人员对石门县香猪多个杂交组合进行现场屠宰测定，努力打造"石门香猪"地方特色品牌。县农业局科技特派员勇于创新，根据贫困村的主导产业组团分组到全县所有贫困村开展了巡回科技服务，编印实用技术手册下发给农户，为农户解决生产经营中的实际问题，让他们通过先进的技术科学致富。一系列科技服务活动的开展，为石门县脱贫攻坚提供了强有力的科技支撑，也为石门县成功摘掉贫困县"帽子"作出了应有的贡献，石门县也因此获得了全省科技特派员工作先进县荣誉称号。

（三）加大科技成果推广应用，促使产业转型升级

1. 示范推广了一批新技术

示范推广茶叶生物质燃料代替柴煤能源应用、茶园病虫害有机绿色防控、山区无性系良种茶速成栽植新技术 3 项；柑橘砂皮病综合防治、诱蝇球防治柑橘大实蝇绿色防控、柑橘有机肥替代化肥新技术 3 项；水稻集中育秧、合理密植、安全齐穗、绿色防控、测土配方施肥新技术 5 项；板栗高接换种新技术 1 项；核桃宽皮芽接新技术 1 项；香猪健康生态养殖 1 项；油茶丰产栽培新技术 1 项；岩蛙繁育及养殖新技术 1 项。

2. 推广应用了一批新品种

推广应用碧香早、槠叶齐、黄金茶、金萱、黄金芽等茶叶新品种 5 个；沃柑、伦晚脐橙、春见、金秋砂糖橘、美国糖橘、锦红冰糖橙等柑橘新品种 11 个；华硕、华金、华鑫等油茶新品种 4 项；兆优 5431、泰优 390、Y 两优 900、晶两优华占、农香 32 水稻新品种 5 个；湘栗 1 号、湘栗 3 号板栗新品种 2 个；蓝米核桃、松林核桃新品种 2 个。

3. 建立了一批示范试验基地

新建柑橘新品种种植基地 3000 亩、有机肥替代化肥示范基地 30000

亩；新建沃柑基地 700 亩；新建茶叶新品种示范园 100 亩、无性系良种标准化种植示范茶园 500 亩；推广种植水稻新品种 20000 亩；新建无患子科技示范园 5270 亩；中南林科大、湖南省林科院与同康板栗合作社合作新建板栗示范基地 1200 亩；新建核桃本地良种保护基地 5 亩、种质资源圃和采穗圃 200 亩。

4. 签订了一批合作协议

为加快科技成果转化，促进产业转型升级，通过科技人员牵线搭桥，石门县先后有易红堂红木家具有限公司与中南林科大签订了校企合作协议，湘佳牧业公司与湖南农大签订了产学研合作协议，县林业局与湖南省林科院、中南林科大签订了战略合作协议。

（四）着力农村科技推广普及，提高农民科技致富能力

科技人员下到基层单位后，利用多种形式开展各类科普宣传，让农民群众尽可能地了解更多的科技知识，增强科技意识，改进生产生活方式。为增强农民群众科技致富本领，广大科技人员针对派驻地的经济发展实际需要，坚持实用、实地、适时的原则，举办各类技术培训班，通过引进、试验、示范，为广大农民群众开展科技服务，使一大批新品种、新技术在农村得到推广应用。

三、打造电商扶贫特色品牌

产业扶贫是贫困地区实现"内生性"增长的关键，是由"输血"式扶贫转向"造血"式扶贫的重要途径，是打赢脱贫攻坚战，全面建成小康社会的重要举措。随着农村信息化的建设，以农村电商扶贫为主的产业扶贫形式受到党中央国务院的高度重视。2015 年初，国务院扶贫办将电商扶

贫工程列为精准扶贫十大工程之一；2017年，中央一号文件首次将推进农村电子商务发展设为专门一节单独列出；2018年，中共中央、国务院印发《关于实施乡村振兴战略的意见》，就农村电子商务发展作出部署，为电子商务推动农村经济社会跨越式发展、促进脱贫攻坚和乡村振兴带来历史性机遇。2019年3月，民建中央向全国政协十三届二次会议提交了《发展农村电商助力深度贫困地区脱贫攻坚》提案，指出农村电商作为精准扶贫的重要载体，对推进乡村振兴、推动农业产业转型升级、促进农村商贸流通跨越式发展、带动农民就业和脱贫增收发挥了重要作用，为深度贫困地区脱贫攻坚开辟了新路径。2020年5月，农业农村部会同国家发展改革委、财政部、商务部印发了《关于实施"互联网+"农产品出村进城工程的指导意见》，指出要发挥"互联网+"在推进农产品生产、加工、储运、销售各环节高效协同和产业化运营中的作用，培育出一批具有较强竞争力的县级农产品产业化运营主体，建立完善适应农产品网络销售的供应链体系、运营服务体系和支撑保障体系。

传统产业扶贫难以帮助贫困地区实现产业发展。一是产业低端化、同质化，传统种养殖产业受市场价格的影响，难以卖出高价，贫困人口增收有限。二是产业帮扶福利化，简单发钱、发物，缺乏技术指导和销售渠道，帮扶效果不明显。三是以政府为主导，产业帮扶的持续性有赖于政府的支持，缺乏内在的产业发展动力。四是民族地区社会、文化、宗教情况多种多样，农村基层治理能力有限的问题在民族地区更加突出。电商扶贫作为精准扶贫的重要创新模式，通过对贫困地区赋能，为扶贫开发开辟了新路径，是经济欠发达地区实现弯道超车的有效途径。

2015年11月9日，《国务院办公厅关于促进农村电子商务加快发展的指导意见》发布，明确"农村电子商务是转变农业发展方式的重要手段，是精准扶贫的重要载体。通过大众创业、万众创新，发挥市场机制作用，加快农村电子商务发展，把实体店与电商有机结合，使实体经济与互联网产生叠加效应，有利于促消费、扩内需，推动农业升级、农村发展、农民增收。到 2020 年，初步建成统一开放、竞争有序、诚信守法、安全可靠、绿色环保的农村电子商务市场体系，农村电子商务与农村一二三产业深度融合，在推动农民创业就业、开拓农村消费市场、带动农村扶贫开发等方面取得明显成效"。2016 年 11 月，为进一步实施电商扶贫工程，推动互联网创新成果与扶贫工作深度融合，带动建档立卡贫困人口增加就业和拓宽增收渠道，加快贫困地区脱贫攻坚进程，由国务院扶贫开发领导小组办公室、国家发展和改革委员会、农业部等 16 部门联合出台了《关于促进电商精准扶贫的指导意见》（以下简称《意见》）。《意见》指出，"以 832 个贫困县、12.8 万个贫困村和建档立卡贫困户为重点，在当地政府的推动下，引导和鼓励第三方电商企业建立电商服务平台，注重农产品上行，促进商品流通，不断提升贫困人口利用电商创业、就业能力，拓宽贫困地区特色优质农副产品销售渠道和贫困人口增收脱贫渠道，让互联网发展成果惠及更多的贫困地区和贫困人口。加快实施电商精准扶贫工程，逐步实现对有条件贫困地区的三重全覆盖。到 2020 年在贫困村建设电商扶贫站点 6 万个以上，占全国贫困村 50% 左右；扶持电商扶贫示范网店 4 万家以上；贫困县农村电商年销售额比 2016 年翻两番以上"。2017 年 8 月，国务院发布《关于积极推进"互联网＋"行动的指导意见》，指出开展电子商务进农村综合示范，支持新型农业经营主体和农产品、农资批发市场对接电商平台，积极发展以销定产模式。完善农村电子商务配送及综合服务网络，着力解决农副产品标准化、物流标准化、冷链仓储建设等关键问题，发展农产品个性化定制服务。

随着农村信息化建设的快速推进，农村地区网民数量持续增加，电商基础设施和服务体系不断完善，为电子商务和互联网农业的快速发展奠定了良好的基础。截至 2020 年第三季度，中国电子商务交易额达 25.91 万亿元，其中第三季度电子商务交易额达到 9.72 万亿元，同比增长 16.3%，全国网络零售额达 8.01 亿元，同比增长 9.7%。实物商品网上销售额达 6.6 万亿元，同比增长 15.3%。2020 年全国农村网络零售额达 1.97 万亿元，同比增长 8.9%。欧特欧数据显示，2020 年全国 832 个国家级贫困县网络零售总额为 3014.5 亿元，同比增长 26%，贫困县电商发展潜力巨大。

近年来，石门县认真贯彻落实中央、省、市关于电子商务进农村工作要求，大力发展电子商务产业，推动全县经济社会和谐发展。2020 年，全县完成生产总值 313.61 亿元，同比增长 4.6%；实现财政总收入 18.59 亿元，同比增长 8.2%；实现社会消费品零售总额 122.57 亿元。曾先后荣获 "全国万村千乡市场工程试点县" "全国农村商务信息服务试点县" "全国商务综合执法试点县" "湖南省电子商务示范县" "全国绿色农业示范区" "国家级出口食品农产品质量安全示范区" "中国柑橘之乡" "中国早熟蜜橘第一县" "中国名茶之乡" "全国绿茶出口基地县" "全国重点产茶百强县" "世界禅茶之源" "湖南省旅游强县" "全国文明县城" "国家卫生县城" "国家生态建设示范区" 等荣誉。石门县在打造电商扶贫特色品牌方面主要做了以下五个方面的工作。

（一）建立机制，营造电商扶贫的良好氛围

石门县资源丰富，目前已形成了柑橘、茶叶、家禽、高山蔬菜、生猪、烤烟等六大农业特色产业。其中柑橘总面积 45 万亩，年产鲜果达 40 多万吨，是 "中国柑橘之乡"。无公害产地认定面积 8.5 万亩，常年生产 40 余个品种，是 "全国绿色农业示范区"。此外，石门景色秀美，优质旅游资源丰富，是首批国家全域旅游示范县。但是，在脱贫攻坚进程中，由于交通瓶颈，市场信息的滞后，石门县优势资源转化为市场效应并不理

想，扶贫攻坚的任务很重。

对此，石门县委县政府充分利用中央、省、市支援贫困山区、革命老区振兴发展的有利契机，积极把"互联网+"新经济形态引入农村，把农村电子商务发展工作作为扶贫攻坚的重要抓手，出台了《石门县电子商务扶贫专项实施方案》《石门县电子商务产业发展规划（2016—2020）》等一系列文件，建立健全了电商扶贫领导机构和工作机构，成立了县和乡镇两级电商协会，形成政府部门、协会、驻村工作队共同推进电商扶贫的工作机制。县财政每年预算500万元资金用于扶持县电子商务发展，配套了税收、用地、人才等方面的扶持政策措施，整合了县域内商务、农业、邮政、供销、移动、联通、广电等网络资源。为了形成共识，石门县在报纸、电视、广播和网络等主流媒体上开辟专栏，对电商扶贫进行宣传报道，大造声势。把电商扶贫纳入扶贫工作体系，与其他扶贫工作同安排、同部署、同检查、同考核、同奖惩。围绕"三有一能"目标，石门县重点考核网店数、销售量、交易额及带动贫困村、贫困户增收脱贫的情况，对电商扶贫情况实行每季度通报制度，全县上下形成了齐抓共管的局面，营造了电商扶贫的良好氛围。

（二）精准对接，推进电商资源有效扶贫

石门县商务主管部门与扶贫办加强协调配合，摸清了本地贫困村的产业、贫困户和电商企业等的基本情况，做好了基础数据收集整理，统筹物流、仓储、电商平台等相关资源，积极推进帮扶资源与扶贫对象的有效对接。一是精准对接贫困村。进驻石门的农村电商平台企业，优先在贫困村建设服务站。对产业基础较好的贫困村，对其适合网销的农产品进行标准化、专业化、规模化、品牌化培育，逐步建立农产品质量安全溯源体系，通过依托第三方电商平台开设网店并入驻地方特色馆和产业带、设立线下

线上展示专区、众筹、义卖等方式加大对接销售力度。对产业基础较弱、以非标产品为主的贫困村，通过市场化的手段借助微信平台设微店进行营销。二是精准对接贫困户。通过贫困农户创业、能人大户引领、电商企业带动、乡村干部服务等模式重点打造电商扶贫示范网店。电商扶贫示范网店与贫困户利益相联结，以保护价优先收购、销售贫困户的农特产品。鼓励有条件的电商企业采取企业与村委会、贫困户签订协议的方式，直接认领帮扶贫困户，建立结对帮扶关系，落实具体帮扶措施，帮助贫困户脱贫。当地的电商企业把资源向贫困户倾斜，在农产品的开发收集、物流仓储服务等用工方面优先考虑贫困户，电商人才培训优先考虑贫困户。

（三）形成体系，夯实电商扶贫的发展基础

1. 建立人才培训体系

挖掘、发现和培养县域范围的电商人才，是县级农村电商工作的重要内容。石门县结合县域环境和产业基础，把电商人才培训作为电商扶贫的基础工作来抓，制定实施了《石门县电子商务万人培训实施方案》，积极发现电商"能人"，结合实际培训电商"能人"，把电商扶贫工作做实做细，真正让穷人跟着能人走，支持能人创业，带动贫困人口脱贫。积极引进、留住优秀电商人才，注重从事电商运营的人才引进和培养工作，充分发挥电商运营人才在创新业态模式、推进电商扶贫、助农增收方面的重要作用。巩固提升电商从业人员技能，加大电商应用人才的培训力度，确保每个贫困村有两名以上电商应用人才和信息员，实现农村电子商务应用进村入户全覆盖。拿出切实可行的举措，进一步加大对农村电商人才的培养培训力度，壮大农村电商人才队伍。整合现有培训资源，构建由政府相关部门、社会团体及电商龙头企业为主体的电商扶贫人才培训体系，充分利用县远教中心、职业学校、县委党校等培训机构，有针对性地开展多层次

培训，共建了3个电商扶贫人才培训和实践基地。仅2020年，全县通过举办电商培训、选派外出学习，共培训村级信息操作员300多名，培训村干部500多人次，培训电商人员5000多人次，基本实现电商扶贫管理人员和从业人员无盲区。

2. 建立网店服务体系

逐步建设完善县电商公共服务中心、乡镇服务站和村服务点功能基本配套设施。石门县在县经济开发区投资5000多万元、面积达10000平方米的石门县电子商务公共服务中心已正式开园运营，交通方便、设施一流、功能齐全，是湘西北一流的线上线下电商产业体验馆。截至2020年底，已引进电商企业25家、快递公司7家进驻运营，主推石门县特色农优产品，为贫困村网店开设和运营提供创业孵化服务，形成运营、物流、仓储、金融、美工、客服、培训等为一体的电商生态产业链。在东城区投资2.2亿元，建设年物资吞吐量5.6亿吨、物流价值50亿元左右、就业岗位达800个的电商物流园，大大促进石门县区域经济快速发展。全县19个乡镇3个农林场相继成立了电商服务站，配备了展示店、电脑和一定数量工作人员，实现了乡镇服务站全覆盖。村级已有150多个行政村建立服务点。

县商务粮食局、供销、邮政、移动、电信和相关骨干流通企业正着手整合资源，科学规划，建立专门从事电子商务网络营销策划、移动互联网技术开发、微电影制作发行、媒体网络信息传输服务、质量可视化追溯体系，打造可持续发展的电商产业链条。对在第三方电商平台上开设实名认证的扶贫示范网店，销售本地农产品达到一定规模并将线上销售数据提供给扶贫办和商务部门的，给予每个扶贫示范网店不超过1万元的支持；对在微信公众号上开设实名认证的扶贫示范微店，销售质量有保障的本地农产品达到一定规模，且扶贫办和商务部门能够掌握微店线上销售数据的，也给予适当支持。随着国家电子商务进农村综合示范项目的大力推进，到

2020 年底，石门县 304 个行政村（居）实现了乡村百姓的电商化服务无死角，"工业品下乡、农产品进城"的电商时代呈现出一片繁荣的景象。

3. 建立网货供应监管体系

石门县把柑橘、白云银毫茶叶、望洋大麻花、山茶油、大蒜油等 80 多种产品作为网络销售的主打产品，按照规模化种植、标准化生产、商品化销售的要求，形成 35 个种植生产基地、39 个加工包装基地，全县涌现出了 168 家围绕网络销售的生产、加工、包装的企业，带动了 4200 多个贫困户从事网货生产加工和销售。石门县对这些网货供应基地和企业进行了认真的监管，认证了秀坪园艺场、湘佳牧业有限公司、白云山茶场、湖南盛节节高股份有限公司等一批网货供应定点企业，制定了柑橘、茶叶、山货、腊货等 58 种农特产品生产加工标准，农业、质检、环保、科研等部门，经常深入基地、企业、合作社和农户，指导他们按标准种植、生产、加工、包装，由于石门县从源头上保证网货供应质量，线上线下销售的产品受到了全国乃至世界各地客户的认可。

4. 建立网络物流体系

石门县政府牵头组织移动、电信等有关部门，研究制定了加快农村信息基础设施建设的具体方案，先后投入了 8.5 亿元推动光缆入乡、入村、部分光纤入户，采取有线无线结合的办法，基本实现网络全覆盖。石门县壶瓶山、罗坪、东山峰是著名的风景区，由于网络全面开通，旅游产品网上销售成倍增长，2018 年 1—11 月电商旅游收入突破 6600 万元，有 15 个扶贫点村依托电商销售旅游特色产品基本脱贫。在此基础上，以奖代投的办法支持 38 家快递物流公司入驻石门县，截至 2018 年，除邮政外，"四通一达"、顺丰等 35 家快递公司在贫困乡、村设立了 185 个服务网点，发展了 878 个"草根物流快腿"走村入户运送网络产品，每天全县收货数量超过 3 万件，派件数量约 15000 件，网货配送效率大幅提高。

5.完善电商扶贫服务体系

石门县积极做好本地农村电子商务服务体系的顶层设计，以"部门联动、资源整合、数据共享、推动先进"的方式有序开展电商扶贫服务体系建设，推进村级服务站点的资源整合和完善。一是通过村级服务站收集当地农产品信息，解决农产品上行"最初一公里"的问题；二是义务为建档立卡贫困户提供代购生产生活资料、代办缴费购票等业务；三是在新建村级服务站时叠加金融服务助农取款功能，逐步完善现有村级服务站的金融服务功能；四是拓展邮政、供销合作社、快递网点和便民乡村超市的传统服务功能，加大资源共享和物流整合；五是逐步完善村级服务站的便民政务服务、农技服务、就业服务等各项功能。县商务部门在认真做好电子商务企业认定的同时，重点加大对当地运营农产品类和支撑服务类电商企业的培育力度，成为当地电商扶贫的有力抓手。

（四）打造品牌，推进线上线下结合发展

石门县推进网销产品的整合与开发充分发挥部门引导作用，大力推广网销"一县一品"活动，采用大平台主推、电视媒体宣传、新媒体助推和实体商超展示等方式，打响湖南省网销"一县一品"品牌。县商务主管部门在网销农特产品信息的采集和农特产品整合开发的基础上，认真做好"一县一品"的选品工作，优先考虑贫困村产品，品牌注重农产品的生产许可认证（QS）和产品质量安全溯源体系建设。通过知名电商平台、新闻媒体将网销"一县一品"与精准扶贫结合起来，开展宣传推广活动，引导贫困村、贫困户和扶贫经济组织积极参与。

大力推进电商扶贫特产专区线上线下结合发展。一是促进实体电商扶贫特产专区线下展示常态化。各大实体商超电商在进行农产品线下销售的同时，重点做好现场实物展示，完善专区配套二维码、网店等线上购买渠道信

息，方便市民线上采购。二是推进电商平台扶贫线上专区建设。进一步完善了电商公共服务平台电商扶贫专区的各项功能，各大型涉农电商企业在各自平台上设立电商扶贫线上专区，重点营销贫困乡村的农特产品。三是拓展线上线下销售渠道。利用"湖南网购节"和湖南电商大会农产品展销等展会平台，组织"爆款"商品进行促销，加大农特产品全渠道销售的力度。

（五）抱团发展，形成电商扶贫规模效应

在电商产业发展过程中石门县因地因企因户施策，多形式扩大网店经营规模。采取教育培训、资源投入、市场对接、政策支持、提供服务等方式方法支持电商企业、网店发展；通过与当地电商龙头企业、网络经纪人、能人大户开展贫困户网店"一对一"对接，帮助贫困户提高网店运营效益。目前，石门县电商扶贫已经成为精准扶贫新路径、新模式，全县已发展网商网店1125家，并涌现出了以湖南湘佳牧业股份有限公司等为代表的58家本土规模电商，引进了以湖南杨氏鲜果有限公司、杭州敦成贸易有限公司等为代表的18家仓储物流企业。这些网店利用互联网的优势，通过自建电商平台或者运用第三方电商平台，逐步步入了基地—深加工—冷链保鲜—网商平台—物流配送—最终端一条龙服务的生产销售模式。尤其是湘佳牧业股份有限公司，2020年网上销售收入达3.2亿元，带动了全县15个乡镇31个村1509个贫困户走上了脱贫致富路。据统计，全县2020年电子商务交易额达23.8亿元，其中农产品电商份额占到40%以上。培育了85家本土规模电商企业，其中省级电商认定企业23家，省级电商示范企业2家，市级电商示范企业4家。全县已发展网商网店4715家，带动贫困村1.6万人就业，连续5年获批省电商扶贫优秀县。

四、石门拓展精准扶贫新方式的经验与启示

（一）激活内生动力，变"输血"为"造血"

改革开放以前，我国主要是推行救济式扶贫政策，这种政策缓解了农村的贫困问题，而且解决了孤寡老人的后顾之忧，取得了较好成果。政府推行救济式扶贫的战略，对受灾人口进行救济，使人们恢复生产，重建了美好家园，因此在救济式扶贫政策推行的初期，还是起到了较好的作用的。但是对于孤寡老人和孤儿等弱势群体的救济，主要是采用群众帮扶的形式，只能缓解部分人的经济危机。

扶贫重在"扶志"，首要任务是拔掉"贫根"，要想拔掉"贫根"，还需从内因着眼、着手、着力，与扶智、扶志相结合，有的放矢、对症下药。低收入百姓既是新阶段扶贫开发工作的对象，更是实现持续增收的主体。充分调动他们的积极性和主动性，变"要我脱贫"为"我要脱贫"，是打赢增收攻坚战的关键。扶志是一个系统工程，着力解决愿不愿脱贫、能不能脱贫、自我脱贫行不行三个问题，创新方法、用活载体，县乡村干部、驻村工作队成员点对点、一对一，"扶贫先扶志"，引导贫困户主动脱贫，谋划长远增收渠道，把精准扶贫做到实处，真正做到让贫困户真脱贫、脱真贫。为贫困户创新就业渠道，激发其内生发展动力，能够有效解决直接救济造成的资源浪费问题，并保证农村经济发展可持续。首先，就业扶贫能改善贫困户的生活条件，帮助低收入农户提升就业能力，开发多种形式的公益性岗位，引导他们就近就业，让他们有活可干、有钱可赚。就业扶贫可以引导农民向非农就业，从长远角度促进农民收入的增加。目前，我国农民的收入中，劳务收入占有非常大的比重，从这个角度即可证

明就业扶贫在精准脱贫攻坚中的重要作用。其次，就业扶贫是最好的脱贫选择。就业是民生之本，只有带动就业，才能促进社会发展，提高我国的人均收入水平。最后，就业扶贫可以提高贫困户的知识水平。我国的贫困户有一个共同的缺陷，就是知识水平相对较低。当今社会是人才竞争的社会，专业技能和知识水平对人的发展有至关重要的作用。推行就业扶贫政策可以提高贫困户的知识水平，让农民转向非农职业，从而促进自身素质的不断提升。要彻底解决贫困问题光靠政府是远远不够的，政府能解决的更多地在于政策扶持等方面。而要真正站起来、富起来，还需要自身的不断努力，靠自身振作起来，学技术、学经营、勤劳作、善持家，政府帮一把，自己加把劲，力争早日摆脱贫困。

扶贫先扶志，这不是一句空话、一句套话。精神上的匮乏比物质上的贫困更难缠。物质贫困可能是暂时的，但精神的贫穷可能伴随一生。莫把贫穷当资本，消磨了自己的斗志，贻误了自己的子孙后代。脱贫最终还是要靠自己奋斗，国家的扶助只是外力而已。要有走出贫困的信念，需要有摆脱贫困的毅力，通过自己的奋斗，拥有了脱贫的真本领，实现稳定增收、逐步致富。

（二）政府主导，加快科技创新与技术推广

在石门县的科技扶贫工作中，政府依旧占据主导地位，在政策方面予以宏观调控。这一方面保证了科技扶贫工作的有效推进和落实，充分利用了体制权威；另一方面，由于科技扶贫工作的组织实施，科技成果的成功转换都需要较长时间，而市场总是瞬息万变的，因而就有了政策与市场需求脱节的问题。政府在进行宏观决策时，可以将企业和其他组织也吸收进来，与县、乡、村以及企业负责人协同规划。在将科研成果进行成果转换之后，安排专门的部门对接合适的企业和其他组织，利用电子商务平台将

政策与市场需求有效衔接。科技扶贫的规划应当建立在深入调研的基础上，需要邀请高校和研究所的专业人员针对不同地区的自然资源、交通条件、生态环境、农民素质等因素，并结合市场的需求制订当地的科技扶贫产业规划。为了避免科技扶贫政策内容上的不连续性和短期性，有必要将历年来科技扶贫政策进行系统的梳理，基层科技部门根据科技部、省科技厅、市科技局的政策，制订出符合本地区发展的长期、中期、短期规划，同时要明确产业发展战略。在对象方面，应当改变以往基层组织被动接受决策的做法，让基层组织和扶贫户充分参与，从而提高整个科技扶贫决策的效率。实践证明，传统特色农业通过科技注入和技术创新，可摆脱现有困境实现升级发展。在解决绝对贫困问题时，实施科技扶贫是关键，是全面建成小康社会的关键。在解决相对贫困问题阶段，实施科技扶贫同样是国策。政府要在科技扶贫中发挥应有的主导作用，以政府扶贫为基础，主动谋划设立科技项目，对产业发展需要的实用技术进行组装配套、集成推广，加快农业优良品种的推广，加大对先进适用技术的研发、引进、示范、推广，开展对主导产业的关键共性问题、特色农产品及其精深加工技术的研发与推广应用，为当地农产品产业链建设提供支撑；要积极配合科技扶贫产业的发展要求，推进"互联网+"式精准扶贫，完善农村信息化"入村入户"，加强农产品市场物流、信息网络等基础设施建设，解决农民与政府之间信息快速对接的问题，并通过"电商""网商"等多种途径，多方牵线搭桥，切实解决产品销售不畅和增产不增收的问题。

（三）注重品牌创建，激发发展活力

石门县电商扶贫助推精准扶贫的成效是十分显著的，在电商平台业务迅速发展的背景下，在贫困地区实施电商扶贫战略，不仅是必要的，也是完全可行的。

首先，政府的责任准确定位是电商扶贫发展的关键。从参与主体看，电商扶贫的发展有赖于政府、电商平台、电商公司、农民专业合作社和农户的共同参与。由于电商扶贫能够带来实实在在的经济效益和社会效益，各方都会有自己的获得感。因此，发展好、利用好电商扶贫的通道，参与主体具有良好的内在动力。这里的关键是政府要扮演好组织者、协调者和服务者的角色，既不要与其他主体抢功，更不要与他们争利。切实解决电商扶贫中的困难和问题，促进农民群众早日实现脱贫，过上小康的幸福生活，就是政府的头功。其次，产业发展是电商扶贫的根本。电商扶贫的基本目的就在于互联网与当地特色产品的密切融合，通过解决产品销路闭塞的问题，扩大产品销售市场。但是，普通的产品生产并不能达到这一目的。先前，互联网平台人人可以利用，经济发达地区对电子商务的利用率远比贫困地区更高，而且具有更强的竞争力。贫困地区要想通过电子商务实现脱贫，唯有让自己的产品展现出在发达地区所没有的特色，或者同类产品比发达地区有更低的成本和价格优势。因此，贫困地区必须在农产品、手工业产品和旅游产品的特色方面找到突破口。在这里，需要特别指出，精准扶贫的目标不是让农民在短期摆脱贫困，而是要让他们彻底摆脱贫困的束缚。从这个意义上来说，产业开发需要结合贫困地区的客观资源条件，注重培养市场前景有显著竞争力的项目，防止仅仅是为了完成扶贫的各项指标，进行盲目立项、盲目投资。否则，就会造成产业开发投资的损失浪费，动摇农民群众脱贫的信心。最后，提高贫困地区人口素质是电商扶贫的必要条件。如今的电子商务虽然对中国城乡居民而言都不再陌生，但是做一个生产者和做一个经营者却有着完全不同的意义。让农民从过去的生产者转变成既会生产又会经营的新型农民，不仅需要他们掌握必要的互联网技术，更重要的是要学会经营理念和经营技巧，了解外部消费群体的消费需求，明白国家的法律法规以及经营者的责任和义务。目前，在不少贫困地区，常住人口与户籍人口相比有很大差异，究其原因就是农业生产的比较效益过低，农业生产活动风险过大，农村的生活环境较差，导致绝大部分青年人离开老家前往城镇就业和生活。这是制约农村脱贫不可忽视的重要现实问题。因此，推动电商扶贫的前提条件是要研究如何培养致力于改善家乡贫困落后面貌的年轻人，让他们感受到政府和社会给他们的关怀和支持，感受到在农村奋斗的责任和快乐。当然，在这个过程中，社会可以通过企业投资和志愿者组织，鼓励城市的年轻人到贫困农村地区投身扶贫工作，这在一定程度上会对农村人才的短缺起到积极作用。

第九章 | 巩固拓展脱贫成果，建立稳定脱贫长效机制

截至 2020 年底，石门县全县 122 个贫困村实现全部达标出列，23260 户 71797 人脱贫，贫困发生率降至 0，顺利摘掉了贫困"帽子"。石门县委县政府、社会各界在脱贫攻坚中取得了阶段性成果。然而，脱贫攻坚是一场硬仗，打赢并不代表结束，部分已脱贫人口存在返贫风险，部分边缘人口存在因病因灾等致贫风险，还需防止贫困户返贫等后续问题。根据动态贫困理论要求，基于不同阶段贫困人口的动态变化过程，密切追踪贫困人口脱离贫困、陷入贫困或持续贫困的状态。[1] 将贫困状态的不同分为暂时性贫困和长期性贫困，重大灾难或疾病会造成暂时性返贫，但是返贫时间持续时间过长或波动频率过高就会产生长期贫困，届时扶贫工作难度会进一步加大。[2] 因此在脱贫攻坚取得决定性成效的现阶段，要始终考虑巩固并拓展当前脱贫攻坚成果，建立稳定脱贫长效机制，防止因重大事故造成暂时性返贫，进一步抑制长期返贫的出现，确保脱贫攻坚成果经得起时间的检验。

---

[1] 叶初升、赵锐、孙用平：《动态贫困研究的前沿动态》，《经济学动态》2013 年第 4 期；赵锐、眭睦、吴比：《基于动态贫困理论视角的精准扶贫机制创新》，《农村经济》2018 年第 1 期。

[2] 罗楚亮：《农村贫困的动态变化》，《经济研究》2010 年第 5 期；王卓：《论暂时贫困、长期贫困与代际传递》，《社会科学研究》2017 年第 2 期；何华征、盛德荣：《论农村返贫模式及其阻断机制》，《现代经济探讨》2017 年第 7 期。

一、巩固拓展脱贫成果，
建立稳定脱贫长效机制的着力点

（一）重视提升综合能力

根据阿马蒂亚·森提出的"可行能力"理论，贫困主体在社会资源分配和获取上因机会、能力与手段的匮乏或劣势，难以从外部环境获得自我发展的条件，从而不能满足自身所拥有的、享受自己有理由珍视的那种生活的实质自由。与传统将"收入低下"作为判断贫困标准不同，能力贫困理论将贫困视为可行能力的剥夺。可行能力的内涵十分丰富，既包括接受良好教育、拥有健康方面的基本要求，还包括各种各样的社会成就。[1]贫困治理永远在路上。对于贫困人口而言，收入低下不是贫困产生的本质原因，是各种力量和一系列因素共同、综合作用下的结果，这些因素和力量彼此之间也存在千丝万缕的联系，巩固拓展脱贫攻坚成果，建立稳定脱贫的长效机制，就是要消除这些因素和力量的综合作用。因此，巩固拓展脱贫攻坚成果，建立稳定脱贫长效机制，重点和关键在于提高贫困人口的综合能力，改变其生计脆弱性，提高其面临外部冲击的应对能力和适应能力。在目前脱贫攻坚的实践中，仍然存在不少脱贫人口能力不足、积极性和能动性不高的问题，产业扶贫的"造血"功能有待进一步发挥。因此，在脱贫攻坚的巩固和拓展中，要综合考虑贫困人口产业就业发展的现实需求，重视贫困人口自身在产业就业扶贫项目中的参与度，赋予其更多的话语权，将积极、主动脱贫致富内化为贫困人口的意志取向和行为选择。要

---

[1] ［印］阿马蒂亚·森：《贫困与饥荒》，王宇、王文玉译，商务印书馆2001年版。

鼓励贫困人口参与市场竞争过程，从市场竞争中逐渐磨炼，提升能力。只有在市场竞争中生存下来，才能实现长期、稳定、独立增收的目标。

（二）着力提高内生动力

2017 年 6 月 23 日习近平在深度贫困地区脱贫攻坚座谈会上指出，贫困地区的贫困群众首先要有"飞"的意识和"先飞"的行动。没有内在动力，仅靠外部帮扶，帮扶再多，你不愿意"飞"，也不能从根本上解决问题。2015 年 10 有 16 日，习近平在 2015 年减贫与发展高层论坛的主旨演讲中指出："我们坚持开发式扶贫方针，把发展作为解决贫困的根本途径，既扶贫又扶志，调动扶贫对象的积极性，提高其发展能力，发挥其主体作用"。内生动力的培育分为两类，一类是贫困村内生动力的培育；另一类是贫困人口内生动力的培育。

村级单位是农村区域一定规模农户社会生活的共同体，是个人除家庭以外最基本的生活单位，也是我国扶贫资源下沉和注入的最基层单位。扶贫过程中，大量非到户性质的扶贫资源注入到村，村级组织是连接扶贫资源和贫困人口的重要基层战斗堡垒，扶贫资源通过村级自治能力和发展能力转化为减贫效果。[1] 因此，村一级农村社区内生动力的提高是巩固拓展脱贫攻坚成果建立长效脱贫机制需考虑的问题。在驻村帮扶的组织背景下，大量第一书记、驻村工作队员下沉到村级组织，对传统村级治理方式进行干预，驻村工作队将丰富的资源和先进的理念带入贫困村，有效解决了传统治理科层治理能力和自主互助能力弱的问题，这种干预方式为村一级的农村社区内生动力的提高提供了组织保障。但需要注意的是，在帮扶过程中，驻村工作队要注重培育村"两委"的治理能力，充分发挥村"两

---

[1] 左停、金菁、于乐荣：《内生动力、益贫市场与政策保障：打好脱贫攻坚战 实现"真脱贫"的路径框架》，《苏州大学学报（哲学社会科学版）》2018 年第 5 期。

委"的积极性，防止出现"治理依赖"的现象。

在部分贫困地区存在扶贫资金和项目使用效率较低的问题，部分学者认为，此现象与贫困群体所在地区的文化环境有关。根据美国社会学和人类学家刘易斯（Lewis）提出的"贫困文化"概念，贫困群体在长期的贫困生活中会形成一种亚文化，表现为习惯、风俗、生活方式、行为方式、价值观和心理定式等非物质形式。这种亚文化与社会主流文化格格不入，它塑造贫困人口的各种人格及其基本特征，并通过"圈内"互动被强化，甚至被制度化。[1] 在长期的扶贫开发事业中，贫困人口的内生动力一直影响着扶贫项目的实施效果。内生动力是巩固拓展脱贫攻坚成果建立稳定脱贫长效机制的重要着力点。要始终坚持"志智双扶"的帮扶策略，结合贫困人口的特点以及精神贫困和素质贫困的根源有针对性地制定相关政策。推进移风易俗，摒弃传统糟粕文化，弘扬中华艰苦奋斗、自力更生的传统精华文化；树立财富积累的观念，防止大规模人情支出；纠正不良生活方式，提倡现代社会健康的生活方式。[2]

（三）补齐"双基"短板

基础设施建设和基本公共服务均等化也是巩固拓展脱贫攻坚成果、建立稳定脱贫长效机制的重点。基础设施从收入效应和福利效应两个方面促进贫困地区减贫。道路基础设施的改善可以促进要素和产品的流通，减少交易成本，提升交易效率；有利于促进发达地区人力、资本和技术进入贫困地区，增加贫困地区发展的内生动力。医疗基础设施可以增加贫困家庭

---

[1] Lewis O. "The cultue of poverty". *Scientific American*, 1966, 215(4):19-25; Small M L, Harding D J, Lamont M. "Reconsidering culture and poverty".*The Annals of American Academy of Politicla and Social Science*, 2010, 629(13):6-27.

[2] 汪三贵、胡骏：《民族地区脱贫攻坚"志智双扶"问题研究》，《华南师范大学学报（社会科学版）》2019年第6期。

抵抗风险和疾病的能力，提高贫困人口健康水平，减少医疗支出。教育基础设施有利于贫困人口人力资本积累，增加人力资本存量，直接影响贫困人口收入。通信基础设施可以增加信息获取效率，解决贫困人口信息不对称的问题，有利于提高农产品的销售效率和增加非农就业机会。石门县基础设施建设仍然存在薄弱环节，一是主干道路等级偏低，截至 2020 年底，石门县实际拥有公路总里程 5290 公里，受投资计划和地方配套等因素影响，干线公路二级以上公路仅 57.929 公里，占公路总里程的 3.4%，低于全省平均值 1 个百分点以上。二是年报统计外农村公路建管养有待进一步提升，截至 2020 年底，石门县实际拥有的 5290 公里公路中年报统计外有将近 1400 公里公路除在本轮脱贫攻坚中得到涉农整合资金支持和通 100 人以上自然村公路项目支持外，再无任何政策支持。由于这部分公路系石门县自筹资金进行建设的，没有被上级有关部门认可和纳入全省公路统计年报，导致在新建硬化路面、生命防护工程建设、危桥改造、灾毁治理和日常养护等方面的需求与现行政策均挂不上钩，加之这部分公路所在区域恰恰又是石门县贫困人口相对集中的偏远地区，也是当地群众赖以出行的通道，如在建管养上得不到政策支持，就难以实现稳定脱贫以及可持续发展。三是道路安保设施不完善，石门县地处湘西北山区，大部分农村公路处于临崖、临水路段，安全隐患十分突出。截至 2020 年底，石门县年报内的 1802.479 公里农村公路安保工程已纳入项目库，但年报外的 3000 多公里的农村公路安全隐患问题依然较为突出，生命防护工程计划严重不足。

　　城乡二元体制造成的基本公共服务供给不足和非均等化是阻碍减贫的重要因素。目前贫困人口中重要的致贫因素包括因病、因残和缺技术等。基本公共服务均等化有助于提高贫困人口的素质，增强其可持续发展的能力。通过有效措施来实现教育、医疗、技能培训等基本公共服务的均等化，解决受教育不足和健康状况不良的问题，提高贫困人口的人力资本积累，提高其参与经济活动的获益能力。基本公共服务均等化有助于提高特殊群体基本生活水准。针对因病因残的无劳力或弱劳力人群通过社会保障体系满足其基本生活需求，保障生活水平的提高。[1] 基本公共服务均等化有助于降低贫困地区的脆弱性。大部分贫困地区都是"老、少、边、穷"地区，贫困人口对农业的依赖性较大，而农业生产具有风险大的特征，部分农业社会化服务的提供能有效增强贫困人口抵御风险、应对各种冲击的能力。同时政府通过增加公共服务支出可以产生大量的就业岗位，使得贫困人口获得稳定的收入，避免风险的冲击，减少其脆弱性。基本公共服务均等化有助于减少社会排斥。社会排斥指的是贫困人口不仅在收入和物质上较一般群体缺乏，而且社会需求和心理需求也得不到满足。基本公共服务缺乏是产生社会排斥的重要原因，基本公共服务的均等化有助于贫困人口参与市场竞争，加强与一般社会群体的接触和交流，有利于贫困人口融入一般社会群体，更具获得感和幸福感。[2]

二、巩固拓展脱贫成果，
建立稳定脱贫长效机制的主要探索

为全面打好精准脱贫攻坚战，巩固拓展脱贫攻坚成果，建立健全扶贫脱贫长效机制，确保贫困人口脱贫不返贫、逐步能致富，全面建成小康路上不落一人，石门县以习近平新时代中国特色社会主义思想为指导，全面深入贯彻党的十九大及中央、省委、市委精准扶贫精准脱贫工作精神，按照"四个不摘"（摘帽不摘政策、摘帽不摘责任、摘帽不摘帮扶、摘帽

---

[1] 中国国际扶贫中心、财政部财政科学研究所：《转变发展方式背景下的基本公共服务均等化与减贫》，"减贫与发展高层论坛"转变发展方式与减贫背景报告。

[2] 曾小溪：《减贫：提升基本公共服务水平视角》，湖南农业大学硕士学位论文，2013年。

不摘监管）和"四个只增不减"（工作力量只增不减、资金投入只增不减、政策支持只增不减、帮扶力量只增不减）的要求，坚持一手抓脱贫攻坚，一手抓脱贫成果巩固拓展，全面建立健全稳定脱贫长效机制，全面提升贫困群众的获得感和幸福感。

在脱贫攻坚期内，石门县坚持目标导向，由注重加强民生保障向更加注重持续稳定增收脱贫转变；坚持问题导向，由注重解决现实问题向更加注重解决深层问题转变；坚持长远导向，由注重阶段攻坚向更加注重建立长效机制转变。为巩固拓展脱贫成果、建立稳定脱贫长效机制，石门县主要从以下六个方面进行了探索。

（一）突出建设坚强堡垒，打好基层治理提升仗

1. 进一步加强驻村帮扶

一是持续开展集中入户走访帮扶，全县所有县直单位党员干部，除了便民服务窗口和日常值班的人员外，都扑下身子、沉到一线，实行"一对一"结对帮扶，在脱贫一线发现问题、解决问题，实现了"三个百分之百"，即贫困户走访100%到位、扶贫宣传100%覆盖、群众对扶贫政策100%了解。二是进一步落实"一卡二讲三会四活动四必访"，有效拉近驻村帮扶干部和贫困户的距离，密切了干群关系，有助于增加贫困人口从被动脱贫向主动脱贫转变。

2. 进一步选准配强村党组织书记

按照"政治坚定、群众信任、敢想敢干，有胆识、有思想、有闯劲"的选人标准，采取"选出＋培养＋任用"的方式，切实把农村靠得住、有文化、有本领、能带头致富和带领群众致富的人选进村级班子中。充分发挥党员干部的先锋模范作用，通过党员挂牌上岗、公开承诺和发放"名片"等形式，让党员身份亮出来，把责任担起来。

3. 进一步健全农村基层组织运行机制

健全决策机制、监督机制和服务机制，充分尊重群众主体地位，形成脱贫攻坚的强大力量，通过抓基层党建，留下一支"不走的工作队"。同时，还要解决有钱办事的问题，加强村集体经济建设，确保每个村都有稳定长远的集体经济收入来源。

（二）实现持续稳定增收，打好产业发展提升仗

1. 发展产业强基固本

石门县每年向每村注入产业扶持奖励基金20万元，其中财政专项扶贫资金10万元、县级扶贫基金5万元、后盾单位支持5万元，产业扶贫奖励基金对贫困户和非贫困户全覆盖。合理布局农业特色产业，消除产业"空心村"，实现村有主导产业，户有增收项目。继续发展无患子特色产业，自2018年起，石门县在新铺、维新、三圣、太平、子良、磨市、雁池、所街等乡镇发展无患子1万亩以上。大力发展油茶特色产业，对脱贫攻坚林业产业项目中新造的4000亩油茶加强培育管护，确保7年后农户能挂果收益，对现有的2万亩老油茶林进行提质增效。积极发展林下经济，利用林下优势发展金银花、青钱柳、黄檗、厚朴等名贵中药材，对现有林业产业项目中新造的2358亩青钱柳加强培育管护，确保5年后农户能够收益。积极发展青钱柳，依托项目优势，自2018年起，确保近年在南北镇、壶瓶山、罗坪等乡镇发展青钱柳3000亩。进一步延伸扶贫产业链条，提高农特产品加工水平，提升附加值，降低扶贫产业市场风险。加大招商引资力度，引导民间资本加入乡村振兴战略，招引一批农产品精深加工项目、文旅项目、农产品物流项目、智慧农业项目。进一步实施品牌营销战略，加强品牌体系建设，加大宣传推介力度，推进"农产品安全质量县"以及一批乡村旅游示范区建设。进一步完善服务体系，积极

培育现代农业新型经营主体，发展多种形式的适度规模经营，深入推进"百千万"工程，继续实施"农机千社"工程，建立健全供销合作社体系、基层组织体系和综合服务平台，健全农村土地流转服务体系，建立健全职业农民培训机制。

2. 巩固发展农村电商

继续充分利用淘宝、村头、网上村庄等电商平台上线特色商品，通过电商销售特色农副产品，让更多贫困群众分享电商增值收益。尤其是对于产业基础较弱的贫困县，充分调动电商企业积极性，配合电商平台选出适合网销的"一县一品"。

3. 大力发展乡村旅游

以发展全域旅游和乡村旅游为抓手，大力推行"旅游＋扶贫"模式，将农村生态、民俗文化、农副产品等资源在旅游产业链中巩固加强，引导农民利用资源发展特色产业、培育特色产品，乘上"全域旅游和乡村旅游"的东风，实现长期稳定增收，由脱贫向致富转变。

4. 稳定推进光伏扶贫

结合省、市推进光伏扶贫的优惠政策，脱贫攻坚以来，石门县 2017 年光伏扶贫电站建设涉及 13 个乡镇、2 个农林场共 62 个村（居），每村装机 60 千瓦，总装机 3720 千瓦，总投资额 3308 万元，64 座光伏扶贫电站全面建成并网发电，受益贫困人口 7520 人。

5. 强化金融扶贫功能

扩大金融精准扶贫贷款投放，继续金融精准扶贫贷款、建档立卡贫困人口贷款、产业精准扶贫贷款增速高于同期各项贷款平均增速，产业精准扶贫贷款带动人数逐年增加。强化金融扶贫服务站建设，推进金融扶贫服务站、助农取款服务点、农村电商服务站"三站融合"，有效发挥金融服务和电商服务双重功能。

（三）突出提高发展能力，打好就业创业提升仗

1. 加强技能培训

围绕本县农村特色产业开展"种、养、加"实用技术培训，力争每年对各贫困村轮训一次；整合农业、畜牧等部门培训资源开展职业技能培训，每年培训1000人以上；打造月嫂培训品牌，并向贫困劳动力倾斜。组织石门县法定劳动年龄内建档立卡贫困劳动力，在县政府招投标认定的定点培训机构参加就业创业培训，提升贫困人口的劳动力素质，培训经费、生活与交通费用、对外输出费用等，由县财政扶贫专项资金进行补贴。对于贫困家庭"两后生"，加大职业学历教育支持力度，确保"雨露计划"免费培训全覆盖。

2. 促进就业创业

充分发挥就业平台系统作用，建立有转移就业愿望贫困人口台账，签订劳务协作协议，建立长效对接机制。对已转移就业人员和未就业人员，进行动态跟踪管理，有针对性地进行后期帮扶。建档立卡贫困人口在县内创业的，可按照相关规定申请创业担保贷款，享受国家全额贴息。对实行稳定就业人员，提供人文关怀；对失业人员，提供再就业服务，开展帮扶行动，帮助其再次就业。

3. 落实各类优惠政策

对有培训意愿的贫困劳动力参加定点培训机构举办的各类技能培训，给予相应的培训补贴，全面落实对外出务工贫困劳动力一次性交通补助，做到应补尽补。对吸纳贫困劳动力就业且符合条件的用工企业，给予一次性岗位补贴、社保补贴和稳岗补贴。对引导贫困劳动力外出务工的劳务中介机构、劳务经纪人和商会组织，给予就业服务中介补贴。对建档立卡贫困人口在本县范围申办中小微企业和注册个体工商户，提供创业担保贷款

支持，享受贴息优惠。

4. 强化科技支撑

自 2018 年起，每年为每个贫困村选派 1 名科技特派员常年开展技术服务，对派驻贫困村农民开展产业培训 1—2 次。每年扶持 1—2 家科技扶贫示范企业或农业专业合作社等新型经营主体，引导示范企业立足于当地优势产业和特色产业，加大对农产品的收购和加工，形成生产、加工、销售"三位一体"的较为完整的产业链，带动贫困户进入市场。培育 1 个以上特色支柱产业，培育壮大地方特色与知名品牌，初步构建特色支柱产业体系。截至 2020 年底，已基本形成科技产业带动扶贫、科技示范引领扶贫、科技服务支撑扶贫的新格局。

5. 落实生态扶贫

继续实施生态补偿扶贫，按需增加建档立卡贫困人口生态护林员的聘用人数。近年来，石门县持续实施封山禁伐、生态立县战略，立足本地生态优势，结合现行生态保护政策及生态公益林保护、天然林保护等重大生态工程，使有劳动能力的建档立卡贫困人口、低保人口通过参与生态保护建设顺利脱贫。全县 75 个林业产业项目 58 个村（社区）从特色林业产业发展和生态保护中获得较大收益，同时继续实施生态补偿扶贫，完善林业生态补偿机制，增加建档立卡贫困人口生态护林员的聘用。

（四）突出激发内生动力，打好精神扶贫提升仗

1. 大力开展参与式扶贫

进一步强化贫困群众的脱贫主体地位，大力开展参与式扶贫。任何脱贫方案都要得到贫困群众的认可，凡是到户到人的产业开发、易地扶贫搬迁、光伏扶贫等项目以及到村基础设施和公共服务建设项目，要组织贫困户参与实施、参与监督、一同验收，让贫困群众有更多的获得感。改进帮

扶工作方式方法，完善健全生产奖补、劳务补助、以工代赈、开发公益性岗位等帮扶机制，提高贫困户的参与度。

2. 加强对贫困群众的思想教育引导

继续倡导贫困群众在党和政府以及全社会的帮助下自力更生、艰苦奋斗，靠辛勤劳动改变贫困落后面貌。通过舆论宣传引导、贫困户脱贫培训班、科技文化信息"三下乡"，以及"基层夜话""网络对话""家访谈话"等形式，激活贫困群众内生动力。加强脱贫致富典型的宣传推介，每年开展以"艰苦创业、脱贫光荣"为主题的活动，树立"自主脱贫光荣"的鲜明导向。

3. 加强贫困地区移风易俗工作

继续召开屋场会，每期屋场会都要群众推选1—2名德高望重、家风良好的群众讲本村的传统好民风和敬老孝老的感人事迹，并开展好公婆、好媳妇评选活动，对一些好吃懒做、不善待老人的群众通过本屋场的乡亲进行批评教育。充分发挥村规民约的作用，引导贫困群众自我教育、自我管理、自我约束，坚决纠正婚丧嫁娶大操大办、不赡养老人和赌博酗酒等陈规陋习和不良行为，培养健康文明的生活方式。

4. 改善农村人居环境

着力推进农村房屋改造和人居环境整治三年行动，重点开展"治垃圾、治污水、治厕所、治破旧、治空心房"专项整治行动。大力加强农房建管，坚持一户一宅，实行建新拆旧复垦，适度集中建房。按照"行业监管、各负其责，县乡主体、属地管理，设立专项、分类考核"的原则，建立符合农村实际的农村生活垃圾处置体系和责任明晰的农村垃圾治理机制。加大农村环境保护制度和考核体系建设，实施环境保护目标责任制，建立政府主导、部门协同、联合推进的工作机制。加强乡镇环境保护管理机制和能力建设，完善农村环境管理基础体系建设，逐步实现城乡环境保护监督一体化。加强农业面源污染防治，强化畜禽养殖污染防治和病死畜禽无害化处理，持续推进畜禽禁养、退养工作，深入推进禁止农作物秸秆露天焚烧，大力推行以秸秆还田为主的综合利用技术。积极推广生态农业，注重绿色产业发展。加大对有机食品、绿色食品和无公害食品的生产基地建设，按照先规划、后建设和因地制宜、分类指导的原则，有步骤地开展环境综合整治，重点治理农村"脏、乱、差"的问题，努力改善农村人居环境，推广农村清洁能源，因地制宜建设不同类型农村清洁能源工程。大力实施河道保洁，加强水域环境、河湖岸线环境整治和水质水量保护监管。积极推进"厕所革命"，加快实现农村无害化卫生厕所全覆盖。加强农村生活污水治理，逐步建立长效机制。进一步巩固县城区禁鞭成效，把禁鞭范围逐步延伸到各乡镇区、农林场。加大环境保护宣传力度，倡导环保理念。以提高农民环保意识、转变农民传统观念、改善绿色环保生活方式为目标，充分利用广播、电视、报刊、网络等宣传载体，采用多种形式广泛开展环保知识和环保法律法规的普及教育，不断提高全民生态环保意识。

（五）突出落实保障政策，打好民生改善提升仗

1. 落实保障兜底

积极整合资金，适时提高石门县农村最低生活保障标准，使其达到并略高于扶贫线。同时根据物价上涨水平，适当提高补差水平，确保困难贫困家庭生活水平不降、生活质量不减。建立低保兜底对象认定清理的常态化机制，按照《民政部关于印发〈全国农村低保专项治理方案〉的通知》要求，在巩固现有救助成果基础之上，对所有已脱贫对象进行精准认定，对条件转好的对象，根据实际情况进行适当清理。对新产生的困难对象，根据其实际困难情况，按照程序分别纳入兜底保障或农村低保。通过动态

管理，真正实现应退尽退、应保尽保。对农村低保家庭中的老年人、未成年人、重度残疾人和重病患者等深度贫困群体，采取多种措施提高救助水平，保障其基本生活。设立医疗、教育、住房等专项救助资金，加大临时救助、慈善救助等社会救助力度。建立因突发性事件致贫返贫的防范救助机制，有效防止已脱贫户因突发性事件返贫。加强贫困地区、边远山区优生优育工作，凡患有医学上认为不应当结婚的疾病人员，对其结婚生育行为要依法严控，防止贫困代际传递。继续贯彻落实国务院《社会救助暂行办法》，健全完善社会救助体系。做好最低生活保障、特困人员供养、医疗救助、临时救助等制度的统筹协调，为贫困家庭提供生活、医疗、应急等全方位的基本生活保障，进一步巩固兜底脱贫成效。

2. 落实健康扶贫

继续执行健康扶贫各项优惠政策，优化服务流程。提高农村贫困人口住院报销比例、降低大病保险起付线，不断完善"先诊疗，后付费"制度，升级改造"一站式"结算软件，彻底解决贫困患者住院报销多头跑、来回跑的麻烦。继续设立健康扶贫救助基金，对支付医疗费确有困难的按照"一事一议"的方式实施救助。加强医疗服务基础设施建设，提升农村贫困人口就医环境。做到村级卫生室全覆盖并完善村级卫生室的基础建设，配齐配强乡村医生。推进远程医疗协作医联体建设，加快信息化建设力度和乡镇卫生院医疗设施设备的建设，建立医疗协作远程会诊系统，让贫困人口在家门口能享受到城市三级医院的优质医疗服务。继续落实基本公共卫生服务，提升农村贫困人口健康水平。按照国家和省里统一部署，逐步提高人均基本公共卫生服务补助标准，增加服务项目和重点人群覆盖范围，强化项目管理，扎实做好建立居民健康档案、健康教育、高血压糖尿病患者健康管理、0—6岁儿童健康管理、孕产妇健康管理、65岁及以上老年人等重点人群健康管理工作，提高项目执行规范化程度，提升群众的受益水平，促进城乡居民基本公共卫生服务均等化。推动促进健康教育，提高农村贫困人口健康素养，创新健康教育的方式和载体，充分利用互联网、移动客户端、电视台等媒体，倡导"互联网＋医学科普"传播权威健康科普知识，帮助广大群众养成文明健康的生活方式，进一步提高居民的健康水平和生活质量。

3. 落实教育扶贫

健全教育扶贫资助政策体系，完善县级教育资助基金管理办法，确保资助政策全面覆盖家庭经济困难学生，职业技能免费培训全面覆盖贫困家庭。对于贫困家庭"两后生"，加大职业学历教育支持力度，确保"雨露计划"免费培训全覆盖，充分发挥县职教中心职能，积极开展技能培训，加强就业指导，实现"入校即入厂、出校就上岗"，确保贫困家庭稳定增收。加大资金筹措力度，改善办学条件，加快推进教育扶贫项目建设，逐步消除义务教育大班额现象。创建农村义务教育标准化学校46所，对夹山镇青玄教学点等5所农村中小学进行"四改三化"建设。吸引优秀人才补充教师队伍，坚持义务教育阶段新聘教师全部安排到农村或偏远山区学校，缓解农村学校教师短缺问题和结构性矛盾。

4. 落实住房保障

强化易地扶贫搬迁后续扶持，通过盘活搬出地的承包地和山林地，让原住民的土地资源成为搬迁户的稳定收入来源；通过培育主导产业、推动就业创业，确保除兜底以外的搬迁户每户都有主导产业并至少实现一人就业，解决好搬迁后的基本生计问题；配套完善搬入地教育、医疗等公共服务场所，引导搬迁群众融入新环境、建设新家园。继续加大危房改造力度，并根据贫困程度和改造方式实行差异化分配，切实解决贫困户建房资金困难的问题，确保所有建档立卡户、低保户、五保户、残疾人户住房安全得到保障。

（六）突出加强基础设施，打好基础设施提升仗

进入脱贫攻坚阶段之前，基础设施是石门县的短板。为破除贫困地区发展瓶颈，改善贫困群众生产生活条件，石门县政府围绕基础设施和公共服务两个基本完善的要求，大力加强贫困村水、电、路、信息网络、"一部两中心三室一场"等公共服务平台建设，取得了一定成效。在巩固拓展脱贫攻坚成果建立稳定脱贫长效机制方面，石门县继续围绕水、电、路、信息网络四个方面的建设持续发力。

1. 道路建设

坚持因地制宜，科学规划，着力加强农村道路建设，推动拓宽提质，打通断头路、边界路，不断改善乡村道路通行条件。

2014—2020 年，石门县新修农村道路 1364.6 公里，农村道路窄改宽 677.957 公里，生命防护工程 821 公里，25 户 100 人以上自然村全部实现通水泥（柏油）路。

2. 水利建设

制定了石门县农村饮水安全供水工程应急预案，建立了技术、物资、人员保障体系，形成了有效预警和应急救援机制。投入 100 多万元，建成了石门县农村饮水安全水质检测中心，实行规模工程日自检、水质检测中心月巡检、疾控中心抽检的三级水质检测制度，对水源水、出厂水、管网末梢水进行检测。截至 2020 年，全县农村居民实现饮水安全的比例达到 100%。

3. 电力建设

石门县发改局下发了《关于加强光伏扶贫电站日常运维管理的通知》，对光伏电站的日常运维管理以文件形式进行了明确，提出了要求。光伏电站实现了日常运维管理和质保合同管理的有机衔接。截至 2020 年，全县所有行政村均已完成农网改造，确保居民生产、生活用电质量。

4. 网络建设

进一步实施宽带乡村、覆盖优化、拉远建设等工程，切实提高贫困乡村信息化水平，助力脱贫攻坚。截至 2020 年底，全县已实现 331 个行政村 4G 信号全覆盖，光纤宽带全开通。

三、巩固拓展脱贫成果，建立稳定脱贫长效机制的经验与启示

（一）持续压实脱贫攻坚主体责任是巩固拓展脱贫成果的前提

习近平总书记强调，"贫困县摘帽后，也不能马上撤摊子、甩包袱、歇歇脚，要继续完成剩余贫困人口脱贫问题，做到摘帽不摘责任、摘帽不摘政策、摘帽不摘帮扶、摘帽不摘监管"①。石门县在脱贫摘帽后，继续深入推进产业发展、就业增收、住房保障、教育扶贫、健康扶贫、安全饮水、基础设施建设等脱贫后续巩固提升和拓展工作，确保脱贫的稳定性和可持续性。实践证明，只有提高政治站位，把巩固提升拓展与脱贫攻坚放在同等重要的位置上，脱贫成效才能实起来。切实扛起政治责任不放松，继续抓好巩固拓展脱贫成果、防止贫困人口返贫各项工作，继续加大对剩余贫困人口的帮扶力度，不断提高脱贫质量。

（二）坚持以可行能力为靶向，提升内生动力是巩固拓展脱贫成果的核心

巩固拓展脱贫攻坚成果，建立稳定脱贫的长效机制要坚持开发式扶贫

---

① 2019 年 3 月 7 日，习近平总书记在参加十三届全国人大二次会议甘肃代表团审议时的讲话。

方针，处理好贫困户内生动力与外部帮扶的关系，着力提高贫困户内生动力，充分发挥产业就业扶贫的"造血"功能。石门县因地制宜发展特色产业，通过基层组织和社会企业协同推进产业扶贫，给贫困户提供发展生产力的经济条件和社会机会，提高贫困户的发展能力；加强对贫困户产业发展和就业技能的培训，重视科技服务在产业和就业培训中的作用，将资产收益扶贫和公益岗位相结合，以可行能力提升为目标靶向，提升贫困户内生动力。促进金融扶贫和电商扶贫新模式，将金融扶贫服务站、助农贷款服务站、农村电商服务站"三站合一"，充分整合各类扶贫资源和要素，打造精准扶贫特色"造血"之路。

（三）提高人力资本的质量与数量是巩固拓展脱贫成果的根本

只有让贫困人口从思想上产生转变，才能保障长期稳定脱贫机制的建立。习近平总书记多次提到教育公平问题，主张"治贫先治愚""扶贫必扶智"。2019 年 4 月，在重庆考察期间，习近平总书记指出，"两不愁三保障"很重要的一条就是义务教育要有保障。再苦不能苦孩子，再穷不能穷教育。要保证贫困山区的孩子上学受教育，有一个幸福快乐的童年。由此可见，加大教育力度，阻断贫困代际传递，对于实现真脱贫、稳脱贫具有重大意义。石门县持续加大对教育扶贫的投入力度，不断提升贫困人口的人力资本水平，对阻断贫困代际传递、真正摆脱贫困具有重要意义。

（四）不断加强基层组织建设是巩固拓展脱贫成果的关键

农村基层组织体系的完善和治理能力的提高是提升贫困户内生动力的关键。农村富不富，关键看支部。石门县始终注重把党建优势转化为扶贫优势，树立"围绕巩固提升抓党建，抓好党建促巩固提升，检验党建看巩固提升"理念，持之以恒强组织、增活力、树导向。持续实施选优配强村级班子、完善村级管理机制、加大村级保障力度等一系列有力举措，把最优的组织资源、人才资源、发展资源向一线倾斜，将基层党支部建成引领脱贫攻坚的坚强战斗堡垒。同时，以党员挂牌上岗、公开承诺和发放"名片"等形式，促进党员亮出身份、发挥作用，让党旗高高飘扬在扶贫一线，这是助推脱贫攻坚的重大动力。

（五）坚持多方参与贫困治理是巩固拓展脱贫攻坚成果的保障

长期以来，我国的贫困治理都是政府主导，但是消除贫困是一项系统复杂的工作，仅依靠政府参与很难完成，新时代的贫困治理应注重引入社会力量，构建多方参与的大扶贫格局。政府在精准扶贫中应注意顶层设计，注重城乡基本公共服务均等化，通过收入再分配手段缩小贫富差距。在社会力量方面，企业应将社会责任与企业目标相结合，结合企业的主营业务，在贫困地区发展特色项目，既可带动贫困地区增收，又可降低企业成本，实现企业与贫困地区发展共赢。在社会组织方面，各类社会组织和扶贫单位要从资金和技术方面加强结对帮扶，激发社会正能量，形成政府、企业、社会组织、贫困户共同参与扶贫的大格局。

第十章 | 总结与展望

党的十九大报告中明确指出，确保到 2020 年我国现行标准下农村贫困人口实现脱贫，贫困县全部摘帽，解决区域性整体贫困，做到脱真贫、真脱贫。让贫困人口和贫困地区同全国一道进入全面小康社会是我们党的庄严承诺。石门县作为典型的山区农业贫困县，其成功脱贫摘帽为研究县域脱贫攻坚实践和巩固脱贫攻坚成果助力乡村振兴提供了重要经验支撑。

一、石门脱贫攻坚总结

石门县自 1986 年被湖南省人民政府确定为贫困县，2011 年被纳入武陵山片区集中连片特困地区县以来，不同时期、不同阶段呈现出不同的贫困特点。石门根据不同时期的扶贫政策和当地贫困状况，有针对性地推行扶贫政策，满足差异化的贫困需求。尤其是党的十八大以来，以习近平同志为核心的党中央将扶贫开发工作摆在治国理政的突出位置，更是创新性地提出精准扶贫精准脱贫基本方略。石门县认真学习贯彻习近平总书记关于扶贫工作的重要论述，将脱贫攻坚工作作为最大的政治任务和最大的民生工程来推进，锁定 2017 年底脱贫摘帽的目标，按照习近平总书记提出的精准脱贫要求，认真贯彻落实党中央、国务院脱贫攻坚决策部署，始终围绕"精准"提高站位，始终围绕"精准"坚定决心，始终围绕"精准"压实责任，把科学规划、因地制宜、抓住重点贯穿于脱贫攻坚全过程，狠下"绣花"功夫，一切工作围绕脱贫攻坚、一切工作服从脱贫攻坚、一切工作服务脱贫攻坚，举全县之力，尽锐出战，广泛凝聚抓脱贫的共识和力量。

经过长期的艰苦奋斗，尤其是经过脱贫攻坚，石门县脱贫攻坚成效显著，贫困村全部出列，贫困人口已经由 2014 年的 8.23 万人减少到 2018 年底的 2378 人，贫困发生率由 2014 年的 14.4% 降到 2020 年底的 0。2018 年 6 月，石门县迎接了国家贫困县退出专项评估检查，贫困发生率 0.9%，漏评率、错退率均为零，群众认可度 96.48%，并经湖南省政府宣布石门县正式脱贫摘帽。摘帽后，2019 年脱贫 372 户 860 人，贫困人口 23328 户 72288 人，贫困发生率降至 0.25%。2020 年脱贫 765 户 1403 人，贫困人口 23260 户 71797 人，贫困发生率降至 0。石门县在脱贫摘帽过程中形成的做法和经验，其成功脱贫摘帽对研究县域脱贫攻坚实践和巩固脱贫攻坚成果、助力乡村振兴提供了重要经验支撑，并进一步丰富了中国特色扶贫开发理论。

第一，打赢打好脱贫攻坚战，必须坚定党对扶贫工作的全面领导。习近平总书记指出，"越是进行脱贫攻坚战，越是要加强和改善党的领导"[1]。打赢打好精准脱贫攻坚战，讲的是政治、干的是民生、促进的是发展、体现的是大局。石门县始终把脱贫攻坚作为最大的政治任务、首要民生工程和头等大事来抓，加强组织领导，以脱贫攻坚的实干实效体现对党和人民的忠诚度、对中央决策部署的执行力；突出抓"一把手"、"一把手"抓，明确县委书记是"一线总指挥"、乡镇党委书记是"主攻队长"、村支部书记是"尖刀排长"，形成了五级书记抓脱贫、全党动员促攻坚的生动局面。

---

[1] 中共中央党史和文献研究院：《习近平扶贫论述摘编》，中央文献出版社 2018 年版。

第二，打赢打好脱贫攻坚战，必须坚持以脱贫攻坚统揽经济社会发展全局。石门县牢固树立"抓脱贫就是抓发展"的理念，围绕人、财、物形成强大的帮扶合力，统筹经济社会各项事业发展，将各项工作都与脱贫攻坚紧密结合使脱贫攻坚有利于发展，推动了经济、政治、社会、文化、生态等各项事业水平不断提高，真正实现把脱贫攻坚的过程变成全县经济社会跨越发展的过程。

第三，打赢打好脱贫攻坚战，必须坚决贯彻精准扶贫精准脱贫基本方略。习近平总书记指出，扶贫开发贵在精准，重在精准，成败之举在于精准[1]。石门县干部群众认识到，越是深入基层、深入实际，越是感到党中央脱贫攻坚的决策十分英明，越是感到落实习近平总书记精准脱贫重要论断的极端重要性和紧迫性。所以石门县始终坚持"精准"二字，始终明确致贫的"靶"要找好、脱贫的"策"要施好、扶贫的"点"要落好、攻坚的"力"要用好、退出的"标"要立好，狠下"绣花"功夫，拿出过硬办法，真正扶到点上、扶到根上。比如在教育助学上，怎样才能实现"一个不漏"，石门县实行县内进村入户"地毯式"核查、县外函来函往"鸡毛信"找人，把"石门户籍＋外县学籍"及"外县户籍＋石门学籍"的贫困学生全部找到，并按"同学段同标准"全部资助。

第四，打赢打好脱贫攻坚战，必须牢固树立以人民为中心的发展思想。石门的干部群众在脱贫攻坚战中非常深刻地认识到，必须充分尊重民意、顺应民意，解决好目标问题，确实做到群众想什么就干什么。这既是打赢脱贫攻坚战的使命所在，又能激发脱贫攻坚的动力源泉。因此，石门通过采取召开万场屋场会、点亮微心愿、运用"十看工作法"、开展"四必访"等举措，广大党员干部与群众坐一条板凳、吃一锅饭、喝一壶水，

---

[1]　中共中央党史和文献研究院：《习近平扶贫论述摘编》，中央文献出版社 2018 年版。

拉家常、聊生产、掏心窝，实实在在地解决了群众身边不计其数的问题，并且做一件群众就认可一件。贫困群众的内生动力也空前高涨，涌现出了一大批通过辛勤劳动自力更生脱贫致富的典型。

第五，打赢打好脱贫攻坚战，必须全面调动全社会的积极性合力帮扶。习近平总书记指出，"脱贫致富不仅仅是贫困地区的事，也是全社会的事"①。脱贫攻坚是一项系统工程，必须各方共同努力，集中一切可用资源才能确保打赢这场战役。石门县干部群众深刻体会到，中央的关心关怀、省市的资源倾斜、部门的联动支持、发达地区的对口帮扶、社会力量的共同参与、党员干部的结对帮扶，形成了强大的脱贫攻坚合力，成为打赢打好脱贫攻坚战的关键之举，充分体现了社会主义制度的强大优越性。在实践中，石门县既严格落实脱贫攻坚的主体责任、主抓责任和具体责任，充分发扬石门干部特别能吃苦、特别能战斗、特别能奉献的精神抓脱贫，又动员社会力量都来干、发动广大群众一起干，凝聚起了打赢脱贫攻坚战的强大合力。

二、脱贫攻坚与乡村振兴衔接

党的十九大报告正式提出实施乡村振兴战略，产业兴旺、生态宜居、乡风文明、治理有效、生活富裕是实施乡村振兴战略的总要求。打赢脱贫攻坚战是实施乡村振兴战略的前提条件，乡村振兴是打赢脱贫攻坚战后需要长期实施的国家战略。《中共中央　国务院关于实施乡村振兴战略的意见》进一步提出了实施乡村振兴战略的目标任务，到 2035 年，乡村振兴取得决定性进展，农业农村现代化基本实现；到 2050 年，乡村全面振兴，

① 中共中央党史和文献研究院：《习近平扶贫论述摘编》，中央文献出版社 2018 年版。

农业强、农村美、农民富全面实现。明确了打好精准脱贫攻坚战，增强贫困群众获得感是实施乡村振兴战略的前提，有助于补齐全面建成小康社会的短板。党的十九大报告和《中共中央　国务院关于实施乡村振兴战略的意见》对乡村振兴战略的定位表明，未来三十年中国农村地区需要一以贯之，长期实施乡村振兴战略。实施乡村振兴战略具有极为重要的现实意义，这是建设现代化经济体系的重要基础，是建设美丽中国的关键举措，是传承中华优秀传统文化的有效途径，是健全现代社会治理格局的固本之策，也是实现全体人民共同富裕的必然选择。从全国层面来看，当前正处于脱贫攻坚向乡村振兴战略转换的重要时间节点。已脱贫退出的贫困县在打赢脱贫攻坚战过程中形成了一系列行之有效的制度、方针、政策，取得了丰硕成果。在全面实施乡村振兴战略背景下，在搭建实施乡村振兴战略的制度框架与政策体系过程中如何充分融合吸收脱贫攻坚工作的经验、办法、成果，事关脱贫攻坚工作经验的长期运用，也事关乡村振兴战略"四梁八柱"的搭建。从脱贫攻坚与乡村振兴战略的关系来看，两者既有关联，也有明显区别。

要实施乡村振兴战略，打赢脱贫攻坚战是前提。只有打赢脱贫攻坚战，才能解决农村发展过程中长期存在的绝对贫困问题，才能在全面建成小康社会进程中取得决定性胜利。对于贫困地区而言，实现贫困县摘帽、贫困村出列、贫困户退出是实施乡村振兴战略的先决条件，只有解决绝对贫困问题，才能为实施乡村振兴战略奠定坚实的发展基础。各贫困县在达到国家标准后先后摘帽退出后，为保持攻坚态势、巩固脱贫成果，需要继续执行摘帽不摘责任、摘帽不摘政策、摘帽不摘帮扶、摘帽不摘监管政策。

乡村振兴与脱贫攻坚也存在显著不同。脱贫攻坚关注的是贫困地区，具体包括贫困县、贫困村和贫困农户。脱贫攻坚过程是通过开展建档立卡工作将农村中处于绝对贫困状态的农户精准识别出来，再给予各种有针对性的政策帮扶，最终实现帮助贫困农户脱贫的政策目标。乡村振兴战略则将关注点扩大为整个农村地区和农村居民，政策对象不仅包括脱贫攻坚中的建档立卡贫困户，脱贫攻坚中受益较少的非建档立卡户也是乡村振兴的工作对象，政策对象的不同是乡村振兴与脱贫攻坚的重要不同点。此外，脱贫攻坚的着眼点是帮助贫困人口实现"两不愁三保障"，帮助贫困村脱贫出列，帮助贫困县脱贫摘帽，目标标准相对较低。产业扶贫、金融扶贫、危房改造政策等均是为了实现贫困村出列和贫困户脱贫这一最终目标而采取的措施。乡村振兴则关注农业、农村、农民的整体发展，产业兴旺、生态宜居、乡风文明、治理有效、生活富裕的总要求则集中反映了乡村振兴战略的综合性，既涉及农村产业发展，也包括生态建设和绿色发展，还包括农村文化建设、基层治理体系建设和农民增收问题。综合脱贫攻坚与乡村振兴的区别来看，实现脱贫攻坚相关目标只是完成了乡村振兴的基础一环，乡村振兴则是在更高的层次与更宏观的视角上推动农村发展，不断缩小城乡发展差距。

结合脱贫攻坚阶段的工作内容，脱贫攻坚与乡村振兴战略的有机衔接可以分为制度衔接和政策衔接两个部分，做好脱贫攻坚与乡村振兴战略的有机衔接关键在于做好脱贫攻坚与乡村振兴的制度衔接与政策衔接，从而为基本形成乡村振兴的制度框架和政策体系奠定基础。

对于石门县而言，全体干部群众在脱贫攻坚的路上付出了艰辛努力和无数心血，取得了显著的工作成效，实现贫困县顺利摘帽退出。下一阶段，石门农业农村的工作任务主要有两个，其一，如前文所述，巩固现有脱贫成果，帮助脱贫人口继续摆脱增收致富，建立巩固脱贫成果长效机制。其二，便是开展脱贫攻坚与乡村振兴的有机衔接工作，做好乡村振兴战略的谋篇布局。作为湖南省首批摘帽县，石门县正处于脱贫攻坚向乡村振兴战略转换的重要节点，在打赢脱贫攻坚战过程中，形成了一系列行之有效的制度、方针、政策，这些脱贫攻坚经验办法在实施乡村振兴战略过程中能继续发挥作用。

第一，组织保障制度。石门县通过建立指挥部协调各方力量开展脱贫攻坚各项工作，签订责任状压实各级责任，定期召开各级别工作会议高位推进落实脱贫攻坚相关工作，切实加强组织保障。总体上看，脱贫攻坚阶段对主体责任的不断强化为如期完成脱贫攻坚各项任务提供了坚实保障。在实施乡村振兴战略过程中，石门可借鉴脱贫攻坚时建立的领导体制机制，保持实施乡村振兴战略定力不动摇。《中共中央　国务院关于实施乡村振兴战略的意见》已对新时期党的农村工作领导体制机制提出了明确要求，要求建立实施乡村振兴战略领导责任制，实行中央统筹、省负总责、市县抓落实的工作机制。党政"一把手"是第一责任人，五级书记抓乡村振兴，县委书记要抓好"三农"工作，当好乡村振兴"一线总指挥"，对乡村振兴战略的实施进度进行定期汇报。这说明当前开展脱贫攻坚工作采用的农村工作领导机制在实施乡村振兴工作时要进一步沿用，继续强化乡村振兴战略的组织保障。

第二，监督激励机制。在脱贫攻坚阶段，石门县坚持内激动力与外严问责两手抓，提拔重用脱贫一线表现突出的干部。坚持示范引领，注重挖掘典型经验和典型人物，根据考评结果、群众认可、工作实绩表彰重用一批扶贫先进典型干部。同时，明确各级包联干部的工作职责与考核内容，对没有完成脱贫攻坚任务的坚决问责。在乡村振兴阶段，战略实施的涉及面广、工作量大，落实任务和考核任务均较重，要继续发挥监督激励机制的指挥棒作用。可建立县内乡镇党政领导班子和领导干部推进乡村振兴战略的实绩考核制度，并且将考核结果作为选拔任用领导干部的重要依据，激励广大干部积极投身于乡村振兴战略的实施过程中。加大对乡村振兴领域的违法违纪问题的查处力度，强化监督职能。同时要建立容错机制，为敢担当敢干事的干部解决后顾之忧。

第三，社会动员机制。脱贫攻坚阶段，石门县充分发挥集中力量办大事的制度优势，坚持政府引导、社会参与、市场化运作，鼓励支持企业、社会组织、个人参与扶贫开发，凝聚各行各业聚力脱贫攻坚，统筹协调各方面的扶贫资源要素与贫困群众脱贫致富的需求精准对接，为打赢脱贫攻坚战凝聚了广泛的力量和共识。乡村振兴阶段，政策对象不仅包括脱贫攻坚中的建档立卡贫困户，关注点扩大为整个农村地区和农村居民，既涉及农村产业发展，也包括生态建设和绿色发展，还包括农村文化建设、基层治理体系建设和农民增收问题，集中反映了乡村振兴战略的综合性。因此，可进一步沿用脱贫攻坚的社会动员制度，扩大社会各界参与范围，整合各方力量，形成乡村振兴合力。

第四，扶贫政策体系。脱贫攻坚期内，石门县出台了"一揽子"超常规的扶贫政策，政策范围涵盖产业扶贫政策、就业扶贫政策、住房保障政策、教育扶贫政策、健康扶贫政策、兜底保障政策、贫困村提升政策等多个环节，形成了广泛的政策合力，通过不断总结完善，共同构筑了脱贫攻坚的政策体系，为打赢脱贫攻坚战提供了有力的政策支撑。在乡村振兴阶段，要建立起围绕产业兴旺、生态宜居、乡风文明、治理有效、生活富裕总要求的政策体系，这些扶贫政策部分可作用于产业发展与产业扶贫，部分可作用于生态建设与环境保护，部分可作用于农村文化建设，部分可作用于基层治理体系与治理能力建设，共同致力于改善群众生活水平。总体来看，脱贫攻坚期间的各项政策也有助于实现乡村振兴的各项要求，但由于关注对象的变化、关注范围的扩大，部分政策需要根据现实情况进行优化调整。

从整体上看，石门县在脱贫攻坚阶段开展的各项工作中，有很多工作已经为实施乡村振兴战略奠定了坚实的基础。如贫困村和非贫困村的基础设施及公共服务建设彻底解决了贫困村的发展难题，有效缓解了非贫困村的发展困境，为乡村振兴提供了良好的行政村级硬件条件，有利于生态宜居与乡村治理建设。产业扶贫与金融扶贫工作，在帮助贫困农户脱贫的同时，也明显推动了相关产业的发展，为乡村振兴阶段实现产业兴旺奠定了扎实的产业基础。驻村工作队的到村履职为村级治理带来了良好的开端，通过工作队多年驻村工作，有效改善了村级组织建设，增强了乡村治理能力。

调研还发现，石门县在脱贫攻坚中采取的部分举措不仅适用于脱贫攻坚阶段，还适用于乡村振兴阶段，并且具有全国性的参考价值。由于脱贫攻坚战略的工作对象、工作方式、工作目标和乡村振兴战略均存在本质不同，无法从总结脱贫攻坚战略中直接得到乡村振兴战略的制度框架与政策体系，但是脱贫攻坚各项工作仍然为实施乡村振兴战略提供了诸多可用的经验借鉴。总体上看，在加快脱贫攻坚与乡村振兴战略有机衔接工作过程中，需要结合乡村振兴新形势下的农村工作要求，全面审视脱贫攻坚工作中的各项制度、政策，从脱贫攻坚的制度框架与政策体系中，为搭建乡村振兴战略的制度框架与政策体系寻求可借鉴的经验与素材。同时要结合石门本地的财政状况，尊重乡村社会发展变化的客观规律，制订并落实好乡村振兴的各项规划，既能最大化利用脱贫攻坚现有成果，也能形成乡村振兴工作合力。

消除贫困、改善民生、逐步实现共同富裕，是社会主义的本质要求。中国政府一直将贫困治理作为治国理政的重要内容。党的十八大以来，面对贫困状况的变化，党和政府开展了以"精准扶贫精准脱贫"为基本方略的波澜壮阔的扶贫实践。2020 年，我国脱贫攻坚战取得了全面胜利，全面建成小康社会。832 个贫困县全部摘帽，近 1 亿农村贫困人口全部脱贫。

位于湖南西北武陵山区的石门县是中国脱贫攻坚工作的一个缩影，在习近平总书记关于扶贫工作的重要论述指引下，在湖南省委省政府的安排部署下，石门县委县政府以脱贫攻坚统揽县域经济社会发展，于 2018 年顺利宣布脱贫。石门县在脱贫攻坚工作中探索和积累了多方面经验，深刻回答了"扶持谁""谁来扶""怎么扶""如何退"四个问题，这些经验不仅促进了脱贫攻坚的顺利完成，也为下一阶段巩固脱贫攻坚成果实现与乡村振兴有效衔接提供了借鉴。

在原国务院扶贫办全国扶贫宣教中心的统一领导下，中国人民大学中国扶贫研究院组成课题组，于 2018 年 12 月开始对石门脱贫攻坚经验进行调查、研究、分析、总结。课题组在石门县委县政府的支持下，通过文献梳理、资料分析、实地调研、案例分析和座谈访谈等形式，从以脱贫攻坚统揽经济社会发展全局、党建扶贫、"两不愁三保障"、产业扶贫、科技扶贫、电商扶贫、"志智双扶"、巩固拓展脱贫攻坚成果建立稳定脱贫长效机制等方面进行了全面总结。

　　本书主要由中国人民大学中国扶贫研究院汪三贵教授团队撰写。汪三贵教授是团队带头人，其他成员包括孙俊娜、周园翔、胡骏、殷浩栋、宁静、冯紫曦、黄奕杰、白增博、李傲、马兰、郑丽娟等。在课题研究和本书协作过程中，汲取了石门县委县政府和相关部门非常有价值的意见和建议。在原国务院扶贫办全国扶贫宣教中心组织的三次评审会上，黄承伟主任和其他许多领导、专家都提出了宝贵的意见，这些都对本书的形成和完善发挥了重要作用，在此一并感谢。由于时间和课题组作者水平有限，书中难免有疏漏和不足之处，请专家和读者予以批评指正。

　　愿石门在全面推进乡村振兴的路上越走越好，再立新功！

本书编写组

2020 年 3 月